MW00724048

**Cuentos al amor
de la lumbre, 1**

Biblioteca temática

A. R. Almodóvar

Cuentos al amor de la lumbre, 1

Prólogo de
José Manuel Caballero Bonald

El libro de bolsillo
Biblioteca juvenil
Alianza Editorial

Primera edición: 1999
Tercera reimpresión: 2002

Diseño de cubierta: Odile Atthalin y Rafael Celda
Proyecto de colección: Odile Atthalin y Rafael Celda

© Antonio Rodríguez Almodóvar, 1983
© Alianza Editorial, S. A., Madrid, 1999, 2000, 2002
 Calle Juan Ignacio Luca de Tena, 15;
 28027 Madrid; teléfono 91 393 88 88
 www.alianzaeditorial.es
 ISBN: 84-206-4536-2 (O.C.)
 ISBN: 84-206-3677-0 (T.I)
 Depósito legal: M. 49.967-2002
 Impreso en: EFCA, S. A. Parque Industrial «Las Monjas»
 28850 Torrejón de Ardoz -(Madrid)
 Printed in Spain

Advertencia

Los arquetipos de cuentos elaborados por Antonio Rodríguez Almodóvar, tomando como base numerosas versiones, se corresponden con los
números siguientes de esta edición: 1, 4, 5, 12, 13, 14, 15, 20, 22, 23, 24,
25, 27, 32, 33, 34, 35, 36, 38, 39, 40, 42, 58, 59, 61, 62, 63, 64, 65, 66, 67,
68, 69, 71, 72, 73, 76, 77, 78, 80, 81, 83, 84, 85, 86, 87, 88, 89, 90, 91, 92,
94, 95, 96, 97, 98, 99, 102, 103, 104, 105, 106, 107, Í08, 109, 110, 111, 112,
113, 114, 115, 116, 117, 118, 119, 120, 121, 122, 123, 124, 125, 126, 127,
128, 131, 132, 133, 134, 135.
No pueden utilizarse ni reproducirse para ningún uso sin autorización
expresa. Los demás cuentos antologados en este libro corresponden a
otros autores, citados en el apéndice.

A manera de prólogo*

Supongo que Antonio Rodríguez Almodóvar me ha pedido que intervenga en la presentación de su libro precisamente porque yo no soy –ni mucho menos– un experto en el tema de su libro (ese inagotable patrimonio común de los cuentos populares), aunque sí me considero un aprendiz apasionado de las muchas lecciones humanas que nos suministran. Se trata, realmente, de un legado de tan caudaloso magisterio que nadie (y menos quien oficia en la literatura) puede sentirse desentendido de su significación como tal hecho cultural. Pero, desdichadamente, eso es lo que ha venido ocurriendo entre nosotros y lo que Antonio Rodríguez Almodóvar ha intentado remediar con esta edición magnífica de *Cuentos al amor de la lumbre*. Una edición que –me permito recalcarlo– constituye un hito esencial en el estudio y fijación de ese importante sector de nuestra cultura popular. A partir de ahora, la bibliografía española ya no podrá ser en este sentido ni deficiente ni

---

* Se trata del texto pronunciado por J. M. Caballero Bonald en el acto de presentación de la segunda edición corregida del tomo I de *Cuentos al amor de la lumbre* y a la primera edición del tomo II, en el salón de actos de la Biblioteca Nacional, el 19 de noviembre de 1984.

preterida. Desde hoy, contamos con una fuente de consulta y deleite imprescindible.

Rodríguez Almodóvar reedita ahora –con añadidos y modificaciones– el primer tomo de sus *Cuentos al amor de la lumbre* y publica por primera vez el segundo. Esta edición conjunta era a todas luces necesaria. El autor incluye en el primer tomo –y de acuerdo con su inteligente clasificación– los llamados cuentos «maravillosos» y, en el segundo, los denominados «de costumbres» y «de animales». Pero, antes que nada, quiero decir algo sobre el rigor y el amor que han hecho posible este trabajo ejemplar.

Como todos sabemos de sobra, la atención que se ha prestado en nuestro país al cuento popular ha atravesado por una anemia casi perniciosa. La incuria, cuando no el menosprecio, relegaron todo ese patrimonio de nuestra cultura al incierto desván de las evocaciones privadas. Salvo los aislados –y más o menos parciales– esfuerzos de Fernán Caballero, Antonio Machado y Álvarez y, sobre todo, Aurelio M. Espinosa, nadie entre nosotros se había ocupado con efectividad suficiente de discurrir por ese inmemorial acervo de la literatura oral española. Ni existían ediciones mínimamente fiables ni el tema parecía responder a otro aliciente que al de las profusas nostalgias infantiles. Rodríguez Almodóvar sabía muy bien que contaba con una carencia casi absoluta de antecedentes válidos para emprender su tarea investigadora. Sabía muy bien que trabajaba a partir de un vacío histórico o, en el mejor de los casos, de una precariedad: la de los prejuicios románticos del costumbrismo o las incursiones positivistas de la erudición folclórica. De modo que Rodríguez Almodóvar sólo disponía de su formación de filólogo para empezar a reconstruir una herencia popular prácticamente dilapidada y maltratada, dispersa y casi en definitivo trance de extinción.

Lo tardío del empeño de Rodríguez Almodóvar ha tenido, sin embargo –como él mismo señala–, su compensación. Pues también ha podido aplicar ya a su trabajo los más recientes y útiles métodos científicos. Todo esto lo explica muy bien el autor en el muy agudo y penetrante estudio preliminar que acompaña a su colección. Recomiendo muy de veras la lectura de ese estudio, no sólo porque sirve de excelente introducción al tema, sino porque alumbra con singular eficacia la genealogía de nuestro patrimonio cuentístico y, a la vez, descubre algunas de las más fecundas pistas dialécticas de que disponemos a este respecto en España. Al menos yo no conozco ninguna más esclarecedora. Me refiero al sondeo en las claves sociales y culturales, en las raíces históricas y antropológicas, que confluyen en la materia literaria de unos cuentos que la costumbre ha estacionado en las fronteras de nuestra infancia.

Uno de los aspectos más definitorios de esta colección de relatos populares es el de su proceso de recopilación y de fijación literaria del modelo. Todos sabemos que esos cuentos, conservados por tradición oral, han sufrido serias modificaciones y deterioros a cuenta del desgaste temporal, de las imposiciones sociales dominantes y aun de la propia cosecha del transmisor. A veces, la versión considerada como primitiva tampoco es –como proponían los comparatistas– la modélica. Incluso es posible que ese cuento supuestamente original no sea sino el rastro de otro más antiguo, ya perdido para siempre. Con estos datos previos, Rodríguez Almodóvar ha procedido a verificar una especie de restauración científica de cada relato elegido, por medio de una doble investigación textual y de campo, es decir, cotejando las distintas versiones existentes y, a la vez, comparándolas con otras versiones tomadas directamente del posible relator. El resultado no ha podido ser más benéfico: ahora ya contamos con una serie de arquetipos de cada uno de los cuentos conservados, mal que bien, en los almacenes de nuestra cultura popular, cuya fidelidad textual y cuya estructura interna pueden ya merecer el rango de intachables. Rodríguez Almodóvar no sólo ha editado esos cuentos con una manifiesta ambición cuantitativa, sino que los ha restaurado literariamente con una admirable solvencia cualitativa.

La clasificación que de esos cuentos populares hace el autor me parece de una palmaria utilidad, aparte de todo lo que supone como ordenación sistemática de un material literario que, con frecuencia, viene alterándose desde las penumbras de la prehistoria. La presente recopilación se distribuye en tres grandes grupos de cuentos: los «maravillosos», los «de costumbres» y los «de animales». Los «eróticos» –ameno capítulo– irán en una edición aparte, según avisa el autor. Bien. Si en esos ancestrales ejemplos de la literatura oral ya pueden rastrearse ciertos símbolos del inconsciente colectivo, releyéndolos ahora nadie podrá sustraerse a esa atracción sensitiva donde se filtra a veces algún componente mítico, que vincula nuestro comportamiento contemporáneo con el de un mundo en el que ya éramos de algún modo lo que seguimos siendo. Por eso, quizá resulte de lo más impropio suponer que estos cuentos son sólo para niños.

Y una última y fugaz reflexión. Me refiero a esa actitud distante, si no desdeñosa, que ha mantenido la literatura culta con respecto a la literatura popular. O, mejor dicho, la literatura de un autor único frente a la literatura de un autor colectivo. En su citada «Introducción», recuerda Rodríguez Almodóvar que ya en la Edad Media la «cultura, entonces refugiada en palacios y monasterios, daba por sentado que nada que pudiera venir del pueblo llano tenía el menor interés, y ese arraigado prejuicio de clase colea hasta nuestros días». Claro que no todo se ha movilizado entre esas lindes irreconciliables, pero algo sí ha persistido en no pocas actitudes. A mí me parece, sin embargo, que siempre hay alguien que, creyéndose elitista, resulta ser un sagaz recreador de mitos populares, con lo que tal vez se demuestre que, aun involuntariamente, la tradición escrita y la oral resultan ser en muchos casos un matrimonio bien avenido. Diré más: quizá no sea difícil barruntar incluso en algunas grandes obras de ficción que la cultura literaria pertenece también a una estirpe que arranca de la cultura popular. O sea, algo así como aplicar el cuento de *La flauta que hacía a todos bailar* a los que prefieren hacerse el sordo.

Y como el conocimiento la pasión no quita, reitero mi gratitud emocionada a Antonio Rodríguez Almodóvar por estos

Cuentos al amor de la lumbre (es decir, cerca del fuego de la verdad), por este definitivo rescate de un legado colectivo, intemporal y disponible, que también nos devuelve la riqueza de muchas arrinconadas sabidurías populares.

José Manuel CABALLERO BONALD

Prólogo a la edición de bolsillo

Cuando se editó por primera vez este libro (Anaya, Madrid, 1984-85), ya pensé que debería hacerse una edición más asequible al gran público. Es aquel formato sin duda una edición admirable, que el tiempo ha consagrado casi como un clásico. De las muchas satisfacciones que al editor y a mí nos ha proporcionado, hablan los hechos por sí solos: veintiuna ediciones, entre los dos volúmenes, al día de la fecha, un Premio Nacional en 1985 al «mejor conjunto de elementos en un libro»; incontables elogios de la crítica y, muy particularmente, la acogida del público, que ha ido creciendo con los años, sin distinción de edades, entusiasta y fervoroso como pocas veces un escritor tiene la suerte de conocer en vida.

Y a todo esto, como no me canso de repetir siempre que tengo oportunidad, no he sido yo en semejante proceso más que un *mediador,* acaso un *restaurador,* alguien a quien la suerte puso en el sitio justo en el momento oportuno, reuniendo, por un lado, sus estudios y sus inquietudes de orden teórico sobre el cuento popular, y, por otro, la impagable colaboración de instituciones y de personas, sin las cuales este libro, sencillamente, no existiría. Entre éstas, quiero destacar, una vez más: a la propia editorial Anaya, a su editor entonces para la colección *Aurín,* José Cubero; a quien estuvo al cuidado de la edición, aportando numerosas sugerencias, Emilio Pascual. Ambos supieron entender el alcance cultural que tenía un empeño como éste, y que consistía, en resumidas cuentas, en dignificar de una vez por todas a nuestros olvidados y maltratados cuentos populares. A la Fundación «Juan March», que me becó en el año 1977 para recopilar, por esos pueblos y aldeas, lo que pudiera quedar de lo que fue un riquísimo patrimonio cultural de las gentes de toda España, y para investigar sobre cuestiones metodológicas, sumamente enredadas, hasta obtener un resultado abarcable y legible. De todo ello resultó un texto muy extenso, que sólo ha conocido ediciones parciales e incompletas[1], amén de muchas horas de grabación en cintas magnetofónicas. Y entre las personas, cómo no, a don Aurelio Espinosa (hijo), que desde la Universidad de Stanford me animó con sus recomendaciones e incluso me autorizó a publicar algunas de sus versiones, así como de las de su propio padre, por su elevado valor documental en determinados aspectos de la nueva arquitectura que yo iba construyendo. Por razones similares, a los herederos de don Aurelio de Llano Roza de Ampudia, a don Vicente Cortés Vázquez, al escritor Alfonso Jiménez Romero –tristemente desaparecido en 1997– y, desde luego, a los numerosos informantes que pusieron su voz en la base de otras muchas versiones recogidas por mí mismo y que dan soporte a otras de este libro.

Tal vez sea éste el momento de explicar bien en qué consiste la peculiaridad, no siempre bien entendida, de *Cuentos al amor de la lumbre.* Empezaré por decir lo que no es. No es una recopilación etnográfica, al uso convencional, de versiones de cuentos populares tal como pudieron contarlas sus narradores

---

1. Una primera edición parcial de ese estudio fue *Los cuentos maravillosos españoles,* Barcelona, Edit. Crítica, 1982 (2.ª ed. 1987). Más completa es la de *Los cuentos populares o la tentativa de un texto infinito,* Universidad de Murcia, 1989.

orales (empeño harto difícil, por otra parte, y que no se corresponde a menudo con lo que se presenta como tal). No es tampoco una atrevida adaptación literaria de versiones de aquí y de allá, como se ha hecho en otras ocasiones por distintos autores, con más osadía que conocimientos. ¿Qué es, pues?: sencillamente una *recopilación de arquetipos*. Claro que esto necesitará de alguna explicación. La he dado por extenso en otros lugares más idóneos[2], pero no estará de más intentarlo aquí, en términos más adecuados a la ocasión.

En mi teoría, el *arquetipo* de un cuento popular es la versión resultante que se obtiene al comparar muchas versiones particulares de un mismo cuento, hasta conseguir que el texto se parezca lo más posible a la versión dominante en la única etapa a la que todavía podemos tener acceso, aunque sea restringido, y que no es otra que la de los comienzos del siglo XIX, justo cuando empieza también el declive de los cuentos orales en su medio natural: la tertulia campesina. Y todo ello, con arreglo a un método, previamente elaborado también, con base en teorías formalistas y estructuralistas, que yo denomino *estructural-semiológico*. Versión, pues, representativa, *arquetípica*, de otras muchas, que cuenta con la seguridad de ese método, y con una textura de lenguaje ajena a toda clase de afeites o de ocurrencias literarias, para preservar y representar también la llaneza del estilo popular. Como puede verse, no se trata tampoco de una *reescritura*, es decir, de una adaptación libre. (Esto lo llevo a cabo más bien en mi colección infantil *Cuentos de la Media Lunita* y, decididamente, en *El bosque de los sueños*.) Conviene distinguir también con claridad lo que es una verdadera reescritura, como tal versión libre, de lo que es una simple manipulación a capricho, ejecutada sobre textos de otros

2. Véase en el último libro citado el capítulo «La construcción de nuestros arquetipos» (pág. 186). También «Les contes de tradition orale en Espagne», en *D'un conte... a l'autre,* París, Editions du CNRS, 1990. Y «Los arquetipos del cuento popular», en *Literatura infantil de tradición popular,* Univ. de Castilla-La Mancha, 1993.

–incluso textos etnográficos–, como hacen algunos divulga-
dores poco escrupulosos.

Una segunda dimensión hace de *Cuentos al amor de la lumbre* una cierta antología, que incluye cuentos de otros autores,
sean folcloristas, buenos versionistas o meros curiosos, como
los casos ya citados o como los de Fernán Caballero; algunos
de esos cuentos fueron sometidos al mismo método del arquetipo, con lo que quedaron a veces reestructurados, pero también aligerados de pesadas ocurrencias, e incluso de elementos postizos, fortuitos o procedentes de mezclas caprichosas,
producidos en el acarreo de una memoria ya bastante deteriorada del cuento, y que se inicia, como decíamos, nada menos
que hace ahora dos siglos. Piénsese que, mientras el romance,
por ejemplo, contó siempre con la arquitectura fija del octosí-
labo y de la rima asonante, el cuento no tenía más soporte que
la estructura profunda descubierta por Propp en 1927, y que ésta
se aloja, como la gramática de una lengua, en el inconsciente
de unas personas, además, generalmente iletradas.

Pues bien, con todo eso, el libro se impuso, desde el primer
momento, como algo que la gente parecía necesitar y estar esperando desde hacía mucho tiempo, reconociendo en él, de
forma espontánea, lo que «ya era hora», lo que «por fin» recogía y consolidaba aquello que «me contaba mi madre», o «mi
abuela», etcétera; y despertando, de paso, emociones indes-
criptibles, que hacen del concepto *arquetipo* algo más junguia-
no y próximo a las fascinantes penumbras del inconsciente colectivo y a las profundas añoranzas infantiles de cada cual.
Guardo tantos testimonios en este sentido, que no puedo por
menos que reconocerlos públicamente, como hago ahora, con
profunda emoción.

Pero por sobre todas esas manifestaciones, siempre he estimado las que procedían del mundo de la educación. Tanto
profesores como niños, de todos los puntos de la geografía española –y aun de América, Norte y Sur–, me han hecho llegar
a menudo sus opiniones, y con ellas sus afectos maravillosa-
mente naturales, pero también –y es a lo que iba– acompaña-

dos de una comprensible demanda: una edición económica-
mente más asequible. Hoy creo que podemos darla por satisfecha. Que a todos aproveche, y que de todos siga yo apren-
diendo. Gracias.

A. R. ALMODÓVAR
Sevilla, 1999.

Introducción

Unas preguntas elementales

Los cuentos populares son la cenicienta de la literatura española. Cualquier otro género, incluso los de tradición oral (romances, refranes, coplas, adivinanzas, etc.), ha merecido entre nosotros mucha mayor atención. La bibliografía sobre cuentos, realizada casi siempre en grado heroico, cabe en poco más de una cuartilla, aun contando los libros y artículos que hoy parecen recuperar un esperanzado interés. ¿Qué es lo que ha pasado?; ¿dificultad?, ¿menosprecio?; ¿es que nuestros cuentos populares son escasos, tal vez aburridos o hasta feos?; ¿o será que no se conocen bien y se han estudiado peor?

Estas preguntas, que se las puede hacer casi iguales el profano y el menos profano, merecen una respuesta serena y profunda. A ello dirigimos nuestro trabajo desde hace años, y esperamos continuar, pues el asunto lo merece y da para mucho tiempo (y para muchos más que quieran unirse a tan fascinante tarea).

Cualquier ciudadano medio de Francia, de Alemania, de Dinamarca, de Italia, de Inglaterra..., dispone de una edición manejable, y fiable, de los cuentos populares de su país. ¿Qué ocurre si vamos hoy a una librería española con un empeño similar? Pues que nuestro sufrido ciudadano medio (como en otras cosas, desde luego) tendrá que volverse a su casa, si quiere, con un Perrault, un Andersen o un Grimm, y probablemente en malas traducciones, o con algún subproducto lleno de colorines. Peor es aún la situación del padre o del educador que quiera utilizar pedagógicamente los cuentos de su propia tierra. Si esos ciudadanos dirigen un mal pensamiento a la cultura oficial de su país, habrá que perdonárselo. Y qué pueden sentir cuando conocen que en cualquiera de nuestras regiones, durante siglos, y todavía –aunque cada vez menos– han subsistido preciosas versiones de *Blancanieves,* de *Cenicienta,* de *Pulgarcito,* de *Barbazul,* de *El aprendiz de brujo,* de *Hänsel y Gretel,* de *El príncipe durmiente* (que no princesa, en España), además de *Blancaflor, La Serpiente de siete cabezas y el castillo de Irás y no Volverás, Juanillo el Oso, El Príncipe encantado, La mata de albahaca, Piel de piojo...* y así muchos más cuentos que nada deben a sus homólogos extranjeros, sino que pertenecen desde siempre a nuestro patrimonio cultural.

Un poco de historia personal, si queréis

Remediar un poco este vacío, o estos vacíos, era parte importante de nuestra preocupación. Procurar unos textos no recreados ni refundidos al gusto o al capricho personal, como en otros tiempos se hizo y hasta hoy en día se continúa haciendo, sino elaborados desde un método científico, de forma que permitieran una lectura fluida para todo aquel que quisiera recobrar, de entre las brumas de su niñez, aquellas dulces, excitantes o divertidas historias que le contó su abuela, o el pastor entrañable, y que no llevaban ni afeites literarios ni moralinas a granel. Aplicar, en suma, la pasión y hasta el egoísmo del filólogo y del estructuralista en darle un aspecto digno y asequible a estos tesoros, antes de que se pierdan por completo.

Hemos de confesar que nuestro «descubrimiento» fue un tanto azaroso, y no procede ni de la etnología ni de la ciencia del folclore, como habría sido de esperar –y con lo que se hubiera reanudado la venerable tarea que hace poco más de un siglo emprendiera Antonio Machado y Álvarez, padre del gran poeta–, sino que vino por la lógica interna de una investigación mucho más árida: la de la teoría lingüístico-literaria de la narración. Empujados por la potente discusión que tuvo lugar entre Lévi-Strauss y Vladimir Propp en los años sesenta, nos percatamos de que nuestro patrimonio cuentístico se había quedado, metodológicamente hablando, en los extraordinarios esfuerzos de recopilación y de estudio que realizó Aurelio M. Espinosa allá por los años veinte, y que prosiguió su hijo –del mismo nombre– hasta unas fechas anteriores al estallido de la Guerra Civil, que todo lo eclipsó[1].

Un curioso fenómeno de fechas

No fue fácil, por tanto, situarse en las condiciones en que se encontraba el tema dentro de España, por muy diversas razones.

El vacío de interés que se produce tras la reedición del estudio de Espinosa (siempre que no se indique otra cosa nos referimos al padre) en 1946 deja la cuestión prácticamente

---

1. Quiero recordar la inestimable ayuda que me prestó don Aurelio M. Espinosa (hijo), quien desde la Universidad de Stanford me remitió hace unos años sus inéditos *Cuentos de encantamiento,* algunos de los cuales sostienen otras versiones de esta colección. Su libro, *Cuentos populares de Castilla,* no es sino una pequeña parte del material recogido por él en 1936, prosiguiendo la tarea de su padre iniciada en 1920.

tal como había quedado en su momento de mayor euforia, que fueron las décadas de los veinte y los treinta; es la etapa que luego llamaremos «filológica», culminación del largo proceso de erudición folclorista que se desarrolló en Occidente a lo largo de la segunda mitad del siglo XIX[2].

El desinflamiento, bastante brusco en todas partes, tiene lugar como consecuencia indudable de la Segunda Guerra Mundial y, en nuestro caso, como ya hemos indicado, de la Guerra Civil. Los rigores de nuestra contienda se hacen sentir sobre todas las actividades culturales que la República había impulsado con tan prometedores horizontes, y el aislamiento internacional vendría a acentuar las dificultades hasta el punto de todos conocido. Por lo demás, la metodología comparativista había agotado prácticamente su fecunda andadura, y las llamadas «ciencias humanas» tuvieron que asentarse sobre criterios nuevos, tras la liquidación de los prejuicios románticos más o menos vigentes en vísperas de la conflagración mundial.

Afortunadamente, tampoco se había progresado gran cosa en los demás países occidentales en cuanto a los estudios folclóricos, y se diría que es algo más que una coincidencia que el último estudio realmente útil sobre los cuentos populares, *The Folktale,* lo publique Stih Thompson en 1946, aunque sólo sea un resumen de su obra fundamental,

---

2. Contra viento y marea, y con muy escaso apoyo institucional, hay que destacar los trabajos de Arcadio Larrea Palacín, de Luis Cortés Vázquez, de María Josefa Canellada, a los que se une Maxime Chevalier, desde sus estudios sobre el cuentecillo tradicional. Con él ha colaborado recientemente el folclorista Joaquín Díaz en *Cuentos castellanos de tradición oral,* de la provincia de Valladolid. Más recientemente, por fin, ha visto la luz la colección de Alfonso Jiménez Romero *(La flor de la florentena,* Sevilla, 1991; pero hay que citar especialmente, por su rigor, el trabajo del lingüista danés Poul Rasmussen –desaparecido en trágicas circunstancias–, *Sociolingüística andaluza,* 9 *(Cuentos populares andaluces).* Univ. de Sevilla, 1994.

que data de 1928. El tema de las fechas no deja de despertar sutiles sugerencias: 1928 es el año en que Propp acaba de publicar en Rusia, sin que el resto del mundo se entere, su revolucionaria *Morfología del cuento*.

La guerra fría, en resumidas cuentas, significó para el cuento poco más o menos lo que el aislamiento español, en lo que se refiere al intercambio científico, de un lado a otro del telón de acero. Y hasta 1958, año en que Greimas repara en la traducción inglesa del libro de Propp, no se produce el nuevo chispazo, la conexión definitiva entre el estructuralismo europeo y el formalismo ruso, que ya con anterioridad había propiciado Jakobson en Norteamérica en contacto con Lévi-Strauss. Finalmente, en París, la Escuela de Altos Estudios y otras empresas culturales llevarían adelante una labor interdisciplinaria eficaz en torno a la teoría del relato, tomando lo necesario de la lingüística, la etnología, la semiología, la psicología, y llegando a esbozar formulaciones próximas a la dialéctica marxista. Son los últimos años de los sesenta en los que, por fin, empieza a entrar una nueva corriente de influencia científica a través de los Pirineos (los estructuralistas no son sospechosos al franquismo), y, aunque un poco tarde, algunos españoles empezamos a interesarnos por recuperar el tiempo perdido, aun en medio de las adversas condiciones de una universidad degradada y desmoralizada. Las fechas siguen jugando un papel importante en esta apretada historia. En 1974 llega a nuestro país una nueva obra de Propp, *Las raíces históricas del cuento,* que, desde una perspectiva marxista, relanza el viejo tema de los orígenes del cuento, tal como quedó en Europa occidental en 1946. Resulta ya casi inaudito que la verdadera fecha del nuevo libro de Propp ¡sea también 1946!, la misma de la reedición en España del trabajo de Espinosa y la del resumen de Thompson. A favor del ruso siempre se podrá decir que mientras él siempre tuvo en cuenta a los demás, los demás no se fijaron en él hasta 1958.

Pero qué es un cuento popular

No trataremos de resolver aquí lo que tanta controversia ha producido en la teoría de los géneros literarios. Sólo una compleja serie de distinciones nos acercará a una definición operativa. El cuento se opone, por su brevedad (primer concepto relativo), a la novela; al chiste o chascarrillo, por cuanto éste es lo que Castiglione entendía como un dicho «corto y agudo» de carácter cómico, en contraste con la «narración continuada»; a la leyenda, porque ésta apenas contiene un desarrollo argumental o intriga. (Más difícil es su relación con el mito, de lo que nos tendremos que ocupar algo más.) En cuanto su composición interna, destaca el hecho frecuente de las dos partes o secuencia de que consta, aunque la segunda está muchas veces perdida.

En cuanto a la forma de transmisión, se opone a todas las formas que se perpetúan por escrito. Aquí merece una breve consideración el término «folclórico», que últimamente gana terreno, queriendo aplicarse al cuento y, de alguna manera, neutralizar la distinción culto/no culto. Es cierto que muchos cuentos o cuentecillos de tradición culta también se encuentran en la tradición popular, pero no todos, ni con mucho. Lo contrario es aún más importante: muchos cuentos de tradición popular nunca han entrado en la culta. El contacto entre ambas corrientes es puramente ocasional. Por último, no son fruto de la invención individual ni de fases históricas, sino que pertenecen a un patrimonio colectivo, a veces milenario (especialmente los *maravillosos).* Su ámbito cultural más remoto es de los pueblos indoeuropeos, por lo que se refiere a los hispánicos.

En resumen, tendremos que el cuento popular hispánico es un relato de tradición oral relativamente corto (pero no tanto como el chiste o chascarrillo), con un desarrollo argumental de intriga dividido por lo común en dos partes

o secuencias (la segunda suele estar perdida) y pertene-
ciente a un patrimonio colectivo que remite a la cultura indoeuropea.

La clasificación de los cuentos populares

En cuanto a su clasificación, mucho se ha discutido también.
La mayoría de las clasificaciones derivan de los índices de
Aarne-Thompson y luego de Thompson, aplicados a España por R. S. Boggs[3], cuya tradición metodológica es inevitable, aunque no demasiado aclaratoria ni funcional. En la
vertiente hispánica se suelen agrupar en cuentos «de adivinanzas», «humanos varios», «morales», «de encantamiento» y «de animales». A poco que se profundiza en esos cinco
grupos, se advierten numerosas ambigüedades, errores e
imprecisiones. Baste decir que los cuentos del tipo de *La
adivinanza del pastor* jamás se incluyen donde realmente les
corresponde, esto es, entre los cuentos de encantamiento o
maravillosos. Los nombres de los personajes, sus atributos,
motivos o episodios sueltos y polivalentes han inducido a in-
numerables confusiones, todas ellas derivadas de esos
monstruos inevitables que son los índices internacionales
antes mencionados. Algo semejante a lo que ocurre con los
diccionarios, cuya utilidad lingüística es más que relativa,
pero de los que nadie puede prescindir.

Nuestra clasificación

La escuela estructuralista ha ironizado, como era de esperar,
sobre esos gigantes de erudición decimonónica, donde uno
puede encontrar cuántas veces y en qué cuentos, de qué pro-

---

3. Boggs, Ralph S., *Index of Spanish folktales,* en FFC, 90, Helsinki, 1930.

cedencias, regiones o países, aparece, por ejemplo, el motivo «ataúd de cristal» en las versiones de *Blancanieves* de todo el mundo. Lo malo es que, como dicen los estructuralistas, todo ese esfuerzo descomunal sirve para demostrar que los cuentos parecidos se parecen. Pero su utilidad, si hemos de ser justos, no radica en lo que pretendan demostrar, sino en lo que tienen de manejable para otros usos, próximos a lo que una correcta ordenación informática podría proporcionar, por ejemplo, a la hora de elaborar arquetipos o de tener una imagen legítima de la forma más común de un cuento en determinada área geográfica.

En lo que se refiere al viejo sueño del comparativismo, esto es, establecer la genealogía y el devenir de los cuentos, es asunto prácticamente abandonado y tabú, como lo es el del origen del lenguaje. El mito de Babel continúa siendo aquí harto expresivo.

Aun a riesgo de simplificar demasiado, nosotros seguiremos una clasificación de los cuentos populares en tres grandes clases: *maravillosos* (de *encantamiento* o «de hadas», si bien esta última es denominación extranjeriza), de *costumbres* y de *animales*. La segunda clase es quizá la más imprecisa de todas, porque abarca un número muy grande de subclases, cuyo denominador común es, en realidad, una cualidad negativa: no ser cuentos maravillosos. En cuanto a los «de animales», se trata de aquellos que tienen por protagonistas a auténticos animales humanizados, esto es, una prosopopeya, y no a seres humanos en metamorfosis (como *El Príncipe sapo,* pongamos por caso)[4].

Cada clase consta de diversos *tipos,* los cuales aparecen textualmente en forma de *versiones.* De dos o más versiones

---

4. Esta clasificación viene avalada por la que hiciera Afanásiev de los cuentos populares rusos, aunque él los puso en otro orden: de animales, maravillosos y de costumbres, otras veces llamados realistas y «novelescos».

de un mismo tipo puede elaborarse un *arquetipo*. Por ejemplo: el cuento de nuestra colección *La adivinanza del pastor* es un arquetipo, elaborado por nosotros sobre la base de diversas versiones del tipo de cuento en que un pastor aspira a la mano de la princesa y la consigue con su astucia y con la ayuda de un objeto mágico. (Hay otros tipos donde el pastor rechaza este matrimonio, por orgullo de clase, como si dijéramos.) Su clase es la de «cuento maravilloso». Podría existir una subclase, si se encontraran versiones consolidadas donde el objeto mágico (la flauta encantada) no se la hubiese entregado una viejecita (el hada buena), sino que el pastor se la hubiese encontrado en el campo, o bien no sirviese realmente para superar las pruebas a que será sometido aquél. Esta subclase sería un cuento «semi-maravilloso» como lo son nuestros *Blancanieves, Cenicienta* y *La niña sin brazos*. Finalmente, la categoría del cuento es «popular».

Resumiendo, tendríamos:

Título del cuento y del arquetipo: La adivinanza del pastor.
Categoría literaria: popular.
Clase: maravilloso (también «de encantamiento» o «de hadas»). (Sería semi-maravilloso un hipotético cuento cercano al nuestro, pero muy degradado o donde no existieran las funciones narrativas principales: pruebas, recepción del objeto mágico, etc.)
Tipo: un pastor aspira a la mano de la princesa y consigue casarse con ella, valiéndose de una astucia y de unos medios maravillosos.
Versiones: todas las que responden al esquema de este tipo.
Variante: puede referirse a sólo una parte de determinada versión con alguna peculiaridad.

Nuestra suerte fue dar con la estructura formal descubierta por Vladimir Propp en 1928, relativa a los cuentos maravillosos rusos, que luego resultó ser básicamente la misma en todos los cuentos de esta clase, en el ámbito de la cultura indoeuropea. El lector verá poco más adelante cuántas y cuáles son esas funciones, esto es, cuántos pasos obligados da el argumento de principio a fin, denominados por un concepto abstracto (alejamiento, entrega del objeto mágico, combate, viaje de ida, etc.), independientemente del contenido concreto de cada anécdota. Serán en total 31 funciones, sostenidas por siete personajes principales: el héroe, el falso héroe, el agresor, el donante del objeto mágico, la víctima, el padre de la víctima y los auxiliares del héroe.

Sobre este cañamazo se urden los viejos cuentos «de hadas», en más o menos, faltando esto o aquello, pero manteniéndose estable su estructura. Ésta, aunque puramente formal, encierra ciertos significados, sobre todo si se la pone en relación con la época histórica en que dichos cuentos surgieron, a saber, el bajo Neolítico, la época de formación de la nueva sociedad agraria, sedentaria, exógama y defensora de los derechos de propiedad privada y de su transmisión a hijos legítimos. Un orden social distinto, el más arcaico de las sociedades tribales, nómadas, cazadoras, endógamas y practicantes de un comunismo primitivo, subyace en estos mismos cuentos y entra en conflicto con la sociedad nueva. Semejante conflicto es lo que explica en buena parte el dinamismo y la significación de los cuentos maravillosos y de costumbres.

Pues bien, la claridad que irradia esta configuración de ideas acerca de los cuentos maravillosos, alcanza de lleno a las otras dos clases, hasta el punto de que hay entre las tres una evidente relación analógica, que más adelante iremos viendo. En bastante medida, nuestra tarea ha consistido en aplicar los descubrimientos de Propp a la muy deteriorada tradición de los cuentos maravillosos españoles, y en prolongar esos mismos descubrimientos, y otros derivados, a los de costumbres y a los de animales –tan casi perdidos como los primeros–, y con la ayuda de otros criterios e instrumentos metodológicos, tomados de la etnología estructuralista y aun del psicoanálisis.

La mayor fortuna de este trabajo ha sido precisamente lo tardío de su empresa, cuando diversas disciplinas científicas han alcanzado resultados útiles para manejar y entender de tan atractiva y multicolor materia como son los cuentos populares. Claro que, en el ínterin, los cuentos mismos se fueron estropeando hasta cotas realmente peligrosas. A punto de extinción, las recogidas en vivo que todavía es posible llevar a cabo se parecen demasiado a un rescate, o a los últimos auxilios que han de prestarse al moribundo, para que al menos muera en paz.

Mentiríamos si dijéramos que este trabajo fue claramente orientado desde el inicio por la búsqueda de esa relación entre los cuentos maravillosos y los demás. Al principio apenas si teníamos una vaga intuición de que la sistemática de los cuentos «de hadas» podía servirnos para los otros, basándonos en indicios de proximidad histórica y de bases culturales comunes. Partíamos de la comprobación de que algunos rasgos sueltos, parecidos tanto en los cuentos maravillosos como en los de costumbres, proceden de períodos arcaicos, si no los mismos, muy cercanos, como vestigios a la deriva de ritos, tabúes y totemismos practicados por sociedades en trance de evolución, desde aquellas nómadas a las sedentarias. Restos de prácticas incestuosas, de ritos de iniciación, de culto a los muertos, y hasta de canibalismo y de búsqueda del fuego, emergían aquí y allá, junto a elementos mucho más modernos, casi de nuestros días, seguramente en el trabajo de reutilización de material más complejo que ha llevado a cabo la humanidad, o al menos las sociedades de un mismo origen indoeuropeo, a todo lo largo de su atareada evolución. Y así hasta nuestros días, en que posiblemente esos mismos materiales, convertidos ya en símbolos del subconsciente y del inconsciente colectivo, en virtud de un tratamiento «artístico» –sin dejar de ser popular–, continúan transmitiendo a nuestros hijos las claves de un viejo código de civilización: la civilización occidental, con todos sus con-

flictos internos. En esta civilización, por cierto, no han desaparecido determinadas normas de actividad social, funcio-
nalmente parecidas a los ritos de iniciación y a instituciones
tan antiguas como éstos. Léase nuevos modos de selección
de los mejores jóvenes para alcanzar puestos relevantes,
nuevas y sutiles formas de matriarcado, o nuevas y también
ritualizadas maneras de dar culto a los muertos y a la personalidad de los líderes. Las relaciones conflictivas con los padres, la búsqueda de la pareja, el extrañamiento del hogar o
la mayoría de edad, la propiedad privada hereditaria, todo
eso que rige nuestras sociedades, continúa pareciéndose a
fetiches, tabúes y mitos, que nos ponen ante la evidencia de
que mucho más allá de los códigos racionalizados existen los
códigos ocultos del mundo en que vivimos, en buena parte
derivados y transformados de los que gobernaron a nuestros
antepasados prehistóricos.

En ese plano histórico-social, por tanto, todos los cuentos
populares son de costumbres. Sólo falta distinguir y averiguar con qué hábitos sociales se corresponden, y si recibieron o no un tratamiento maravilloso. Fue necesario, desde
luego, comprobar que la antigüedad de unos cuentos y otros
(los maravillosos y los de costumbres propiamente dichos)
era, efectivamente, la misma, o muy próximas y en homólo-
ga relación con la que tuvieron las dos etapas de la humanidad que venimos comentando: nómada y sedentaria. Hechos como la existencia de cuentos de animales entre los
sumerios o de rudimentarias «cenicientas» en el Antiguo
Egipto así lo confirman.

El que entre los viejos cuentos misóginos hispánicos po-
damos encontrar todavía a Juan el tonto subido a una viga
del techo en su noche de bodas, para no tener que entrar en
contacto con su esposa precisamente esa noche, tal como
practicaron numerosas sociedades antiguas en la creencia
del maleficio femenino y en el poderío secreto de la mujer,
prueba que las primitivas sociedades transformaron en mi-

tos, leyendas, o en motivos de risa para el acto de contar un cuento –catarsis colectiva–, las más antiguas prácticas rituales. Que esa transformación fue generando las ideologías que llegan hasta hoy, como puede ser la creencia de la superioridad del hombre sobre la mujer –por seguir el mismo ejemplo–, ya no es más que una simple constatación.

Por consiguiente, los que aquí llamamos cuentos de costumbres incluyen muchas veces satíricas adaptaciones de asuntos maravillosos a las nuevas necesidades de representación de las sociedades agrarias, desprovistos aquéllos de toda dimensión fantástica o inverosímil, pero manteniendo la similitud estructural y a veces elementos maravillosos sueltos. Más adelante, cuando presentemos los cuentos de costumbres, trataremos con más detalle estas cuestiones.

Dentro de cada clase de cuentos se observan afinidades temáticas, motivaciones secundarias repetidas y combinadas de tal o cual manera, personajes sobresalientes, o, mejor aún, funciones sociales específicas. Todo ello da lugar a la formación de ciclos. Así hemos llegado a constituir los veintitrés ciclos de nuestra colección, que siguen las letras del alfabeto, más un título a cada uno de ellos, según el aspecto principal de los cuentos que se incluyen en él. Tan sólo en un caso, verdaderamente excepcional, hemos configurado un ciclo con un solo cuento, el de *Juan el Oso*. Esta aparente contradicción se explica por cuanto nuestro texto es el arquetipo de muchas versiones existentes de esa ancestral historia del hijo de una mujer y un oso, y en que todos los cuentos que guardan analogía con él (principalmente, *Juan y Medio* y *Piel de piojo*) son ya cuentos de costumbres, al faltarles el objeto mágico.

En los demás ciclos también hay numerosos arquetipos, elaborados por nosotros mismos a partir de las versiones conocidas de tal o cual cuento. (En notas y observaciones diversas queda constancia de cuáles son arquetipos y cuáles otras versiones más o menos directas).

Los arquetipos

El estado de máximo deterioro en que se encuentran estos
textos imponía la necesidad, no ya sólo para el gran público,
sino para la ciencia, de elaborar unos textos de fácil lectura
donde aparecieran completos los cuentos populares. A veces, una versión tomada en directo poseía estas cualidades,
con pequeños retoques que hubiera que hacerle. Pero esto,
desgraciadamente, es lo menos frecuente. Hacía falta, pues,
confrontar todas las versiones disponibles, cuantas más mejor, limpiarlas de añadidos y mezclas, reponerles tal o cual
elemento que la estructura general nos aseguraba tenía que
estar en tal o cual punto del relato, pero que no aparecía en
ninguna de las versiones disponibles; recomponer la misma
estructura del cuento cuando había sido alterada, y, en fin,
todo un trabajo que nos atrevemos a calificar *de restauración,* en orden a «fijar un texto», cual es la primera tarea del
filólogo. Con la diferencia de que el filólogo, para su suerte,
trabaja con textos escritos, y cuando lo ha hecho sobre textos de tradición oral (cantares de gesta o romances) ha contado con la inestimable apoyatura del ritmo, la rima y la música a veces. Todo eso que, precisamente, ayuda al propio
cantor de romances a conservarlos en su memoria. Por el
contrario, el narrador popular de cuentos carece de estos
apoyos manifiestos, aunque cuenta, lo mismo que el investigador, con la estructura misma del relato, que es su verdadera guía inconsciente.

Nuestra idea de *arquetipo* difiere, pues, de la «versión primitiva», como querían Espinosa y todos los comparatistas
de una u otra tendencia, siempre atraídos por el señuelo
imaginario de la génesis, el origen del cuento. Como quiera
que esto es inalcanzable –y si lo fuera probablemente encontraríamos versiones embrionarias, tales como las cenicientas del Antiguo Egipto–, no nos queda sino utilizar homólo-
gamente la distinción entre lengua y habla. La *lengua* del

cuento es su arquetipo, la abstracción resultante capaz de explicar en síntesis la totalidad del cuento. Las *hablas* del cuento, en cambio, son las distintas versiones de él que podemos encontrarnos. (Al menos metodológicamente, esta distinción es útil, aunque en realidad, como señala Lévi-Strauss, *lengua* y habla se *neutralizan,* o suelen ser la misma cosa, en las manifestaciones folclóricas.)

Desde el punto de vista práctico, nuestros arquetipos se basan en la mejor de las versiones encontradas, atendiendo al estado de su estructura y la cantidad de elementos frecuentes en otras versiones, quitándole y añadiéndole conforme explicábamos en esa labor de restauración.

Hasta aquí, muy resumida, la descripción de nuestro trabajo y del alcance que hemos querido darle. No está, ni mucho menos, concluido, pues prosiguen tareas de campo, de las que esperamos aún noticias valiosas sobre cuentos prácticamente desaparecidos, de los que sólo quedan jirones o datos desperdigados y mezclados con otros cuentos. Tampoco incluimos en esta colección los cuentos populares eróticos, que hemos editado aparte.

Etapas y escuelas en la recopilación de cuentos españoles

Tres períodos principales hay que distinguir en los estudios de los cuentos populares españoles, con sus correspondientes bibliografías. El primer período tiene su punto culminante en la figura de Fernán Caballero a mediados del siglo XIX, en una etapa que llamaríamos *folclórico-costumbrista.* El segundo se corresponde, aproximadamente, con la década de los ochenta del mismo siglo, teniendo como mentor a don Antonio Machado y Álvarez, padre del famoso poeta, en lo que se podría denominar escuela *folclórica-positivista.* El tercero se sitúa entre los años veinte y treinta de nuestro siglo, con Aurelio M. Espinosa como fi-

gura más destacada, en la etapa *folclórica-filológica,* segui-
dora de la escuela finlandesa.

Los cuentos recogidos y recreados por Fernán Caballero
aparecen principalmente en el tomo V de sus Obras (BAE,
CXL), bajo dos epígrafes: «Cuentos y poesías populares andaluzas» y «Cuentos de encantamientos». En la primera serie
hay muy pocos cuentos y todos prácticamente irreconocibles
para un objeto científico. Los de la segunda también han recibido un tratamiento literario muy fuerte, pero son útiles algunas versiones como la titulada *El caballero del pez,* corres-
pondiente al cuento básico *La serpiente de siete cabezas.*

En cuanto a la labor de don Antonio Machado y Álvarez,
obedece a unos planteamientos que están como a medio camino entre las exageradas recreaciones de los costumbristas
y los escrúpulos de los filólogos venideros en su captación de
las versiones tal cual eran escuchadas. Los cuentos recogidos
bajo la dirección de Machado y Álvarez al frente de la «Biblioteca de Tradiciones Populares» se encuentran en los volúmenes I, II, V, VIII y X. Suman en total cuarenta y cuatro,
pertenecientes a diversas regiones españolas y recogidos por
distintos autores. La posición ideológica del gran folclorista
se corresponde con dos momentos diferentes de su concep-
ción de la literatura popular: la krausista (ideología inter-
pretativa) y la positivista (de matiz darwinista, más dada a la
objetividad). En realidad, Machado y Álvarez no fue mucho
más allá de un comparatismo rudimentario en permanente
tensión entre lo universal y lo local. La utilidad de estos cuarenta y cuatro cuentos a nuestro propósito es de muy diverso
grado, y depende del sentido con que fueron aportados por
los distintos recopiladores, entre los que destacan don Ale-
jandro Guichot, don Sergio Hernández de Soto y don Euge-
nio de Olavarría.

El caudal de información sobre la suerte que habían corri-
do los cuentos populares españoles en la atareada penetra-
ción colonial dio lugar a que «uno de los fervientes hispanis-

tas de América» viniera a España en 1920 y la recorriera de arriba abajo recogiendo cuentos populares de la viva voz de sus narradores, los que todavía podían encontrarse con cierta facilidad por aquel entonces. Se llamaba Aurelio M. Espinosa. Gracias a él, y a su hijo, del mismo nombre, que en 1936 recogió más de quinientas versiones solamente en Castilla, se pudo salvar buena parte de ese tesoro antiquísimo de la cultura de nuestro pueblo.

Sobre la geografía de nuestros cuentos

No estamos aún en condiciones de establecer con precisión cómo se distribuyen los cuentos populares por la geografía española (ni siquiera por la del ámbito del castellano); la frecuencia o intensidad de este cuento o del otro, de esta clase o de la otra, los rasgos específicos de su adaptación a cada territorio, con sus costumbres y tradiciones incorporadas. Todo lo más, rastreando el material disponible, encontraríamos algunos indicios, especialmente útiles para la dialectología, y quizá no tanto para la etnología. Ése es un trabajo que queda por hacer, y todavía estaremos a tiempo durante pocos años, pues pronto habrán muerto todos los buenos narradores que aún quedan por esas montañas y esos valles.

Sencillamente ocurre que a muchos puntos de nuestra geografía jamás ha llegado un recopilador. No sabemos casi nada de Murcia, de Canarias (fuera de las leyendas guanches de García de la Torre), muy poco de Aragón (tan castigada por la terca imagen del baturrismo), salvo los cuentos de Arcadio Larrea, los de Baselga, Lafuente o Eusebio Blasco, entre muchos recopiladores y adaptadores. Sólo una versión del popularísimo *Juan el Oso* conocemos de esta región[5]. Es-

5. Remitimos al libro de Antonio Beltrán Martínez, *Introducción al folklore aragonés*.

casas son también las noticias de Andalucía oriental, aunque
nos consta la riqueza cuentística de zonas como las de Santa
Fe o San Pedro de Alcántara. Gracias otra vez a Larrea conocemos algunos cuentos gaditanos, más una recopilación re-
ciente de Juan J. Sandubete, con treinta y dos cuentos.

Con clara diferencia es el sector occidental del castellano y
su zona de influencia la que mejor estudiada está por los Llano, Carbal y Canellada, en Asturias; Manuel Llano en Can-
tabria; los Espinosa en las dos Castillas y León, a los que hay
que unir los libros de Cortés Vázquez para Salamanca y Sa-
nabria; Curiel Merchán y Hernández de Soto en Extremadu-
ra (quizá la región mejor conocida); en Andalucía occidental, a los históricos Fernán Caballero, Machado y Álvarez,
uniremos de nuevo a Aurelio Espinosa. Como se puede
apreciar, la ruta del romance, que tanto trabajó don Ramón
Menéndez Pidal y sus seguidores, viene a coincidir sospe-
chosamente con la mejor estudiada de los cuentos; en lo que
no debe existir ninguna casualidad, pues ésa fue la orienta-
ción que, en principio, le sugirió el de Oviedo al que llegó de
California, don Aurelio Espinosa, en 1920.

¿Es que la zona oriental es menos rica? Quien se atreviera
a afirmar tal cosa bien podría abandonar este oficio. Piénsese
que limítrofe con Aragón es Cataluña, que, con Baleares (Va-
lencia es menos conocida), suma el área que ha producido
mayor número de colecciones de excelente calidad, como las
de Joan Amades, Alcover, Maspóns y Labrós, Aurelio Cap-
many, Serra y Boldú y otros muchos (sólo en Cataluña, más
de dieciséis recopiladores en la frontera de los dos siglos).

Galicia fue favorecida también por su «Renacimiento» del
siglo pasado, aunque menos que Cataluña, con sus Lamas
Carvajal, Manuel Lugris y otros, a los que se unen en nuestros días nuevas colecciones y estudios, como los de la zona
de Vigo y Lugo. El País Vasco ha tenido también buenos es-
tudiosos, como el propio Guillermo de Humboldt, que en
1801 afirmó categóricamente: «Ningún pueblo lleva tan le-

jos quizá la pasión por los cuentos como los vascongados»[6].
Luego contó con un valedor tan significado como Julio Caro
Baroja.

Poco más en forma tan esquemática es lo que se podría
decir. Nosotros nos hemos centrado en este libro en el estudio de los cuentos del área castellana peninsular, sobre las
colecciones y estudios existentes y nuestros propios trabajos
de campo, que es a lo que deberíamos dedicarnos todos los
que nos ocupamos de este asunto, antes de que sea demasiado tarde. Para otros momentos, si hay suerte, quedan también los cuentos americanos de origen español, probablemente mejor conocidos y estudiados en la actualidad que los
nuestros propios.

Aviso para navegantes

A manera de avisos para navegantes, tal vez no sobren indi-
caciones de otro tipo. En primer lugar, que al lector poco fa-
miliarizado con los cuentos populares españoles le sería más
provechoso pasar directamente a leerlos, y luego, si quiere,
volver sobre las instrucciones, las notas y los apéndices. Así
será mucho más fácil comprender lo que en estas partes del
libro se dice.

En segundo lugar, que estos cuentos son tanto para adultos como para niños, si bien la costumbre quiere que sean
más para estos últimos. Queda bien claro que la tertulia
campesina, o la reunión del patio de vecindad, o la del grupo
familiar convocado «al amor de la lumbre», nunca hicieron
distingos de edad cuando tocaba contar cuentos. Precisamente la fuerza de su mensaje a la colectividad era la presencia heterogénea de sus componentes. No existe otra literatura en el mundo que posea esta excepcional cualidad.

6. Citado por Caro Baroja en *Algunos mitos y ritos equívocos*, p. 90.

Tercer aviso: estos relatos son los genuinos cuentos de la tradición oral que hasta no hace mucho contaban las abuelas de este país, y son prácticamente los mismos de norte a sur y del este al oeste, aunque revestidos en cada lugar –y en cada pueblecito, barrio o aldea– de sabrosas e insustituibles peculiaridades. Muchas de ellas quedan en estas versiones, por las que fácilmente se identifica de qué región proceden. Se ofrece aquí la galería completa –o casi– de las *Blancaflor, Juan el Oso, La serpiente de siete cabezas y el castillo de Irás y no Volverás, La mata de albahaca, El zurrón que cantaba, Pedro el de Malas,* más todos los cuentos del lobo y la zorra y hasta el de *Las bodas del tío Perico,* además de nuestras auténticas «Cenicientas» y «Blancanieves» y, en fin, la maravillosa constelación de cuentos inmemoriales hispánicos que, no queremos saber por qué, mucha gente cree que son «europeos»: alemanes, franceses o cosa por el estilo.

De ahí, su autenticidad (cuarto aviso), la frescura de su lenguaje, que a nadie debería sorprender, y mucho menos asustar, pues de otra forma no serían estos cuentos lo que son, lo que fueron siempre y ojalá sigan siendo por mucho tiempo.

Los cuentos maravillosos

Los cuentos que despertaron un inusitado interés en varias disciplinas humanísticas a lo largo de los años sesenta y parte de los setenta son los cuentos maravillosos (denominación que en España sólo tiene cierto arraigo popular en el área del catalán), desde que se empezó a divulgar el libro básico de V. Propp, esto es, la citada *Morfología del cuento,* oscurecido en Europa occidental por la influencia de la escuela germánico-finlandesa. Se trata de una clase de cuentos que poseen una estructura y otras características peculiares, bastantes estables a lo largo de los siglos, y muy semejantes en todas las culturas donde se pueden recoger, lo que no ha impedido su aclimatación a cada una de ellas en aspectos, por lo general, no estructurales, y aún con intenso sabor local.

Propp tuvo el acierto fundamental de eludir los nombres de los personajes, sus atributos y los motivos o acciones sueltas como elementos definitorios, pues eso es lo que había llevado al comparativismo a un callejón sin salida, a una maraña de datos que se podían relacionar de múltiples maneras, sin que ninguna de ellas diese una explicación relevante, funcional, del cuento. Partía el investigador ruso de la premisa metodológica de que antes de conocer un objeto y su origen es preciso describir sus partes y las relaciones que hay entre ellas.

La parte o unidad básica del cuento que se presta a esa descripción pertenece a la narración misma, y es lo que Propp denomina «función»: «acción de un personaje definida desde el punto de vista de la intriga»[7]. Propp aisló 31 de estas funciones, que luego pudieron ser agrupadas en parejas o series, y algunas de ellas discutidas[8]. La característica o «ley» principal de esta estructura es que cada una de sus funciones conserva su lugar en la sucesión del relato, aunque falten algunas anteriores o posteriores[9].

7. *Morfología del cuento*, Madrid, 1971, p. 33.
8. La discusión del método de Propp se encuentra, básicamente, en obras de Lévi-Strauss, Greimas y Bremond.
9. Las funciones del cuento maravilloso resultaron ser 31, más la situación inicial. Entre ellas, hay seis que se pueden repetir (de la VIII a la XIV). Cada una recibió un número, una definición abreviada, un término y una letra (griega o romana). A veces, en lugar de letra, es un símbolo arbitrario, como por ejemplo una flecha. El conjunto es así:

Situación inicial: α

Funciones preparatorias (I-III):

I   Uno de los miembros de la familia se aleja de la casa. *Alejamiento:* β
II Recae sobre el protagonista una prohibición. *Prohibición:* γ
III Se transgrede la prohibición. *Transgresión:* δ

Las treinta y una funciones del sistema de Propp pueden resumirse en un esquema narrativo que parte de una fechoría cometida por el agresor, o de una carencia, una necesidad que padece el héroe o su familia (a veces, ambas cosas). El desenlace suele ser el matrimonio, a modo de recompensa,

Funciones raras en los cuentos españoles (IV-VII):

IV   El agresor intenta obtener noticias. *Interrogatorio:* ε
V   El agresor recibe información sobre su víctima. *Información:* ζ
VI   El agresor intenta engañar a su víctima para apoderarse de ella o de sus bienes. *Engaño:* η
VII La víctima se deja engañar y ayuda a su enemigo a su pesar. *Complicidad:* θ

VIII El agresor daña a uno de los miembros de la familia o le causa perjuicios. *Fechoría:* A

Carencia (VIIIa):

VIII (a) Algo le falta a uno de los miembros de la familia; uno de los miembros de la familia tiene ganas de poseer algo. *Carencia:* a

IX   Se divulga la noticia de la fechoría o de la carencia, se dirigen al héroe con una pregunta o una orden, se le llama o se le hace partir. *Mediación, momento de transición:* B
X   El héroe buscador acepta o decide actuar. *Principio de la acción contraria:* C
XI   El héroe se va de su casa. Partida: ↑

La ausencia de objeto mágico indica que estamos en presencia de un cuento semimaravilloso (XII-XIV):

XII El héroe sufre una prueba, un cuestionario, un ataque, etc., que le preparan para la recepción de un objeto o de un auxiliar mágico. *Primera función del donante:* D
XIII El héroe reacciona ante las acciones del futuro donante. *Reacción del héroe:* E
XIV El objeto mágico pasa a disposición del héroe. *Recepción del objeto mágico:* F

XV   El héroe es transportado, conducido o llevado cerca del lugar donde se halla el objeto de su búsqueda. *Desplazamiento:* G por la liberación (desencantamiento) de la princesa, que estaba raptada, escondida y a veces metamorfoseada por el agresor. Es muy importante tener en cuenta que «encantada» puede significar cualquiera de esas dos cosas *(raptada* o *metamorfoseada),* e incluso una tercera: *seducida;* indepen-

Combate-muerte del agresor (XVI-XIX):

XVI	El héroe y su agresor se enfrentan en un combate. *Combate:* H
XVII	El héroe recibe una marca. *Marca:* I
XVIII	El agresor es vencido. *Victoria:* J
XIX	La fechoría inicial es reparada o la carencia colmada. *Reparación:* K
XX	El héroe regresa. *La vuelta:* ↓
XXI	El héroe es perseguido: *Persecución:* Pr
XXII	El héroe auxiliado. *Socorro:* Rs

Nueva fechoría y proceso para repararla (VIIIbis-XIVbis):

VIII bis	Los agresores quitan al héroe el objeto que lleva o la persona que transporta *(Nueva fechoría* A')
X-XI bis	El héroe vuelve a partir, vuelve a emprender la búsqueda (C↑)
XII bis	El héroe padece de nuevo las acciones que le llevan a recibir un objeto mágico (D')
XIII bis	Nueva reacción del héroe ante las acciones del futuro donante (E')
XIV bis	Se pone a disposición del héroe un nuevo objeto mágico (F')
XXIII	El héroe llega de incógnito a su casa o a otra comarca. *Llegada de incógnito:* O
XXIV	Un falso héroe reivindica para sí pretensiones engañosas. *Pretensiones engañosas:* L

Tarea difícilmente cumplida (XXV-XXVII):

XXV	Se propone al héroe una tarea difícil: *Tarea difícil:* M
XXVI	La tarea es realizada. *Tarea cumplida:* N
XXVII	El héroe es reconocido. *Reconocimiento:* Q
XXVIII	El falso héroe o el agresor, el malvado, queda desenmascarado. *Descubrimiento:* Ex
XXIX	El héroe recibe una nueva apariencia. *Transformación:* T
XXX	El falso héroe o el agresor es castigado. *Castigo:* U
XXXI	El héroe se casa y asciende al trono. *Matrimonio:* W°
	Elementos oscuros: Y

dientemente cada una de ellas o combinadas. El encantamiento lo sufre a veces el héroe (caso de *El príncipe encantado*) y es la heroína la encargada de liberarlo. Entre las funciones narrativas intermedias hay que destacar: el viaje o alejamiento de la casa; la prueba que ha de sufrir el héroe para recibir el objeto mágico, que le ayudará en su empresa, de manos de un donante; el combate con el agresor; el viaje de vuelta; la persecución (en esta fase del cuento puede volver a repetir algunas funciones principales, cuando al héroe le es robado el objeto o la persona recuperada). Se puede producir la vuelta de incógnito, el reconocimiento del verdadero héroe y el desenmascaramiento del impostor, precedido con frecuencia de nuevas tareas difíciles que ha de realizar el héroe para hacerse valer o reconocer.

A nuestro modo de ver, las principales funciones son las que se refieren al objeto mágico, a las pruebas que sufre el héroe, a las tareas difíciles, al combate con el agresor y a los viajes de ida y vuelta, por este orden de importancia. De manera que una versión que tenga muy debilitadas estas zonas del relato habrá que tomarla con precauciones. De modo más categórico: no es un cuento maravilloso aquel que no posee ese objeto mágico que sirve al héroe para reparar la fechoría del agresor o colmar la carencia inicial del propio héroe o de su familia.

Una definición más convencional

Desde otro punto de vista más convencional, el de los personajes, se puede definir el cuento maravilloso como aquel que posee siete personajes: *el héroe, el falso héroe, el agresor, el donante del objeto mágico, la víctima (generalmente el rey) y los auxiliares del héroe;* pero ello siempre y cuando se tenga una noción amplia y flexible del concepto de «personaje», cada uno de los cuales puede adquirir más de una forma a lo largo del mismo cuento: el agresor en *Juan el Oso*, por ejemplo, es el oso, el gigante y los monstruos con quienes ha de pelear el héroe. A cada una de estas formas concretas del personaje se les ha llamado *actor* y al personaje genérico *actante*.

A veces puede ocurrir que dos personajes permuten su función, como en el caso español de *Blancaflor,* donde en su segunda secuencia la víctima ha de ayudar al héroe a salir de apuros hasta convertirse en conductora de la acción.

Un cuento maravilloso suele tener dos partes bien diferenciadas, como todos los cuentos populares. Cada una de ellas será una *secuencia.* Así en *La serpiente de siete cabezas y el castillo de Irás y no Volverás,* que es un solo cuento con apariencia de dos. Las secuencias, como los motivos o los episodios de un cuento maravilloso, pueden ser polivalentes, servir para más de un cuento, especialmente la segunda. Por ejemplo, la secuencia de la princesa suplantada por una negra o gitana que la convierte en paloma, clavándole un alfiler en la cabeza, sirve como segunda parte a dos cuentos distintos: *Las tres naranjas del amor* y uno de los tipos de «Blancanieves», cual es *Mariquilla y sus siete hermanitos.*

El debilitamiento de las segundas secuencias, así como su carácter polivalente, es una de las fuentes principales de confusión en los cuentos populares.

La función histórica y social

La función histórica y social de estos cuentos ha debido evolucionar, como no podía ser menos, desde la mágico-religiosa que sin duda tuvieron, en contacto con la primitiva realidad, es decir, con el contexto de los ritos propiciatorios o de iniciación, en las distintas etapas de la humanidad anteriores a la sociedad matrimonial y de propiedad privada hereditaria.

Los elementos del cuento maravilloso, por consiguiente, deben tener raíces históricas, conocidas o no por nosotros, en costumbres muy antiguas (tales como recluir a las princesas casaderas). Muchas de estas costumbres adquirieron forma ritual, sobre todo en torno a las ceremonias principales de la tribu o del clan, como eran las de la iniciación del neófito en los secretos de la comunidad, haciéndole creer que pasaba algún tiempo en el reino de la muerte, del que emergía ya adulto, y merced a grandes sacrificios personales; o como la ceremonia de consagración a los dioses, donde muchas veces se ofrecía alguna parte del cuerpo del niño, como un trozo del dedo meñique, lo que a su vez podía sustituir a la circuncisión.

Así, todos los elementos de un cuento maravilloso –supone la tendencia antropológica– pueden ser explicados como formas más o menos simbólicas de aquellas prácticas.

A menudo, lo simbólico de los cuentos maravillosos provoca fuertes discusiones, en las que se suele apelar a las leyendas de la Antigüedad clásica para subrayar este o aquel otro sentido, o, yendo más lejos, se piensa que estos cuentos recogen ya los símbolos del inconsciente colectivo, formado con el mismo devenir de tales historias, e incluso que claramente representan los complejos de Edipo y otros conceptos propios del psicoanálisis. Estas interpretaciones, que parten de una cierta identidad entre el sueño y el mito o el cuento maravilloso[10] son vistas con recelo por otras escuelas.

Sea como fuere, parece claro que, a lo largo de cientos de miles de años, la función del cuento maravilloso, puesto que éste ha pervivido mucho después de que desaparecieran las religiones arcaicas y la sociedad de clanes o de tribus (cuya fuente principal de vida era la caza), es guardar memoria de sus orígenes, en forma más o menos figurada; tal vez con ese recordatorio, consciente o inconsciente, quiere impedir un

10. El más importante «psicoanalista» de los cuentos maravillosos es Bruno Betterlheim, en su libro *El psicoanálisis de los cuentos de hadas*. En él, por ejemplo, la lectura de *Blancanieves* difiere de la que hace Propp en *Las raíces históricas del cuento,* realizada desde el materialismo histórico. Resulta apasionante, sin embargo, comprobar cómo dos enfoques tan diametralmente opuestos pueden producir resultados en cierto modo complementarios o, por lo menos, no excluyentes.

retorno a aquellas formas de vida, como las que podrían derivarse si se rompiera el tabú del incesto, pongamos por caso, o se tolerasen el rapto y la violación. Tal vez, en una semiología más cercana, el pueblo se da a sí mismo tales visiones, hoy ya fantásticas, para no perder, por contraste, la conciencia del mundo real. Lo más difícil es interpretar el sentido que tiene la forzosa utilización del objeto maravilloso por el héroe, después de haber elegido libremente la peligrosa aventura de salvar a la princesa. Se diría que es una referencia a las limitaciones humanas impuestas por los dioses, es decir, una reflexión acerca de la grandeza del hombre, en sus propios límites, el mayor de los cuales es la muerte, y la necesidad de que sea el hombre mismo el que llene de sentido el mundo.

Cuento maravilloso y mito

Hemos hecho varias alusiones al complejo problema de la relación entre cuento maravilloso y mito. De lo que se trata es de saber si los mitos antiguos dieron origen a los cuentos maravillosos, por el debilitamiento de los primeros, o si ambas formas comparten un fondo narrativo común, al que nos hemos referido antes, derivado de prácticas rituales y de religiones arcaicas[11]. En segundo lugar, si la pervivencia de

11. En 1801 escribía Humboldt, a propósito de los cuentos vascos: «Si en la semejanza de algunas narraciones vascas con fábulas griegas se han de buscar vestigios medio desaparecidos de un antiguo origen común, es cosa que me sería permitido dudar. Esta semejanza me parece, como sin duda también a menudo la que hay entre idiomas tenidos como emparentados, más bien originarse por sí misma. El campo sobre el que revolotea la fantasía inventora de cuentos tiene que ser el mismo por todas partes, porque la fantasía y las pasiones humanas lo son» (citado por Caro Baroja en *Algunos mitos...*, p. 91). Curiosa formulación de carácter antropológico, que hemos querido reproducir para mayor contraste con las opiniones de tendencias historicistas y geográficas, sobre unos materiales españoles y en épocas científicas tan tempranas.

estas narraciones a lo largo de los siglos y de milenios responde a una necesidad cualitativa de la mente humana, que reproduce constantemente esas mitologías, bajo diversos aspectos, o si solamente aquellas leyendas heroicas, propagadas en los umbrales de la sociedad «civilizada», sirven de sustento ideológico a ese tipo de configuración de la humanidad.

Los parangones del cuento maravilloso con la mitología serán objeto de consideraciones particulares en los comentarios a cada ciclo de este libro. Los más conocidos son los de *Blancaflor* con Medea; *El príncipe encantado* con Amor y Psique; *La princesa encantada* con Perseo y Andrómeda; *La mano negra* (Barbazul) con Helena, prisionera de Teseo; *Juan el Oso* con Ulises y con Hércules; y el mito de Fausto o la venta del alma al diablo en numerosos cuentos, cuyo tema de arranque es la falta de descendencia en un matrimonio, como si la humanidad hubiera sentido miedo de que la institución matrimonial, capaz de transmitir herencia, reflejara un cierto absurdo, al no haber descendencia en algunas parejas. Este mito alimenta cuentos como *Blancaflor* y otros, de manera más o menos próxima.

¿Indoeuropeo o universal?

Otro debate sin resolver, conectado con el anterior, trata de explicar la enorme extensión geográfica de las analogías entre mitos y cuentos de numerosas culturas, bien como una consecuencia de las migraciones (tendencia historicista), bien como reflejo de la universalidad de la condición humana (tendencia antropológica). En el primero de los casos, el origen geográfico quedaría situado en las distintas vertientes del Cáucaso; lo que se ha venido llamando la cultura indoeuropea, en cuya difusión y homogeneidad habría jugado un importante papel la Península Ibérica en varias épocas, pero sobre todo a lo largo de la Edad Media. Esta tesis explica la aparición de versiones de *Juan el Oso* entre las tribus indias de Norteamérica por efecto de la colonización (aunque Aarne creía que pudo haber contactos prehistóricos de estas leyendas).

Intentando superar esa antinomia, dice Propp que «la analogía universal de los temas folclóricos es mucho más amplia y profunda de lo que a primera vista parece». «Ni la teoría de las migraciones ni la de la unidad de la psique humana pueden resolver este problema. Se resuelve con la investigación histórica del folclore en su conexión con la economía de la vida material»[12].

Los cuentos maravillosos españoles: *primera aproximación*

En otros lugares hemos dedicado amplias consideraciones a este tema, que era el objetivo principal de nuestro trabajo[13]. Haremos aquí un resumen de nuestros planteamientos.

Podrá imaginarse el lector en qué estado se encuentra la mayoría de los textos a los que se puede acudir tanto en colecciones como en vivo. Los numerosos avatares históricos de nuestro país, las presiones ideológicas y sociales sobre unos textos, firmes en su estructura pero frágiles en todo lo demás, produjeron en el investigador una impresión francamente descorazonadora al primer envite. La mezcla de cuentos, las amputaciones, los motivos degradados, las tri-

---

12. *Las raíces históricas del cuento.* Madrid, 1974, p. 535.
13. Con una beca de la Fundación Juan March, para el año 1977, pudimos realizar un primer estudio, todavía inédito, en el que la discusión teórica es más amplia que aquí. De él surgió, como parte, nuestro libro *Los cuentos maravillosos españoles,* Edit. Crítica, Barcelona, 1982.

vialidades, cuando no el lastre literario o moralizante de algunos recopiladores del XIX y hasta del XX, producían una primera impresión de caos incorregible. Los intentos de escritura fonética en algunas colecciones (sobre todo la de Espinosa) inspiraban al menos la confianza de que era así como los dio el informante de turno.

Informantes imaginativos. Las mezclas

He aquí, sin embargo, el nudo gordiano. ¿Cualquier versión, por el mero hecho de haberlo contado un informante rural, iletrado la más de las veces, ha de ser tomada como dogma de fe? Conviene reparar de dónde procede el prejuicio cultista acerca de la intangibilidad de las versiones de la literatura oral. Y no de otra parte que del más amplio prejuicio romántico encerrado peligrosamente en el concepto de «pueblo-autor», que vino muy bien para la afirmación de identidades nacionalistas, pero que no rinde servicio alguno a la ciencia.

El innegable derecho del narrador de cuentos populares a introducir variaciones por su cuenta ha de ser tenido en consideración en nuestro trabajo, y medir muy bien su alcance; unas veces la variación pone de manifiesto un cambio que se podía considerar latente, gestándose en el acarreo del cuento, sobre todo su confrontación con los cambios de mentalidad; otras puede tratarse de una superchería. Al estudioso corresponde tomar o no en cuenta determinados rasgos variantes, sin tener que aceptar como verdad absoluta cualquier elemento tomado en directo, como tampoco discutirlo porque no aparezca en otras versiones.

Por suerte, el esquema que se puede aplicar a un cuento maravilloso, desde el conocimiento de su estructura, más toda la riqueza de datos que la etnología y la lingüística nos proporcionan, permite caminar con bastante seguridad a la hora de elegir y rechazar, distinguir lo que es un aditamento espúreo de lo que es admisible. Lo más seguro es, desde luego, que un rasgo aparezca por lo menos dos veces en distintas versiones, pero no hemos de ser excesivamente escrupulosos si sólo aparece en una y se corresponde con lo que pide el hueco estructural o lo que pide la lógica interna del relato.

Lo más difícil de discernir son las mezclas, las que ya vienen acarreadas por una cierta tradición. De siempre los folcloristas han sabido que, bien por voluntad propia, bien por error, el informante proporciona versiones donde se mezclan distintos cuentos, algunas veces porque con ello cree complacer al encuestador, otras porque resulta inevitable confundir elementos que están rozándose en su memoria. Pongamos un ejemplo: la flauta maravillosa es un objeto mágico en tres importantes cuentos españoles: *La adivinanza del pastor, La flauta que hacía a todos bailar* y *La flor del lililá*. En el primero, la flauta la recibe un pastor de manos de una anciana. En el segundo, igual. Pero en el tercero ya no es un pastor. Es fácil que un narrador mezcle los dos primeros cuentos, o que ponga cosas de ellos en el tercero, o que tome de éste para alguno de los otros.

Muchos recopiladores han sido conscientes de que determinados cuentos por ellos recogidos eran mezclas de cuentos más principales, más extensos. Pero prefirieron no tocarlos. En cierto modo, eso sirve también a la investigación.

Cuentos maravillosos básicos

En nuestro estudio se advierte que una porción de cuentos aparece en todas las colecciones y en todas las recogidas en directo: son los que mejor estado de conservación presentan en cuanto a texto y a estructura, pero además prestan con gran frecuencia, de sí mismos, motivos, episodios o rasgos sueltos a otros cuentos más debilitados. Teniendo en cuenta estos criterios, hemos llegado a formular la existencia de sie-

te cuentos maravillosos básicos: *La adivinanza del pastor;
Blancaflor, la hija del diablo; El príncipe encantado; Juan el
Oso; La serpiente de siete cabezas y el castillo de Irás y no Volverás; Los animales agradecidos* (que pertenecen al mismo
ciclo que el anterior); y *Las tres maravillas del mundo*. En los
comentarios a los ciclos se expresan otras consideraciones
sobre estos cuentos básicos.

Los ciclos

Conforme a los criterios expuestos más arriba, hemos agrupado los cuentos maravillosos en doce ciclos. Cada uno de
ellos está integrado por varios cuentos –a excepción de *Juan
el Oso*–. Los doce ciclos son: A) *Blancaflor;* B) *Juan el Oso;* C)
El príncipe encantado; D) *La princesa encantada;* E) *La princesa y el pastor;* F) *Las tres maravillas del mundo;* G) *La niña
perseguida;* H) *Los niños valientes;* I) *El muerto agradecido;*
J) *Seres mitológicos;* K) *La ambición castigada;* L) *La muerte.*
     Como se puede observar, algunos ciclos llevan por nombre el título de un cuento básico, que actúa así como cuento
principal de su ciclo. En todo caso, hemos procurado reflejar en el título del ciclo esa nota común a los cuentos que lo
componen. Futuros estudios podrán modificar o ampliar
estas determinaciones.

Algunas características
de los cuentos maravillosos españoles

Hablaremos un poco de cualidades diferenciales de los
cuentos maravillosos españoles respecto a los de otros países o áreas. En primer lugar hay un impulso indeterminado
a hacer el bien por parte del héroe (de lo que se temen grandes calamidades) y que no precisa previo establecimiento de

contrato alguno. Por ese motivo suele ser tan débil el acceso del héroe al objeto mágico, sin demasiados requisitos, pruebas muy grandes ni condiciones implícitas. El héroe, puesto que se encuentra fatalmente –casualmente, si se quiere– con esta tarea, no es requerido a demostrar nada, ni siquiera que merece la ayuda del objeto mágico, sino que a veces éste llega a su poder de un modo parecido también a la casualidad. Cervantes, como no podía ser menos, intuyó muy bien el sentido de esta cualidad del relato caballeresco, tan próximo a los cuentos maravillosos en este punto, y lo tomó como rasgo predominante en su caricatura de la condición de los españoles.

Junto a ese rasgo podemos señalar, como más significativos, la menor violencia y el mayor realismo en los detalles, signos igualmente de, por lo menos, una idea convencional de nuestro carácter, al que habría que añadir una cierta morbosidad en los temas de la muerte. Si comparamos aquí también la novela cervantina con el modelo de los libros de caballería, de nuevo nos sorprenderá la maestría del autor. En efecto, sólo tres de nuestros cuentos básicos, *Juan el Oso, La serpiente de siete cabezas* y *Los animales agradecidos,* presentan de una manera clara el combate y la muerte del agresor. Los demás utilizan solamente el cumplimiento de las tareas difíciles para hacer al héroe merecedor de la mano de la princesa. Ningún cuento utiliza aquellas dos zonas de la estructura arquetípica. En cuanto al realismo, baste indicar que raros son en nuestros cuentos ogros, dragones, brujas o hadas, generalmente sustituidos por gigantes, toros bravos (u otros animales menos fabulosos que el dragón) y simples viejecitas. La afición a la escatología, el verismo de algunas expresiones, incluso las que apuntan a relaciones sexuales, más la afirmación de lo propio en el sentido de cuentos como los del ciclo de «La princesa y el pastor»; el desparpajo en el trato con altos personajes, la denominación realista a las más blandas heroínas del folclore internacional, como

«Cenicienta», que es llamada en ocasiones «la puerquecilla», «la cochina cenicienta»; el castigo sin paliativos al agresor, y, como factor dominante, dueño y señor de todas las carencias, el hambre. Un hambre histórica, ancestral, que impulsa a crueldades inauditas, como la de abandonar a los hijos en medio del bosque, en *Los dos hermanos* (está demostrada cierta «costumbre» medieval de deshacerse de los hijos a los que no se podía mantener), o bien aguza el ingenio como en todos los que la tienen como punto de partida; se diría que estamos en la más pura tradición de la novela picaresca. En realidad es al revés: la novela picaresca, y la de caballería, bebieron incansablemente de los cuentos populares. Junto al hambre, el no tener descendencia y el más universal de ser necesario casar al príncipe o a la princesa, son aquéllas las carencias favoritas de nuestros cuentos; en ellos la fechoría inicial (el rapto, por ejemplo) pasa a un segundo plano, tal vez por su convencionalismo, mientras que el hambre o el desgarro personal de la esterilidad brillan por sí solas, donde otras tradiciones europeas ponen como un velo de pudor.

Cuentos de costumbres

Definiremos los cuentos de costumbres como aquellos que carecen de elementos extraordinarios, en el sentido de fantásticos o fuera de la realidad verosímil, salvo los que puedan tener a manera de vestigios de cuentos maravillosos, por analogía, por mimetismo o por simple intención burlesca. (Desde luego, no será la entrega y utilización del objeto mágico, para colmar una carencia o reparar una fechoría, pues esto constituye la médula del cuento maravilloso.)

Los cuentos de costumbres, por el contrario, desarrollan un argumento –muchas veces satírico y humorístico– dentro de unas determinadas circunstancias históricas y sociales, proporcionando una imagen, y a menudo una crítica, de

ellas. Entre las costumbres recogidas por estos relatos las hay
de dos tipos: arcaicas y modernas –entendiendo por «modernas» las que se corresponden con las sociedades agrarias–. Tanto en unas como en otras se recogen los modos de
producción, las relaciones de producción y, principalmente,
las instituciones sociales y los principios y valores que las ri-
gen, frecuentemente transformadas en símbolos, expresiones indirectas o sátiras. El enfrentamiento entre las
concepciones arcaica y moderna y, posteriormente, la no
aceptación por una parte de la sociedad de los nuevos valores instituidos configuran la dialéctica del cuento, el motor
de sus intrigas y la explicación a su sentido más profundo.

Representan los cuentos de costumbres, en consecuencia,
una fase históricamente más avanzada de la humanidad que
la que representan los cuentos maravillosos, a saber, la del
asentamiento de las nuevas sociedades agrarias, mientras
los maravillosos reflejan crudamente el período de inestabi-
lidad que vivieron las sociedades nómadas indoeuropeas en
los rápidos cambios de finales del Neolítico. Esos cambios
–verdaderamente los únicos cualitativos que la sociedad ha
experimentado hasta ahora– trajeron consigo enormes sa-
cudidas sociales, pero también individuales, pues es la propia persona la que llegó a cuestionarse en su integridad, por
su resistencia o su aceptación de las transformaciones. Todo
ello fue dejando en los cuentos huellas imborrables, particularmente en el plano de las relaciones sociales. Estas relaciones serán poco a poco las de las familias exógamas. El matrimonio será de una sola pareja; se instituye fatigosamente la
propiedad privada y el derecho a transmitirla a los propios
hijos. Pero los desheredados y los pobres lucharán o critica-
rán el nuevo sistema. Por otro lado, la interpretación del
mundo es menos mágica, pues el hombre ha aprendido a do-
minar ciertas fuerzas naturales con el uso de la agricultura;
desaparecen los ritos de iniciación en gran medida, pero
subsiste en cambio el culto a los muertos. Las religiones his-

tóricas suceden a las arcaicas con el pretexto de relacionar o preparar al hombre para el más allá; en realidad, lo que tratan es de consagrar el nuevo sistema de valores. Finalmente, el nuevo tabú de estas sociedades acabará siendo la propiedad hereditaria.

Cuentos de costumbres son los que reflejan los modos de vida de las sociedades agrarias, manteniéndolos o criticándolos; no contienen elementos fantásticos, salvo los que puedan conservar por mimetismo o relación satírica con los cuentos maravillosos. Las principales instituciones reflejadas son la propiedad privada y el matrimonio exógamo. Estas instituciones explican tanto los argumentos como su sentido general, manifiesto o latente.

Derivadas de la función principal, que es representar a tales sociedades, hay otras, cada una de las cuales da pie a la constitución de un ciclo particular de costumbres, tras estudiar su frecuencia y las relaciones que se establecen entre ellas dentro del conjunto.

Veremos todavía una prolongación importante del tema de los matrimonios regios, como símbolo de la búsqueda de la pareja fuera del ámbito familiar, y en torno al nuevo valor constituido, cual es la doncellez. El tono satírico impregna estos cuentos de príncipes y princesas raros, o caprichosos, que se ven forzados a elegir pareja en circunstancias extravagantes, cuando no es el tema de la honra el que se insinúa en varios cuentos que incluimos en el mismo ciclo, por cuanto de ella deriva la certeza del hijo propio, para nombrarlo heredero.

Los rasgos más modernos pueden quedar como parte inseparable de estos cuentos, ilustrativos de una época o un modo de vida, junto con los más arcaicos. Así, los cuentos donde un pastor aspira a la mano de la princesa nos enseñan cómo era el pastoreo de cabras en tiempos recientes (lo que para muchos niños de hoy resultará poco menos que sorprendente), al tiempo que por parte de la princesa que no se ríe, que se aburre o que sólo sabe decir una frase, estaremos en presencia de un fósil milenario, que en forma simbólica y satírica está criticando ya la arcaica costumbre de recluir a las doncellas casaderas, y, tratándose de princesas, preservarlas de todo contacto con el mundo exterior hasta ser entregadas al marido; educación esta que bien pudo originar deformaciones psicológicas graves. Su valor como símbolo, no obstante, se prolonga hasta nuestros días, pues toda educación represiva de la mujer conduce a una suerte de alienación o anulación de su personalidad.

En resumen, veremos en estos cuentos la sátira al régimen de enclaustramiento de doncellas –o sus equivalentes metafóricos– como preparación al matrimonio. De ahí que las princesas de esas historias sean bobas, caprichosas, mudas, incapaces de reír, etcétera.

Naturalmente, el nuevo sistema terminó siendo aprovechado por las propias mujeres para colocarse en los centros de poder. Si ellas eran las que legitimaban a los herederos de un nuevo régimen social basado precisamente en la propiedad privada hereditaria, ellas podían adueñarse de las instituciones que regulaban ese sistema, sumando en conjunto lo que llamaríamos un matriarcado latente, que en realidad llega hasta nuestros días.

La cultura toda se reorganizó y produjo nuevas creencias y actitudes, especialmente en los hombres, que veían peligrar su *status*. Así surgió la misoginia, enormemente extendida en todas las sociedades de base agraria. La mujer parecerá a los hombres demasiado brava o demasiado débil, falsa, charlatana, de poco fiar, etcétera, etcétera. Ahí aparecerán los cuentos que hemos clasificado en el ciclo de las «mujeres difíciles», tomando en sentido amplio este adjetivo.

Podríamos reunir ya un primer conjunto de símbolos, cuya decodificación es bastante segura:

princesa	=	toda doncella
rey	=	todo propietario viejo
hijos de princesa	=	herederos legítimos
hijos de príncipes	=	herederos dudosos
«Cenicienta» y «Blancanieves»	=	doncellas dudosas
esposa	=	poder matriarcal latente

La otra esfera de problemas derivados del nuevo régimen social girará en torno a los conflictos de la propiedad privada, que pueden ser de dos tipos: conflictos familiares y conflictos sociales. Entre los primeros, el más acentuado en los cuentos es la falta de descendencia. A causa de ello el matrimonio forzará a los dioses a que se les conceda un heredero, muchas veces mediante promesas descabelladas (aunque se los lleve más tarde el diablo; aunque sea muy pequeño, muy pequeño, etc.). La cara contraria del problema, pero que significa lo mismo, es que un matrimonio pobre tenga hijos, pero no los pueda criar. El conjunto de unos y otros producirá «Garbancitos», *Juan y Medio, El alma del cura* o *La casita de turrón* (que es el *Hänsel y Gretel* no maravilloso. El equivalente maravilloso, recuérdese, era *Miguelín el valiente).*

En cuanto a los conflictos sociales alrededor de la propiedad de la tierra, bien se comprende que su raíz histórica no fue otra que el aumento de la población que trajo consigo el nuevo modo de producción agrícola, mientras la tierra, que no aumentaba, no podía seguir siendo repartida. Inevitablemente surgió la clase de los desheredados, que pronto fue mucho mayor que la de los propietarios. Aquí se inscriben casi todos los cuentos de pícaros, y muy particularmente *Pedro el de Malas.*

Todos los cuentos con un protagonista de matiz picaresco o con un claro enfrentamiento entre los que poseen y los que no los hemos agrupado en el ciclo de «Pícaros y de pobres y ricos».

La caricatura final de esta dialéctica en todas sus formas (las de la propiedad y las de sexo, principalmente) motivan los cuentos de tontos, que resultan los más modernos y los más grotescos, como corresponde a una visión popular mucho más segura de su disentimiento de un sistema social que todo se lo concede al que ya lo tiene todo, y todo quisiera quitárselo, incluso la dignidad, al que nada tiene. Los tontos de nuestros cuentos concentran, pues, los simbolismos negativos de la narrativa popular. Es hijo varón (no hay cuentos de tontas), y como tal no legitima ninguna herencia; pero además esa herencia no existe, ya que sobre tonto es pobre de solemnidad; pero también si quiere tener descendientes, no sabe buscar novia; y cuando consigue casarse, no sabe qué hacer la noche de bodas; por fin, cuando ya hace vida de casado, estropea los bienes de la mujer. El paradigma contrario se configura en torno a la princesa; es rica y no tiene que buscar novio, porque para eso existe la institución de la convocatoria a los príncipes del contorno, que pelearán por su mano, etc. Del encuentro de los dos paradigmas deriva la fuerza cómica que tienen los cuentos donde un pastor termina casándose con una princesa (a veces el pastor también es o tiene aspecto de tonto).

Por último, entre las costumbres de estos cuentos quedan todavía algunas arcaicas relativas al culto a los muertos, que hoy parecen atrocidades, pero que de todos modos han sido suficientemente reelaboradas por la propia tradición hasta adquirir categoría simbólica. Por ejemplo, ciertas prácticas de antropofagia ritual no han dejado apenas huella, ni siquiera el retorno de los difuntos a pedir explicaciones, pero de todo ello hay algo en los «cuentos de miedo» que llevamos al final de los cuentos de costumbres. (Muchos españoles adultos recuerdan todavía hoy, con escalofrío, el tenebroso cuento *Ay, mamaíta mía,* o *La asaúra del muerto,* en que un difunto retorna a la casa a recuperar su hígado, que ha sido ingerido por la familia, y va subiendo peldaño a peldaño las escaleras. Cuento que, por cierto, tiene su contrapartida humorística en *La media carita, o La Media Lunita).*

Cuentos de animales

Las divertidas andanzas de la zorra astuta, el lobo malvado e infeliz, el gallo presumido, el burro con suerte o el león jactancioso representan la parte más pequeña de nuestros cuentos populares. No por eso la menos interesante. Para el estudioso, desde luego, pueden llegar a ser la que más, dado el peligroso trance de desaparición casi total en que se encuentran y lo muy sufrido de sus avatares históricos. Pero el contenido mismo de esos cuentos, y sus posibles lecturas, deparan también importantes sorpresas, además de ser todas ellas relajantes y dotadas de una gracia primigenia, inalcanzable para la literatura culta.

Comenzaremos por definir exactamente a qué clase de cuentos nos referimos. Sólo a aquellos que tienen por protagonistas a los animales que hablan, y no a personas transformadas o metamorfoseadas, en virtud de encantamiento, en tal o cual lagarto, rana, dragón, etc. Puede haber personas en los cuentos de animales, como personajes ocasionales o en competencia con aquéllos, y ya sean secundarios o en pie de igualdad narrativa. En el comportamiento de los animales de estos cuentos aparecen reflejos de la condición humana, más o menos directos, derivados de alguna cualidad física o de la conducta del propio animal: la astucia en la zorra, la malignidad y la tontura en el lobo, el liderazgo del gallo, la presunción del león, la tozudez y la corpulencia del burro, la perfidia de la serpiente, etc.

En la estructura narrativa de estos relatos advertimos dos ingredientes principales: el hambre y el humor escatológico. El primero es el móvil prácticamente universal de todos ellos; se trata de quién se come a quién, o de cómo el animal más pequeño evita ser comido o desposeído. Nada, pues, de moralejas ni de conclusiones supuestamente edificantes, como en las fábulas y en los apólogos orientales. Todo está aquí regido por la primera y casi única ley de los animales; comer o ser comido. Tan larga mano es la suya –la del hambre–, que alcanza incluso a un cuento tan ingenuo como el de *La hormiguita* (hoy *La ratita presumida)*, donde la protagonista se come a su marido en un descuido al día siguiente de la boda; episodio que, por cierto, ha desaparecido en las versiones comerciales de este siglo, junto con el resto de la segunda secuencia, como es frecuente.

El segundo de estos ingredientes, el humor escatológico, ha sido sin duda la causa principal de la ruina de estos textos, acosados por la pudibundez y los remilgos pequeño-burgueses, pese a que constituyen un recurso hilarante de efecto seguro. No es fácil explicarse por qué esta abundancia, que el lector notará en seguida, de cuanto se refiere a las funciones últimas de la fisiología animal, y generalmente al final del cuento, aunque los hay que empiezan por ahí, como en *Buen día de vianda para el lobo*.

A nuestro modo de ver, ello debe estar en relación con el sentido del primer ingrediente señalado, el hambre, pues, en un medio donde la subsistencia resulta tan dura, lo excremental es en cierto modo signo de buena andanza, de saber subsistir, esto es, un signo de poder. Por otro lado, el haber colocado ciertos valores de la condición humana bajo forma animal puede haber sido un recurso, tan antiguo como la humanidad, para que el hombre hable de sí mismo, pero de manera indirecta, acerca de aquello que al fin y al cabo le identifica con los animales: la necesidad de subsistir, la lucha fundamental por la vida. Un cierto, y milenario, pudor a referirse a estas cuestiones puramente fisiológicas habría encontrado en los pueblos indoeuropeos, y en épocas prehistóricas, el recurso al cuento de animales. De ahí que las fábulas, incluso los apólogos orientales, resulten claramente reelaboraciones literarias basadas en cuentos de esta índole, cuando mucho más tarde la humanidad quiso «dignificar» aquellas viejas historias, haciéndoles expresar cualidades morales o discutibles enseñanzas.

Tampoco hay que descartar una posible interpretación psico-analítica, que vería en todo ello la representación de la fase anal del niño, sólo que en dimensión más colectiva y, por tanto, liberadora. La tertulia campesina reconoce en estos detalles, especialmente dirigidos a divertir al público infantil, pero también a los mayores que, según su grado de candidez moral, responderán con la risa o la carcajada a la ruptura del tabú.

Esa proximidad de lo humano con lo que ocurre en los cuentos de animales explica muchas cosas más. En primer lugar, la ausencia de animales fabulosos, e incluso de animales salvajes que no estén en relación más o menos directa con el *hábitat* del hombre: lobo, zorra, oso, lagarto, sapo, cigüeña, codorniz, etc. Las aparentes excepciones no son tales: *El tragaldabas,* del cuento del mismo título, es un animal desconocido, de cuya forma no sabemos nada –ni falta que hace–, pues es pura acción de engullir todo lo que se le acerque. Es decir, la primera función de estos cuentos ha alcanzado en él su máxima depuración, por antonomasia. Y el león, que aparece de vez en cuando, no es más que el paradigma de todos los animales salvajes, un puro convencionalismo. (En algún caso el tigre, con idéntico valor.)

Los que restan son todos animales domésticos, que se dividen en dos grupos: activos y pasivos. Los activos suelen ser los domésticos acompañantes (perro, gato), mientras que los pasivos son los de subsistencia, el ganado: cabras, ovejas, gallinas... La excepción aquí es el gallo, que asume el papel de líder en varios cuentos, pues ésa parece su actitud existencial.

En cuanto los animales domésticos se vuelven inútiles, porque envejecen o porque roban comida del amo, son expulsados y han de enfrentarse con animales salvajes, saliendo ganadores en virtud de la astucia o de la casualidad.

En la disputa entre animales grandes y pequeños, siempre ganan los pequeños, por su astucia, incluso si es contra la zorra. Entre los astutos y los feroces, siempre salen ganando los primeros, lo que explica todos los triunfos, sin excepción, de la zorra sobre el lobo. La oposición entre herbívoros y carnívoros da el triunfo también a los primeros *(Las tres cabritas,* por ejemplo). Incluso el burro le gana al león, aunque aquí se superpone la oposición entre domésticos y salvajes.

En varios cuentos se plantea la lucha entre voladores (aves e insectos) y no voladores. Siempre ganan los primeros. El sentido de esta victoria se hace difícil, pues lo más lejos que queda de la facultad humana, comparada con todos los animales, es precisamente la de volar. Tal vez sea por eso, por añoranza de lo imposible. Por último, queda el enfrentamiento entre el hombre y cualquier animal. Siempre ganará el hombre. Tan sólo conocemos la excepción de *La vieja y el lobo,* cuento rarísimo de la colección de Aurelio de Llano, pero que puede tener su explicación por otra ley superior del folclore: el carácter negativo de todas las viejas, sin excepción. A veces no hay tal enfrentamiento, sino una relación ocasional, no conflictiva. Entonces el resultado es indiferente.

Para mayor claridad, resumiremos esta cuestión relacionando las oposiciones que tienen una cierta funcionalidad genérica. El primer término de cada pareja es el ganador, y el otro el perdedor:

Animales domésticos	/	animales no domésticos
Animales pequeños	/	animales grandes
Animales astutos	/	animales feroces

Herbívoros   /   carnívoros
Voladores   /   no voladores
El hombre   /   los animales

Estas seis oposiciones explican en última instancia el dinamismo de los cuentos de animales. A veces redundan unas sobre otras, dando como resultado una mayor claridad en el mensaje latente. Come se ve, por la columna de la izquierda, la de los ganadores, todo está más cerca del hombre que lo que hay a la derecha, con excepción única de volador/no volador (ya explicada), e incluyendo herbívoro/no herbívoro, pues lo primero es producido por el hombre más fácilmente, mediante la agricultura y la ganadería, mientras que lo carnívoro queda al albur de la caza y está cada vez más lejos en la historia de la humanidad (aunque subsiste como una compulsión en los cazadores de hoy). Con esta indicación última nos volvemos a situar en la cuestión de qué clase de hombre es el que produce estos cuentos. De nuevo, el hombre del bajo Neolítico, transicional de la tribu nómada y cazadora al de la sociedad agraria y sedentaria. El hombre que teme ya por sus propiedades estables y se enfrenta a los animales del bosque, especialmente el lobo y la zorra, como su más dañina amenaza.

Antes de pasar a los temas históricos y antropológicos, permítasenos resumir la definición. Cuentos populares de animales son aquellos cuentos de tradición oral cuyos protagonistas son principalmente animales que hablan, sin ser personas metamorfoseadas. Estos animales, tanto domésticos como salvajes, pertenecen al *hábitat* humano, y quieren asemejarse en su comportamiento a los hombres. Los argumentos se deben al móvil principal del hambre, y la ley que les rige es la ley natural de la supervivencia. Como ingrediente humorístico habitual poseen la ruptura del tabú escatológico. Carecen de moraleja, salvo que ésta tenga un carácter humorístico.

Cuestiones históricas y antropológicas

Nos introduciremos en cuestiones históricas y antropológicas
de los cuentos de animales, que nos ayuden a comprenderlos
mejor. Empecemos por resumir la opinión de Propp y la de Espinosa.

Dice Propp que los cuentos nacieron «durante la época
del desarrollo de la humanidad, en que la principal fuente de
subsistencia era la caza; su origen está relacionado con el to-
temismo, sistema de creencias de los cazadores primitivos, en
virtud del cual se consideraba que algunos animales eran
sagrados e incluso tenían un vínculo sobrenatural con la tribu. (...) Sin embargo esa antigua y mágica función del cuento se ha olvidado hace ya mucho tiempo»[14]. Continúa después hablando de los cuentos actuales (es decir, los que se
recogían abundantemente en pleno siglo XIX, cuando Afanásiev realizó su recopilación de cuentos rusos, por los mismos años que Fernán Caballero procedía de manera similar
en Andalucía), más cercanos a las fábulas y a las vicisitudes
de la psicología humana. Cómo de aquellos cuentos totémicos se pasó a los fabulísticos de la tradición esópica –que no
entraron en Rusia hasta el siglo XVII en su forma culta–, es
algo que no explica Propp y que continúa siendo un verdadero enigma. La conclusión final, como todas las del período de madurez de este insigne estructuralista, es más bien de
carácter artístico y educativo: «Los cuentos de animales continúan siendo hoy un vehículo de educación estética y moral de los niños». Sólo nos falta precisar que los cuentos de
animales rusos son básicamente los mismos que los hispánicos, como ya ocurría con los maravillosos y los de costumbres, lo cual no hace sino reforzar un poco más el paneuro-
peísmo de esta rica tradición a punto de perderse, y cuya

14. *Cuentos populares rusos,* Ediciones Generales Anaya, Madrid, I,
1983, pp. 23-24.

difusión y consolidación necesariamente debieron produ-
cirse antes de los tiempos históricos. Recordemos que las
formas cultas, escritas, de estos cuentos, entran en Rusia en
el siglo XVII –como quien dice ayer, para estas cuestiones– y
aunque en España hay hasta tres corrientes en la tradición
culta, ninguna de ella explica la vastedad y la antigüedad de
este patrimonio entre nuestras clases populares.

Más que un cambio de función (de la totémica a la fabu-
lista, como sugiere Propp), cree Espinosa que hay dos clases
de cuentos de animales: los totémicos y los fabulísticos. Los
primeros son más bien africanos y de otras partes del mundo no indoeuropeo, mientras que los fabulísticos se corresponden con las tradiciones de Esopo y de Fedro, y con las de
los apólogos orientales, que ya serían formas o adaptaciones
literarias del rico acervo popular, extendido desde la India a
Portugal por las migraciones de los pueblos indoeuropeos
en tiempos prehistóricos. Esto es, el *Panchatandra* hindú, *El
Calila e Dimna* árabe o hebreo, el *Disciplina Clericalis*, el *Libro de los gatos*, el *Libro de buen amor*, o el *Conde Lucanor*,
recogen, en castellano –por traducción de los tres primeros
a partir de los siglos XII y XIII–, un caudal de historias de animales que ya existían en la Península por tradición oral desde tiempos inmemoriales, lo que Espinosa llama las «antiguas tradiciones hispánicas de origen prehistórico»[15]. Hasta
tres corrientes cultas entrarán en contacto con esa otra popular: la latina (los diversos «isopos», «fedros» e «isopetes»,
como los llama Juan Ruiz, que circulan por Europa, antes incluso de 1480, cuando Steinhöwel publica su edición en alemán y latín); la árabe medieval *(Calila e Dimna*, fundamen-
talmente, mandado a traducir por el rey Alfonso X el Sabio, y
cuyo original es un texto persa del siglo VI); y la europea medieval, que viene sobre todo de Francia y de Italia, y es la que
recogen el Arcipreste de Hita, don Juan Manuel, Sebastián

---

15. *Cuentos populares españoles,* Madrid, 1946, III p. 243.

de Mey, y otros, aunque probablemente todos ellos tuvieron en cuenta las otras dos. Lo que no consideraron fue la propia tradición popular ibérica, por uno de esos fenómenos que han marcado de manera indeleble la cultura occidental. La «cultura», entonces refugiada en palacios y monasterios, daba por sentado que nada que pudiera venir del pueblo llano tenía el menor interés, y ese arraigado prejuicio de clase colea hasta nuestros días. Casos excepcionales como Timoneda, Mal-Lara, Juan de la Cueva, Mateo Alemán, más la tímida corriente que se inicia con los costumbristas del XIX, no hacen sino confirmar la existencia de un divorcio radical entre lo que sabía y expresaba el pueblo y lo que sabían y expresaban las clases dirigentes.

Pero no hay que dejarse extraviar por las múltiples ediciones y textos medievales, pues, bien mirados, sólo existen dos fuentes originarias: Esopo y el *Panchatandra*. Todo lo que circula en este ámbito culto es repetición o adaptación de una de las dos. Y si tenemos en cuenta que el legendario griego debió vivir en el siglo VI a.C., y que los cinco libros sánscritos no van más allá del siglo II de nuestra era, se comprende que tanto una como la otra fuente no hicieron más que recrear literariamente una tradición mucho más antigua que ellos, que circulaba entre los pueblos del Indostán lo mismo que entre los pueblos griegos y los eslavos, como pertenecientes unos y otros al viejo tronco indoeuropeo. Sólo eso puede explicar que un cuento ruso donde la zorra se burla del lobo, recogido del pueblo en el siglo XIX, sea sensiblemente el mismo que el que hoy circula todavía, aunque a duras penas, y podemos recoger en cualquiera de nuestras campiñas andaluzas, por boca de un informante que jamás ha leído un libro, sencillamente porque no sabe leer.

Los cuentos populares de animales, por consiguiente, apenas guardan relación con lo que se suele creer son su modelo, su referente obligado, a saber, las fábulas clásicas o los apólogos orientales. El hecho de que nuestra *Blancaflor* sea la versión popular de Medea, nuestro *Príncipe encantado* la forma popular del mito de Amor y Psique, e incluso que haya Cenicientas y Blancanieves de muy diversas hechuras en el mosaico de la tradición oral, significa que hay unas materias míticas comunes a las corrientes cultas y populares, y que cada forma de transmitir se especializó en tal o cual variante de la misma historia.

El caso de los cuentos de animales es más peculiar y, desde luego, más dramático. Aun compartiendo el mismo origen milenario que los apólogos y las fábulas, son, por lo general, cuentos distintos. Con frecuencia se parecen a algún otro cuento de tradición culta, pero sólo en lo genérico. Por ejemplo: hay cuentos de carreras entre animales en una y otra tradición, pero no son los mismos, ya que difieren los animales que compiten y, sobre todo, la motivación. En los cultos, ésta es siempre de índole moralizante; en los populares, ya dijimos que lo que se dirime es nada más –y nada menos– que quién se come a quién, o cómo el más pequeño evita ser comido o saqueado. Así, la tradición culta ha transmitido desde tiempo inmemorial el cuento de la tortuga y la liebre, que nuestros escolares se conocen muy bien y ejemplifica el castigo a la petulancia descuidada. La popular, en cambio, ha transmitido la carrera entre la zorra y el sapo, cuya enseñanza es ni más ni menos cómo evitar ser comido.

Nuestros escolares conocen también el cuento de la tortuga que mediante engaños consigue ser transportada a los cielos por dos águilas. Viene a ejemplificar esa historia el castigo a la temeridad, pues la tortuga será arrojada contra el suelo cuando se descubra su engaño. El cuento popular análogo es el de la zorra y la cigüeña, pero aquí la zorra es la engañada para ser transportada por los aires y arrojada desde ellos, también, pero como castigo por haberse burlado anteriormente de la cigüeña en un pleito de comida.

Lo curioso de esta bifurcación de historias es que la variante popular no es *más o menos* la misma fábula o apólogo.

Es mucho más sencillo: *La liebre y la tortuga* y *La tortuga y las águilas* no existen en la tradición popular. Por contra, *El sapo y la zorra* y *La zorra y la cigüeña* no existen en la culta.

Mentiríamos si dijéramos que siempre es así. Hay algunas historias compartidas por una y otra corriente, pero son las menos. Un caso significativo es el de *La zorra y las uvas*. Una fábula universal en todas las compilaciones de autor. Por el contrario, rarísima en los cuentos populares (sólo dos hemos contabilizado entre las hispánicas), y desde luego muy desgastadas. Ello no quita que no reaparezca como motivo suelto aquí y allá, en el interior de otros cuentos de la zorra; lo que viene a probar que ese viejo fondo común, milenario y orientalizante, también es el mismo, para los dos cauces, como era en los cuentos maravillosos y en los de costumbres.

Nuestra colección

Al igual que en los cuentos maravillosos y en los de costumbres, nuestro trabajo ha sido un híbrido de investigación textual y de campo, procurando tomar de una y otra las versiones más completas y mejor conservadas, compararlas entre sí y con respecto a ciertas estructuras estables conocidas. Si bien no contábamos con la seguridad del método funcionalista de Propp, basado en la estructura fija de los cuentos maravillosos, sí podíamos tomar esta misma organización como referente último en muchos casos, y puesto que entre muchos cuentos maravillosos y otros que no lo son existe una relación analógica, tanto por estructura como en motivos sueltos.

Así, por ejemplo, hemos tomado como guía segura la motivación del hambre, que es también una carencia básica de los cuentos maravillosos españoles, y también de los de costumbres. Por consiguiente, el hambre de los animales no es sino un circunloquio del hambre del pueblo, transvasada a los animales por aquellas motivaciones de pudor a las que nos referíamos al principio, junto con los elementos escatológicos. Es curioso que estos últimos ya aparecen en los cuentos de costumbres con cierta profusión, y menos en los maravillosos (realmente sólo en los cuentos del ciclo *La princesa y el pastor,* como se recordará). Es decir, hay una progresividad del efecto conforme nos alejamos de lo maravilloso y nos acercamos a los animales, donde el tabú se puede romper con mayor franqueza.

Si extendemos la carencia del hambre al principio de la selección natural, nos encontraremos con una norma de seguridad narrativa: todo consiste en comer o ser comido, como decíamos, y a veces en no ser desposeído. Aquí la relación analógica con los cuentos de costumbre es muy clara también. Recuérdese que los conflictos de la propiedad animaban desde el fondo la mayoría de los cuentos picarescos, y no otra cosa sino un pícaro de primera categoría es la zorra, que le disputa la miel o los sembrados a sus socios ocasionales, perdiendo frente a los pequeños y ganando frente a los mayores o más fieros.

Las relaciones de compadrazgo, que iluminan el sentido de los cuentos de pobres y ricos, tienen un eco humorístico en las relaciones del lobo y la zorra, incluso entre las del burro y el león, sobre todo cuando el más débil se ve perdido. En seguida apela al «compadre» para intentar ablandar al que se apresta a comérselo. A su vez, en los cuentos de costumbres, ya eran una parodia del supuesto buen entendimiento que debe existir entre las clases sociales, esto es, una representación sarcástica, de amargo humorismo.

Por lo demás, abundan las pruebas o sucedáneos de éstas, a las que el león (poderoso) somete al burro (humilde) tal como el rey o su mentecata hija sometían al avispado pastor, que terminaba casándose con ella o despreciándola. El número tres, en general, campea como en las otras clases de cuentos y en su virtud es fácil reponer tal o cual elemento perdido.

Los ciclos

Finalmente, del mismo análisis estructural, surgió también la evidencia de que sólo existen cinco tipos principales de cuentos de animales, que hemos agrupado en otros tantos ciclos, frente a otras clasificaciones que nos parecen arbitrarias, pues combinan lo muy genérico (por ejemplo «Carreras entre animales») con lo muy específico («La leyenda del sapo») o la pura vaguedad («Cuentos de animales varios»). Suele ser el mismo fenómeno que se daba en los intentos de clasificar los cuentos maravillosos o de costumbres.

Sin pretender haber dicho la última palabra sobre esta cuestión (que ha provocado resultados para todos los gustos), nuestra clasificación se ha basado, siempre que ha sido posible, en contestar precisamente a la cuestión básica de estos cuentos: quién gana y quién pierde, y frente a quién lo uno o lo otro.

Esto nos conduce a un criterio de frecuencia, que nos arroja el número de veces que aparece el lobo con la zorra, el lobo con otros animales, y la zorra con otros animales. Habida cuenta de que aquellos dos son, con clara diferencia, los personajes más abundantes, cada cual reclama para sí solo un ciclo de cuentos, más el ciclo que los junta en una misma historia.

Aparte aparecen, con toda nitidez, aquellos cuentos en que interviene el hombre, pero no de manera ocasional, irrelevante, como por ejemplo el herrero que es llamado por la hormiguita para que le abra la puerta de su casa, sino participando en el argumento del cuento o *enfrentándose* con los animales. El criterio de enfrentamiento es el más claro, y separa otros muchos cuentos donde la intervención humana es relativamente intensa, pero no hasta ese punto concreto del conflicto con los animales.

Por último, otro conjunto de cuentos se caracterizaba por sus evidentes rasgos de estructura rítmica y contenido extravagante. Si se nos permite la expresión, son cuentos de carácter «surrealista», con ese peculiar sentido del disparate que tienen muchas manifestaciones folclóricas. Ahí están todos los cuentos que se suelen llamar «acumulativos» y a los que nosotros hemos querido añadir una referencia a la mencionada peculiaridad, llamándolos también «disparatados».

Como siempre, se podrá argumentar que no están *todos* los cuentos de animales que existen. Desde luego sí están los principales, tras haber fatigado numerosas fuentes. En muchos casos, ocurre que un cuento aparece fragmentado en varios, como anécdotas casi, y otras veces mezclado con otros. Sólo espero que no se le pidan a esta colección las fábulas esópicas y orientales. Ésas ya tuvimos la suerte de conocerlas los que fuimos a la escuela.

Antonio Rodríguez Almodóvar

Cuentos maravillosos

A mi hija Sara

Esta forma de arte mítico-popular, que ha rebotado, por decirlo así, de literatura en literatura; que en España ha tenido tal importancia por haber sido nuestras letras uno de los puentes por donde se comunicaron Oriente y Occidente, ha vivido con más eficacia e influencia en el corazón y en la fantasía de los pueblos que los poemas épicos, las odas y los dramas más célebres y perfectos.

L. ALAS «CLARÍN»

A. Blancaflor

1. *Blancaflor, la hija del diablo*

Había una vez un rey y una reina que, después de casados, estuvieron mucho tiempo sin tener descendencia. La reina iba todos los días a pedirle a Dios que les mandara un hijo, aunque a los veinte años se lo llevara el diablo. El rey iba a cazar fieras todos los días, pero había tantas fieras para él solo, que un día vino del bosque y le dijo a su mujer:

–El primer hijo que tengamos se lo prometo al diablo.

Por fin Dios les mandó un hijo tan hermoso, que no había otro como él. Era además tan fuerte, que a los tres años ya iba a matar fieras y mataba más que su padre.

Pero de mayor se hizo también muy jugador y a todo el mundo le ganaba. Un día se encontró con un caballero que resultó ser el diablo. Se puso a jugar con él, y el diablo dejó que le ganara todo el dinero. Quedaron citados para jugar otro día, pero ese día el diablo le ganó al hijo del rey todo el dinero que llevaba. Entonces le preguntó que si quería jugarse el alma, y el hijo del rey contestó que sí. Se pusieron a jugar y le ganó el alma. El diablo le dijo entonces que si quería recuperarla tenía que ir a su castillo a realizar tres trabajos que le mandaría.

A esto ya tenía el hijo del rey veinte años, cuando le dijo a su padre:

–Padre, prepáreme usted un caballo y unas alforjas, que me voy camino adelante.

El padre le dio el mejor caballo que tenía. La madre le preparó la comida, pero no dejaba de llorar. El hijo le preguntó que por qué lloraba tanto y ella entonces le contó cómo le había pedido a Dios un hijo, aunque se lo llevara el diablo. El muchacho le dijo que no se preocupara y se marchó.

Por el camino se encontró con una pobre anciana, que le pidió un trocito de pan, y el muchacho le dio todo el que llevaba. Entonces ella le preguntó:

–¿Adónde vas?

–Voy al castillo del diablo.

–Pues por tu buena acción –dijo la anciana– te diré que tienes que llegar a un río que está cerca del *Castillo de Irás y no Volverás,* y adonde todos los días van a bañarse tres palomas, que son las hijas del diablo. Cuando llegues allí se estarán bañando. Tú le esconderás la ropa a la más pequeña, que se llama Blancaflor, y no se la des hasta que te pregunte tres veces por ella y te prometa su ayuda en todo lo que necesites.

–¿Y cómo llegaré a ese río? –preguntó el príncipe.

–En el pueblo más próximo vive la dueña de las aves, que es hermana del sol y de la luna. Pregúntale a ella.

El príncipe siguió andando y llegó por fin a la casa de las aves. Llamó a la puerta y salió a recibirle una bruja, que le dijo:

–¿Quién te manda por aquí, que tan mal te quiere?

–Voy buscando el *Castillo de Irás y no Volverás* y vengo a que usted me diga dónde se encuentra –contestó el príncipe.

–¡Huy, yo no sé dónde está eso! Pero alguna de mis aves, que van por todas partes, lo sabrá. Esta noche, cuando vengan después de que se recoja el sol, se lo preguntaremos. Pero escóndete en ese rincón, si no mi hermano el sol te abrasará con sus rayos o mi hermana la luna te descubrirá.

Llegó el sol y se puso a gritar:

–¡A carne humana me huele! ¡Si no me la das, te mato!

Y contestó la bruja:

–Anda, déjalo, que es un pobre muchacho que anda buscando el *Castillo de Irás y no Volverás,* y está esperando que lleguen las aves para preguntárselo.

Después llegó la luna y pasó lo mismo:

–¡A carne humana me huele! ¡Si no me la das, te mato!

–Anda, déjalo, que es un pobre muchacho que anda buscando el *Castillo de Irás y no Volverás,* y está esperando que lleguen las aves para preguntárselo.

Bueno, pues fueron llegando las aves de todas partes del mundo, y a todas les iban preguntando si sabían dónde estaba el *Castillo de Irás y no Volverás,* y todas decían que nunca habían oído hablar de él. Entonces dijo la bruja:

–Pues ya sólo queda el águila coja, que llega siempre la última.

Por fin llegó el águila coja y se lo preguntaron, y contestó:

–Ya lo creo que lo sé. Eso está al otro lado del mar.

–¿Y tú podrías llevar a este muchacho? –le preguntó la bruja.

–Eso está muy lejos –contestó el águila– y necesitaría mucha comida para la travesía del mar. Por lo menos una caballería muerta y que me metieran un cacho en la boca cada vez que lo pidiera.

El príncipe dijo entonces que estaba dispuesto a matar su caballo y dárselo de comer cuando se lo pidiera. El águila dijo que bueno. Y así fue: el príncipe mató a su caballo y lo montó atravesado encima del águila; luego se montó él y el águila emprendió el vuelo. Cada cierto tiempo ésta decía:

–¡Príncipe, carne!

Y el príncipe le metía en el pico un trozo de carne del caballo. Así durante mucho tiempo, hasta que se acabó toda la carne y todavía no habían atravesado el mar. El águila dijo:

–Pues lo siento, pero si no me das más comida, no podré seguir adelante y tendré que tirarte al mar.

–¡No, espera! –dijo el príncipe–. Me cortaré un trozo de mi propia carne y te lo daré.

El águila se compadeció entonces de él y le dijo:

–No es preciso. Haré un último esfuerzo y te soltaré cerca de un río que hay antes de llegar al *Castillo de Irás y no Volverás*.

Y así fue. Cuando llegó el príncipe a la orilla del río, ya se estaban bañando las tres hijas del diablo.

Las dos mayores salieron, se vistieron y se volvieron palomas. La menor, que era la más hermosa, se acercó al muchacho y le pidió sus ropas, a lo que él le dijo:

–Te tienes que casar conmigo.

–Está bien –contestó Blancaflor–. Ya sabía yo que vendrías. Toma este anillo y póntelo.

El príncipe le dio sus vestidos. Ella se los puso y al instante se volvió paloma.

–Móntate sobre mí y vámonos al castillo –dijo Blancaflor.

Cuando llegaron al castillo, salió el demonio a recibirlos y en seguida le mandó que hiciera el primer trabajo.

–Para mañana –le dijo– tienes que allanar aquella ladera, ararla, sembrar el trigo, segarlo, molerlo y traerme el pan.

El muchacho cogió un azadón y se fue para la montaña. Pero cuando vio que era toda de piedras, se echó a llorar. Llorando como estaba se restregó los ojos con el anillo y al momento se le apareció Blancaflor.

–¿Qué te pasa? –le preguntó ella.

–Pues nada –contestó él y le contó lo que su padre le había mandado.

–No te apures –dijo ella–, échate en mi falda y duérmete.

Cuando el muchacho se despertó, ya estaba el pan hecho. Se lo presentó al demonio y éste le dijo:

–Muy bien. Pero... o tú andas con Blancaflor, o eres más demonio que yo. Ahora tienes que plantar este campo de vid y traerme por la tarde un buen canasto de uvas.

Otra vez el príncipe se echó a llorar, y, al restregarse los ojos con el anillo, se le apareció Blancaflor. Cuando se enteró ella de lo que pasaba, le dijo que se echara a dormir. Cuando el príncipe se despertó, no tuvo más que coger el canasto lleno de uvas y llevárselo al demonio, que le dijo:

–Muy bien. Pero... o tú andas con Blancaflor, o eres más demonio que yo. Todavía me falta lo principal. Una vez una tatarabuela mía pasó por el estrecho de Gibraltar y se le cayó al mar una sortija. Quiero que vayas y me la traigas.

Cuando Blancaflor se enteró de lo que su padre había pedido, le dijo al príncipe.

–Pues ahora tienes que matarme con este cuchillo y recoger toda mi sangre en esta botella, sin que se pierda una sola gota. Luego me echas al mar y te pones a tocar la guitarra sin parar.

–¡Ay, que yo no puedo matarte! –exclamó el muchacho.

Pero ella le dijo que tenía que ser así. Entonces el príncipe hizo todo tal como se lo había dicho Blancaflor, aunque se le cayó una gota de sangre al suelo. Se puso a tocar la guitarra, y al poco rato salió del agua la muchacha con la sortija en la boca y más hermosa que había entrado. Tan sólo le faltaba un trocito de un dedo por la gota de sangre que se perdió. El príncipe le llevó la sortija al demonio, que otra vez le dijo:

–O tú andas con Blancaflor o eres más demonio que yo –y añadió–: Está bien. Podéis casaros, pero no se celebrará la boda ni dormiréis juntos. Y antes tienes que averiguar cuál de mis tres hijas es Blancaflor. Si no, te mataré.

El demonio mandó a sus tres hijas que asomaran un dedo por debajo de la puerta, para que el muchacho tuviera que adivinar cuál de ellos pertenecía a Blancaflor. La muchacha metió el dedo que se le había quedado más corto, y así él la conoció.

Fueron a acostarse y Blancaflor le dijo al príncipe:

–Mi padre querrá matarnos ahora. De manera que nos tenemos que escapar. Ve a la cuadra. Allí verás dos caballos.

Uno gordo y bonito, que se llama Viento, y otro flaco y feo, que se llama Pensamiento. Tienes que coger el segundo y también la espada mohosa que hay en el armario, junto a otra nueva y reluciente.

Pero el príncipe, cuando llegó a la cuadra, pensó que mejor le servirían el caballo gordo y la espada nueva, y los cogió.

Blancaflor había puesto en la cama unos pellejos de vino y había echado tres salivas en un vaso para que respondieran por ellos cada vez que el demonio les preguntara algo desde el otro lado de la puerta. El demonio preguntaba y las salivas respondían, pero se fueron secando y su voz se hizo cada vez más débil, hasta que el demonio se creyó que estaban dormidos. Entonces entró y se puso a darles cuchilladas a los bultos, que empezaron a soltar chorros de vino.

–Estamos perdidos –dijo Blancaflor cuando llegó a la cuadra–. Este caballo es el del Viento. Vámonos corriendo.

El demonio, cuando se dio cuenta de que se habían escapado, cogió el caballo del Pensamiento y salió tras ellos.

Cuando ya los iba alcanzando, se convirtió en una fiera para matarlos. El muchacho se volvió y, al verla, le dijo a Blancaflor:

–Ahí viene una fiera que nos quiere agarrar.

Entonces ella tiró un peine por la cola del caballo. El peine se volvió un matorral de peines tan espeso, que el demonio tardó mucho tiempo en poder pasar. Cuando ya otra vez los alcanzaba, dijo ella:

–Toma esta navaja y tírala por la cola del caballo.

Al momento la navaja se volvió un matorral de navajas y el pobre demonio salió hecho pedazos. Pero otra vez los iba alcanzando y ella le dio al muchacho un puñado de sal para que lo tirara por la cola del caballo. La sal se convirtió en un monte de sal, y, al atravesarlo, se le metió al demonio en las heridas y daba éste unos gritos que temblaba la tierra.

Luego el caballo se volvió una ermita, ella una imagen y el príncipe el ermitaño. Cuando llegó el diablo, le preguntó si había visto pasar a una pareja montada en un caballo. Y el ermitaño le decía:

–Dinguilindán, dinguilindán. A misa tocan. ¡Si quiere usted entrar! –y lo repetía.

Hasta que el diablo se cansó de él y se dio la vuelta. Cuando llegó al castillo, la diabla le dijo:

–Tonto, si ésos eran ellos mismos.

Y el demonio dijo:

–Permita Dios que él se olvide de ella.

El príncipe y la hija del diablo continuaron su viaje al palacio del rey. Cuando llegaron al pueblo, él la dejó en una fuente y le dijo que esperara.

–Que no te abrace nadie. Porque, si alguien te abraza, me olvidarás –le dijo ella.

Llegó el príncipe al castillo. Salieron sus padres y él les dijo:

–Que nadie me abrace. Preparad las carrozas, que voy por mi mujer.

Entonces llegó la abuela por detrás, se le acercó y lo abrazó. Al momento el príncipe se olvidó de ella.

Blancaflor, cansada de esperar, se imaginó lo que pasaba. Se convirtió otra vez en paloma y empezó a volar alrededor del castillo, diciendo:

–¡Pobre de mí, paloma, en el campo y sola!

Y la reina le decía a su hijo:

–¿No habías dicho que preparáramos las carrozas para ir a por tu mujer?

–¡Qué mujer, si yo no estoy casado! –respondía el príncipe.

Con el tiempo el príncipe se echó otra novia y hubo torneos para preparar la boda. Blancaflor se dio cuenta de lo que pasaba y se metió de criada en el palacio. Era costumbre en esos tiempos que el que se casaba les regalase alguna cosa a los criados. Y ya le preguntó el príncipe a Blancaflor:

–Y tú ¿qué quieres que te regale?

–Una piedra de dolor y un cuchillo de amor –contestó ella.

El príncipe emprendió un viaje para comprar todos los regalos, pero la piedra de dolor y el cuchillo de amor no los encontraba por ninguna parte. Por fin dio con un viejecillo, que era el diablo, y que le dijo:

–Me quedan los últimos.

El príncipe se los compró y volvió al palacio. Les dio a todos sus regalos, pero, como no comprendía para qué querría aquella criada lo que le había traído, pensó esconderse para ver qué hacía.

Blancaflor cogió los dos regalos y los puso en la mesa. Le dijo a la piedra:

–Piedra de dolor, ¿no fui yo quien allanó la ladera, sembró el trigo, lo segó, lo molió y amasó el pan que el príncipe le llevó a mi padre?

Y la piedra contestó:

–Sí, tú fuiste.

Ya el príncipe empezaba a recordar algo. Y siguió diciendo la hija del diablo:

–Piedra de dolor, ¿no fui yo quien plantó un campo de vides y recogió la uva en un solo día para que el príncipe se la llevara a mi padre?

Y la piedra contestó:

–Sí, tú fuiste.

El príncipe ya iba recordándolo todo. Entonces dijo ella:

–Cuchillo de amor, ¿qué me merezco yo?

Y el cuchillo dijo:

–Que te des muerte, Blancaflor.

Y cuando ya se iba a dar muerte con el cuchillo, salió el príncipe de donde estaba escondido, la sujetó y le dijo:

–Perdóname, Blancaflor. Perdóname, que soy tu marido y te había olvidado.

Salieron y él les dijo a todos que aquélla era su mujer.

2. *Paloma blanca*

Una vez era un matrimonio que tenía tres hijos; el primero se llamaba Serafín; el segundo Germán, y el tercero, Ricardo.

Un día se acercó Serafín a su padre y le dijo:

–Padre: écheme la bendición, que me voy por el mundo en busca de fortuna.

Serafín recibió la bendición de su padre, y este consejo:

–No sirvas nunca a hombre de barba roja; sirve a hombre de barba negra.

El joven cogió un palo y un zurrón y se marchó de su casa. Y allá, muy lejos, halló un señor de barba roja que le preguntó:

–¿Dónde vas?

–A buscar amo a quien servir.

–¿Quieres servirme a mí?

–De buena gana, si tuviera usted la barba negra; pero me ha dicho mi padre que no sirva a hombre de barba roja.

El señor se marchó y se tiñó la barba. Y por un atajo fue al encuentro del joven y le preguntó si quería irse de criado con él.

Serafín no lo reconoció y aceptó el empleo. Entonces el señor le llevó para su casa, y pasó un día, pasó otro, y no le mandaba hacer nada. A los siete días le dijo Serafín:

–Mi amo: ¿no me manda usted trabajar? Si no me necesita, me marcho.

Y le contestó el amo:

–Sí, vas a trabajar; prepara los bueyes, el carro, un cesto, tres o cuatro sacos, una cuerda y dos hachas, que vamos a ir al monte a por un carro de leña.

Fueron para el monte y allí hicieron una gran pila de leña y le pegaron fuego. Mientras ardía la leña, el señor leía un libro de magia, y cuando el fuego se consumió, en el sitio que había ocupado se abrió un pozo muy profundo, y dijo el amo:

–Serafín, ven acá. En el fondo de este pozo hay un tesoro; con la cuerda voy a bajarte allá para que cojas unos cuantos cestos de oro para nosotros dos; yo tiraré de ellos con la cuerda, y con el último cesto de oro te saco a ti.

Serafín bajó donde estaban las riquezas, y cuando concluyó de cargar el oro, se sentó en el cesto para salir. El señor tiró de la cuerda, y cuando Serafín iba llegando arriba, lo dejó caer al pozo. El señor se puso a leer en el libro mágico y el pozo se cerró.

Después metió el oro en los sacos, los puso en el carro y lo llevó para su casa.

Pasó algún tiempo, y los padres de Serafín comenzaron a ponerse tristes porque no recibían noticias de su hijo.

–No se aflija usted, padre –dijo Germán–; écheme la bendición, que ahora mismo voy en busca de mi hermano.

El padre le echó la bendición y le dio el mismo consejo que a Serafín.

Germán se fue por el mundo, provisto de un zurrón y un palo, y después de andar muchas leguas, halló al señor de la barba roja, el cual hizo con él lo mismo que había hecho con su hermano.

–Padre mío –dijo un día Ricardo–: en vista de que no tenemos noticias de Serafín ni de Germán, voy a ver si los encuentro; écheme la bendición, que quiero emprender el camino inmediatamente.

Ricardo recibió la bendición de su padre y el mismo consejo que sus hermanos. Marchó con el zurrón a cuestas y un palo en la mano. Un día halló al señor de la barba roja, con el cual se fue a servir en iguales condiciones que Serafín y Germán.

Pero cuando bajó al fondo del pozo a cargar los cestos de oro, al sentarse en el último cesto para salir, dijo:

–Con el peso del oro y el mío es fácil que se rompa la cuerda; lo mejor es que mi amo saque el cesto y después que me saque a mí.

El señor tiró del cesto y, creyendo que subía a Ricardo en él, soltó la cuerda. Y leyó el libro de magia y se cerró el pozo.

Ricardo, al verse allí encerrado, echó a andar por un pasillo, y se encontró los esqueletos de sus hermanos. Con los huesos de éstos franqueó la entrada de un agujero, se metió por él, y fue a dar a un jardín donde había una higuera cargada de higos maduros.

–¡Oh, qué higos tan hermosos para quitar el hambre! –dijo Ricardo–. Voy a comer unos cuantos.

Se subió a la higuera, y en cuanto alargó la mano para coger un higo, apareció un gigante y le dijo:

–¿Por dónde has entrado aquí? Baja, que te voy a comer esta noche.

–Por Dios, no me coma; si me perdona la vida, le digo dónde hay un tesoro muy grande.

–¡Ah, pícaro! ¿También tú sabes dónde guardo mis riquezas?

–Fue un señor que me bajó al pozo y me dejó allá encerrado. No me coma usted que puedo prestarle buenos servicios.

El gigante era viejo y aceptó el ofrecimiento de Ricardo, con el cual se encariñó en seguida, y le entregó las llaves del palacio, con la condición de que no entrara nunca en el cuarto del gigante.

Un día dijo Ricardo:

–¿Por qué no querrá mi amo que entre en su cuarto? Voy a entrar a ver qué tiene allí guardado.

Entonces abrió la puerta y vio entrar por la ventana una paloma blanca, otra dorada y otra amarilla. Las palomas se bañaron en una fuente de oro y se convirtieron en tres jóvenes.

Después de un rato de conversación entre sí, tomaron la forma de palomas y salieron volando por donde habían entrado.

Por la noche le preguntó el gigante a Ricardo:

–¿Qué has visto hoy en mi cuarto?

–No he visto nada, porque no entré en él.

–Yo sé que has entrado. Y no te castigo si me contestas a la pregunta que acabo de hacerte.

Ricardo le contó la verdad, y el gigante le dijo:

–Mañana vuelve a mi cuarto. Y cuando entren las palomas coge la pluma de la que más te guste.

A Ricardo le gustó la paloma blanca. Y cuando ésta dejó la pluma en la fuente de oro, para transformarse en mujer, Ricardo se la cogió, por lo cual la joven no pudo marcharse con sus compañeras.

Aquel mismo día el gigante llamó a Ricardo y le dijo:

–Cásate con la joven que has retenido en mi cuarto; se llama Paloma Blanca. Y la pluma que le has cogido guárdala en esta caja y no se la enseñes nunca; si se la enseñas te ocurrirán muchas desgracias.

Ricardo se casó con la joven, y después de algún tiempo le dijo al gigante:

–Mis padres no tienen noticias mías desde que salí de mi casa; si usted me da permiso, voy a verlos y llevo conmigo a mi mujer.

El gigante le dijo:

–Primero son tus padres que yo; ve a verlos cuando quieras y llévales un saco de oro de lo que tengo guardado en el pozo.

Ricardo llegó a casa de sus padres, acompañado de su mujer. Y le entregó el oro de parte del gigante. Y a su madre le dio a guardar la caja que contenía la pluma de Paloma Blanca, y le dijo:

–Que no vea mi mujer lo que hay dentro de esta caja.

Un día, mientras Ricardo estaba cazando, Paloma Blanca entró con su suegra en la habitación donde estaba la caja y dijo:

–¡Qué caja tan bonita! ¿De quién es?

–De tu marido.

–Quiero ver lo que hay dentro. Mi marido, sin duda, guarda en ella cartas de otra mujer.

Y se echó a llorar.

Entonces, su suegra abrió la caja, y Paloma Blanca metió las manos, sacó la pluma y dijo:

–¡Mi pluma! ¡Aquí está mi pluma!

Y se transformó en paloma y se marchó volando.

Cuando Ricardo volvió de cazar y se enteró de lo que había ocurrido, dijo a sus padres:

–No quitaré barba de mi cara, ni camisa de mi cuerpo, mientras no encuentre a Paloma Blanca; voy a preguntar por ella al gigante.

Fue a preguntar y el gigante le dijo:

–Paloma no volvió por aquí, ni volverá. Ve a preguntar por ella al gigante que vive al otro lado de la montaña; aquél sabe más que yo. Toma esta avellana y guárdala, que para algo te servirá.

Ricardo atravesó la montaña, fue a casa del gigante y éste le dijo en cuanto lo vio:

–¡Hola, Ricardo!

–Me alegro de que me conozcan aquí, viviendo yo tan lejos. ¿Ha visto usted a Paloma Blanca?

–No, no la vi. Ve a preguntar por ella al maestro de los gigantes; si éste no te dice dónde está, no te lo dice nadie. Pero ten cuidado que no te coma; a siete leguas de distancia huele la carne humana. Toma esta nuez y guárdala, que para algo te servirá.

Ricardo llegó a casa del maestro de los gigantes un día por la tarde y en ocasión en que estaba sola su mujer, la cual le dijo en cuanto llegó:

–¡Hola, Ricardo!

–Me alegro de que me conozcan aquí, viviendo yo tan lejos. ¿Ha visto usted a Paloma Blanca?

–¡No! La habrá visto el gigante; pero tú no puedes preguntarle por ella. Yo te ayudaré en este negocio, para lo cual tengo que esconderte en la casa.

Entonces la giganta leyó por el libro del gigante y transformó a Ricardo en una hormiga y la puso encima de una mesa, tapada con una taza.

Por la noche llegó el gigante y le preguntó a su mujer:

–¿A quién tienes en casa? Me huele a carne humana.

Será el olor que dejaron unos cazadores que pasaron por aquí esta mañana.

Cenaron y se acostaron, y cuando el gigante se durmió, la giganta le dio un puñetazo en la cara y despertó gritando:

–¡Qué haces, mujer!

–Soñaba que se había desencantado Paloma Blanca, y de alegría alargué los brazos para abrazarla, y lo que hice fue darte con la mano en la cara. Y a propósito de Paloma Blanca: ¿sabes dónde está?

–Sí; está a tres leguas de Peñanegra; pero es difícil ir allá, porque una legua es de agua, otra de fuego y otra de clavos colocados con la punta hacia arriba.

Cuando amaneció, la giganta leyó por el libro del gigante y sacó a Ricardo del estado de hormiga. Después le dijo lo que debía acerca de Paloma Blanca y lo despidió, diciéndole:

–Toma esta bellota y guárdala, que de algo bueno te servirá.

Llegó Ricardo a Peñanegra y encontró la legua de agua; como sabía nadar pasó fácilmente al otro lado. Pero allí estaba la legua de fuego, que le impedía continuar su camino.

Y para poder pasar quitó la corteza a un árbol, y después de empaparla en agua cubrió con ella su cuerpo y así logró llegar a la legua de clavos. Y la pasó valiéndose de la misma corteza envuelta en los pies.

Por fin, llegó al palacio donde estaba encantada Paloma Blanca y fue recibido por una procesión de brujas, con estas palabras:

–¡Hola, Ricardo!

–Me alegro de que me conozcan aquí, viviendo yo tan lejos. ¿Han visto ustedes a Paloma Blanca?

–No; no la hemos visto.

Ricardo cenó con las brujas, y al final de la cena cascó la avellana y salió de ella un palacio precioso.

–Si nos regalas ese palacio –le dijeron las brujas–, te traemos a Paloma Blanca y duermes esta noche con ella.

Ricardo aceptó la proposición muy contento. Después le dieron a tomar cierta bebida que le transformó. En esto acudió Paloma Blanca, se lo llevó a la cama y durmió con él hasta la hora del alba, en que abandonó el lecho.

Cuando Ricardo volvió en sí, tenía una idea de que no había dormido solo.

Llegó la noche, y después de cenar, Ricardo cascó la nuez y salió de ella un palacio más hermoso que el que había salido de la avellana. Las brujas se lo pidieron a cambio de que le entregaran a Paloma Blanca.

Él aceptó, y le ocurrió un caso igual al de la noche anterior. Y por la mañana le dijeron las brujas:

–Vamos a salir de paseo y mientras tanto te quedas aquí solo; puedes recorrer todo el palacio, pero líbrate de entrar en el cuarto del corredor.

En cuanto se marcharon las brujas, Ricardo entró en aquel cuarto, y allí encontró a Paloma Blanca. Se abrazaron llenos de alegría y ella le dijo:

–Esta noche, después de cenar, rompe la cáscara de la bellota; de ella saldrá un palacio maravilloso, regálaselo a las brujas como les regalaste los otros, pero guárdate de beber ninguna clase de bebidas para no perder el sentido, como lo perdiste las dos noches pasadas.

Ricardo les regaló el palacio a las brujas; después hizo como que bebía la bebida que le ofrecieron y que había perdido el sentido. Entonces Paloma Blanca se lo llevó a la cama, y al amanecer le dijo muy bajo para que no le oyeran las brujas:

–Levántate y coge una piedra negra que hay debajo de la cama, y con ella rompe la lámpara de la escalera en siete pedazos.

La rompió, y Paloma Blanca salió de su encantamiento, y fue muy feliz con Ricardo en aquel palacio, donde vivieron toda la vida.

Y cuento *contao,* por la chimenea se va al *tejao.*

3. *La peregrina*

Pues, señor, que una vez era un hijo de un rey que estaba encantado en un palacio muy hermoso, y mientras durase el encantamiento no podía irse de allí; pero le permitían que anduviese cazando por los alrededores.

Uno de los días que fue de caza acertó a pasar por una casa de campo, donde vio una joven tan guapa que ¡hasta allí!, una moza que era la envidia de todas aquellas tierras.

El príncipe se enamoró de ella y, como era también muy guapo, no le pareció a ella saco de paja, y también se enamoró de él. El príncipe le dijo si quería ser su mujer, y como ella estuvo conforme, se la llevó a su encantamiento, y allí la tenía rodeada de todo cuanto podía desear. Le dijo que pronto iba a cumplir el tiempo por el que estaba encantado, y entonces se iría a su casa y se casaría con ella, pero que tuviera mucho cuidado de no dormir en el día que él se fuera, porque él no podía llamarla y, si lo llegaba a perder de vista, no le sería fácil volverlo a ver.

Pues, señor, que llegó el día en que se cumplía su encantamiento, y vino su padre por él en un coche de caballos. Antes de salir fue el príncipe a ver a la joven y se la encontró dormida; cogió una porción de flores y las echó alrededor de ella, y sacando un puñal con el mango de oro se lo puso en el pecho. Luego, como su padre lo estaba esperando, salió y, subiendo al coche de caballos, se fueron.

En el momento que salieron desapareció el palacio, y no quedó nada más que la joven dormida sobre la tierra. Con la sensación del frío despertó ella y, al verse sola, comprendió que se había cumplido el tiempo del encantamiento del príncipe y que éste se había ido durante su sueño.

Recogió las flores y el puñal, y guiándose por las señales de las ruedas siguió tras el coche. Al llegar a un alto divisó a lo lejos una nube de polvo y vio que era el coche donde iba el príncipe. Siguió corriendo detrás, pero no podía alcanzarlo, hasta que se encontró con una peregrina. Le preguntó si había visto a los que iban en aquel coche, y por las señas que le dio conoció que uno de ellos era el príncipe. Le propuso a la peregrina que cambiaran de traje y, como el suyo era muy bueno, no tuvo aquélla inconveniente.

Con el traje de la peregrina prosiguió su camino y, como el coche se había parado en la fuente para comer los viajeros, lo alcanzó.

Apenas tuvo tiempo la peregrina de descansar un ratito, cuando el coche se puso otra vez en marcha. Pero el príncipe había visto a la peregrina hablar con la joven, y creyendo que era la peregrina, pues no había observado el cambio de trajes, quería preguntarle por la joven, y dio orden de que los caballos fueran al paso, con disgusto del rey, que quería que fuesen corriendo; pero el príncipe le dijo que iba enfermo y no le convenía ir de prisa.

Así, como el coche andaba poco, la peregrina podía seguirlo, y el príncipe, que deseaba hablar con ella, se asomó y le dijo:

–Peregrina, ¿no estuviste hablando en el camino con alguien?

–Sí, señor –contestó la peregrina–, con una niña muy bonita.

–¿Y qué te decía aquella niña?

–¡Ay, pobrecita! Sólo decía: «Caballero que me enamoraste con rosas y flores, ¡ay de mí!, para olvidar mis amores».

Le preguntó varias veces, porque le gustaba oírla hablar, y ella siempre le contestaba lo mismo, hasta que el rey, cansado de todo aquello, dio orden de que apretasen los caballos, pero el príncipe se opuso, a menos que la peregrina entrase en el coche, pues de otro modo se bajaría él. El rey creyó que era un capricho de su hijo, y con tal de llegar pronto a palacio consintió que la peregrina entrara en el coche. Subió la peregrina, y por fin llegaron a palacio. El príncipe no la había reconocido, pero al oírla hablar le parecía conocer el eco de su voz, así que no quería dejarla ir y ordenó que le destinasen una habitación en el palacio, cerca de la suya.

Pues vamos, que el rey tenía ya dispuesto el casamiento de su hijo con una princesa que aquel mismo día había llegado al palacio; así fue que al día siguiente le dijo al príncipe que iba a verificarse la boda. El príncipe pidió tiempo para pensarlo, pero el rey le dijo que no era posible, porque la novia había llegado con el acompañamiento y no podía hacérsele esperar y, que quieras que no, los casó al día siguiente. El príncipe estaba muy disgustado, pues se acordaba de la joven que había quedado abandonada en el campo. Por su parte la peregrina, que tenía esperanzas de que el príncipe acabaría por reconocerla, al verlo casado las perdió por completo y no quiso asistir a las fiestas.

Así que llegó la noche y se acabó el baile, la princesa se fue a acostar, pero el príncipe quiso antes ir a ver a la peregrina, por si estaba enferma, pues no la había visto en todo el día. Llegó a su cuarto y lo encontró vacío, preguntó a los criados y ninguno la había visto, la buscó por todas partes y, al registrar el jardín, la encontró tendida en el suelo con un puñal clavado en el pecho, y a su alrededor muchas flores. Se inclinó y vio su puñal con mango de oro y, descubriéndole la cara, reconoció a la joven.

Entonces, comprendiendo por qué se había matado, dijo:

–Puesto que tú no has querido vivir sin mi amor, yo no quiero tampoco vivir sin el tuyo –y cogiendo el puñal, se lo clavó en el pecho, cayendo muerto al lado de la peregrina.

La princesa, que estaba aguardando a su esposo, viendo que tardaba mucho, se levantó para ver dónde estaba, fue al cuarto de la peregrina, temiendo que allí estuviera, pues sabía que había venido con ellos y, como no encontró a ninguno, se creyó que habrían huido, los buscó por todas partes y, al llegar al jardín y verlos muertos, tuvo celos de la peregrina y, cogiendo el puñal que el príncipe tenía en el pecho, se lo clavó ella y cayó muerta a su lado.

Cuando se levantaron por la mañana los reyes, fueron a ver si se habían levantado los recién casados y, al ver que ya no estaban en su cuarto, bajaron al jardín y cuál no fue su dolor al ver a los tres difuntos. La reina le echaba la culpa al rey, pues decía que, sabiendo que su hijo quería a la peregrina, se había empeñado en casarlo con otra mujer. El rey se disculpaba como podía, pero los dos estaban inconsolables.

Al poco tiempo ven bajar una paloma blanca, que, después de revolotear alrededor de los muertos, se posó en tierra. La paloma traía en el pico una cestita, que puso en el suelo. Todos, sorprendidos, aguardaron a ver qué hacía.

En la cesta traía un botecito con una pluma dentro. La paloma sacó la pluma, y con el líquido del bote le dio al príncipe en la herida, y éste se levantó bueno y sano, con gran sorpresa y alegría de los que lo presenciaban. La paloma se dirigió al príncipe y le dijo:

–Traigo orden de volverle la vida a una de las muertas, elige entre las dos la que quieras.

El príncipe contestó sin vacilar que la peregrina.

Entonces la paloma cogió la pluma y, untando con ella en la herida de la peregrina, ésta recobró la vida. Luego, cogiendo la cestita, remontó el vuelo y desapareció de la vista de todos.

Los reyes hubieran deseado resucitar a la princesa, pero, viendo que era imposible, porque la paloma se había llevado el botecito, se conformaron con tener a su hijo, y dispusieron con gran pompa el entierro de la princesa.

Acabado esto, el séquito de la princesa regresó a su país, a llevar la nueva de aquella desgracia, y el príncipe les dijo a sus padres que no se casaría con nadie como no fuera con la peregrina. La reina, que no quería que volviese a suceder otra cosa como la anterior, convenció al rey, y pasados unos días de luto por la princesa, se casaron los dos jóvenes, siendo felices toda la vida.

Se acabó mi cuento con pan y pimiento, y todos contentos.

B. Juan el Oso

4. *Juan el Oso*

Hace ya mucho tiempo vivía en un pueblo una muchacha que se dedicaba a cuidar vacas. Un día se le perdió una y se puso a buscarla por todas partes; sin darse cuenta llegó a un monte que estaba muy lejos. Allí le salió un oso, la cogió y se la llevó a su cueva. Después de estar viviendo con él algún tiempo, la muchacha tuvo un hijo. El oso, que nunca dejaba salir de la cueva ni a la madre ni al hijo, les traía de comer todos los días, teniendo que quitar y poner una gran piedra con la que tapaba la entrada a la cueva.

Pero el niño fue creciendo y haciéndose cada vez más fuerte. Un día, cuando ya tenía doce años, levantó la enorme piedra con sus brazos y la quitó de la entrada, para poder escaparse con su madre. Cuando ya salían de la cueva, apareció el oso. Entonces el muchacho cogió otra vez la piedra, se la arrojó al animal, y lo mató.

La madre regresó al pueblo con su hijo, que se llamaba Juan. Lo puso en la escuela, pero Juan andaba todo el día peleándose con los demás muchachos, los maltrataba y hasta se enfrentó con el maestro. Por fin le dijeron a la madre que tenía que quitarlo de allí, y el muchacho dijo que quería irse del pueblo. Pidió que le hicieran una porra de siete arrobas, y así fue. Era tan pesada, que tuvieron que traérsela de la herrería entre cuatro mulas. Pero él la cogió como si nada y se marchó.

Por el camino Juan se encontró con un hombre que estaba arrancando pinos y le dijo:

–¿Tú quién eres?

–Yo soy Arrancapinos. ¿Y tú?

–Yo soy Juan el Oso, que voy con esta porra por el mundo y hago lo que quiero. Dime, ¿cuánto te pagan por arrancar pinos?

–Siete reales –contestó Arrancapinos.

–Bueno, pues yo te pago ocho.

Y se fueron los dos juntos. Un poco más adelante vieron a un hombre que estaba allanando montes con el culo. Juan el Oso le preguntó:

–¿Tú quién eres?

–Yo soy el Allanamontes. ¿Y vosotros?

–Yo, Juan el Oso. Y éste es Arrancapinos. Dime, ¿cuánto te pagan al día?

–Ocho reales –contestó Allanamontes.

–Bueno, pues yo te pago nueve.

Y se fueron los tres camino adelante.

Cuando llegó la noche, Juan y Arrancapinos se echaron al monte a buscar comida y dejaron a Allanamontes haciendo la lumbre. Pero cada vez que prendía se acercaba un duende y se la apagaba. Allanamontes le dijo:

–Como me vuelvas a apagar la lumbre, te mato.

–¡Hombre, qué bien! –contestó el duende–. ¿No sabes tú que ésta es mi casa?

Entonces cogió una cachiporra y le dio a Allanamontes una buena paliza, se ensució en todos los cacharros de la comida y desapareció.

Cuando volvieron Juan y Arrancapinos, se quedaron muy sorprendidos al ver lo que había pasado.

–Está bien –dijo Juan el Oso–. Mañana se quedará Arrancapinos.

Cuando Arrancapinos estaba preparando el fuego, apareció otra vez el duende y dijo:

–¿No te enteraste ayer que ésta es mi casa?

Y sin decir más cogió la cachiporra y le dio una buena paliza a Arrancapinos, le apagó la lumbre y se ensució en los cacharros de la comida.

Cuando volvieron los otros dos y se enteraron de lo que había pasado, Juan se enfadó mucho y dijo:

–Mañana me quedaré yo.

Al día siguiente Juan el Oso hizo la lumbre y de nuevo apareció el duende, diciendo:

–¿Todavía no te has enterado de que ésta es mi casa?

Cogió otra vez la cachiporra dispuesto a darle una paliza a Juan el Oso, pero Juan el Oso cogió la suya, de siete arrobas, y con sólo dos golpes que le dio el duende se declaró vencido. Después se cortó una oreja y se la entregó a Juan el Oso, diciéndole:

–Cada vez que te encuentres en un apuro, sacas la oreja y la muerdes.

Cuando volvieron los otros dos, Juan les dijo que eran unos cobardes y les contó lo que él había hecho con el duende.

Otro día llegaron los tres a una sierra donde había muchos pinos, y como tenían mucha sed, dijo Juan el Oso:

–A ver si es verdad lo que sabéis hacer. Primero tú, Arrancapinos, tienes que arrancar todos los pinos. Y luego tú, Allanamontes, tienes que allanar todos esos montes. Y después yo haré un pozo.

Así lo hicieron. En un momento Arrancapinos dejó todos los montes pelados y Allanamontes se puso a moverlos y a aplastarlos con el culo hasta que todo quedó como la palma de la mano. Entonces Juan cogió su porra de siete arrobas y de un solo golpe en el suelo abrió un pozo muy hondo. Se asomaron los tres, pero era tan hondo, que sólo vieron la oscuridad. Juan el Oso dijo:

–Ahí tiene que haber algo. Vamos a echar una cuerda y lo veremos. Primero bajará Arrancapinos con una campanilla y, cuando vea algo, la tocará para que lo saquemos.

Pero, antes de llegar al fondo, Arrancapinos sintió mucho frío y tocó la campanilla. Luego bajó Allanamontes, y sintió mucho calor y también tocó la campanilla, para que lo subieran. Por fin bajó Juan el Oso, que llegó hasta el fondo, donde había una cueva con tres puertas.

De pronto se abrió una de las puertas y apareció una muchacha. Juan le preguntó que quién era y ella le contestó:

–Soy una princesa y estoy aquí encantada por un gigante desde que un día me atreví a tocar un manzano que había en el jardín del palacio y al que mi padre me tenía prohibido acercarme. Fue entonces cuando se abrió la tierra y me tragó. Ahora tú tampoco podrás salir de aquí.

–Eso ya lo veremos –contestó Juan el Oso.

Y no había acabado de decirlo, cuando salió por la puerta un toro bravo, que se fue furioso hacia él. Pero Juan levantó su porra de siete arrobas y de un solo golpe en la cabeza lo mató. Luego se abrió otra puerta y salió una serpiente. Juan el Oso le dio un golpe en la cabeza y la mató también. Por último se abrió la tercera puerta y apareció el gigante, gritando: «¡A carne humana me huele! ¡A carne humana me huele! ¡Desgraciado! ¿Cómo te atreves a entrar en mi casa?»

Los dos se pusieron a pelear, pero Juan acertó a darle al gigante un cachiporrazo tan fuerte, que lo dejó tendido en el suelo.

Cuando la princesa se vio libre, le entregó a Juan una sortija que llevaba. Juan le amarró la soga a la cintura y tocó la campanilla para que los otros la subieran. Así lo hicieron, pero, cuando la princesa ya estaba arriba, Arrancapinos y Allanamontes no volvieron a echar la soga y se llevaron a la princesa.

Cuando se cansó de tocar la campanilla, Juan el Oso se dio cuenta de que lo habían abandonado y estuvo muchas horas dando vueltas por la cueva sin poder salir. De pronto se acordó de lo que le había dicho el duende, y se sacó la oreja del bolsillo. Le dio un mordisco y al momento aparecieron muchos enanillos dispuestos a ayudarle. En seguida lo sacaron de la cueva, le dieron un traje nuevo y un caballo volador, con el que pudo llegar al palacio cuando el rey iba a decidirse a casar a la princesa con Arrancapinos o con Allanamontes, pues los dos decían que habían desencantado a la princesa. Todo el mundo en el palacio estaba pendiente de la decisión para hacer una gran fiesta, aunque la princesa estaba muy triste. Juan el Oso se metió entre la gente, y ni siquiera la princesa lo conoció al principio, debido al traje que le habían dado los enanillos. Por fin se acercó a ella y le enseñó la mano donde llevaba la sortija que ella le había entregado en la cueva. Entonces la princesa exclamó:

–¡Éste es el que yo escojo, porque éste es el que me ha desencantado!

El rey y todo el mundo se sorprendieron, pero tuvieron que convencerse cuando vieron el anillo. A los otros dos los castigaron, y Juan el Oso y la princesa se casaron y vivieron felices y comieron perdices. Y a mí no me dieron porque no quisieron.

C. El príncipe encantado

5. *El príncipe encantado*

Érase una vez un pobre escobero que tenía tres hijas. Todas las mañanas iba al campo a buscar matas de palma para hacer sus escobas. Un día encontró una mata muy grande y, cuando fue a arrancarla, oyó una voz que le gritaba:

–¡Por favor, no me tires de los pelos!

–¿Quién eres? –preguntó el hombre.

Y al momento se apareció un dragón que le dijo:

–Si mañana me traes lo primero que te encuentres hoy al llegar a tu casa, tendrás todo lo que quieras.

El hombre no se preocupó, porque todos los días lo primero que salía a recibirle era el perro. Pero ese día no fue el perro, sino su hija menor.

El hombre se quedó entonces muy triste. A la mañana siguiente mandó a su hija mayor que se fuera al monte y le explicó lo que tenía que hacer. Pero, al tirar de la mata, la voz le dijo a la muchacha que se marchara y que viniera la hermana menor.

Al día siguiente el escobero mandó a la hija mediana, y la voz dijo lo mismo. Por fin, el hombre no tuvo más remedio que mandar a la pequeña, y cuando ésta tiró de la mata, al momento apareció un palacio muy grande con un jardín hermosísimo. Entró en él y vio que había mucha comida en las mesas, camas para dormir y todo lo que hacía falta. Pero no veía a nadie. La niña recorrió el palacio de arriba abajo, y tuvo que pasearse sola durante todo el día y comer sola, hasta que llegó la noche y se fue a acostar.

Cuando estaba dormida, sintió un peso en la cama y una voz que le decía:

–No te preocupes. De día no me verás, porque soy un dragón. Pero de noche puedo quitarme la piel y soy un príncipe. Lo que hace falta es que a nadie del mundo le cuentes este secreto y que no me pierdas la piel cuando me la quito.

De día la joven paseaba sola y todo lo hacía sola. Por la noche siempre llegaba el dragón, que se quitaba la piel y se convertía en un hermoso príncipe. Así pasó mucho tiempo, hasta que un día la niña le dijo al dragón que si la dejaba ir a su casa. El dragón le contestó que sí, pero que sólo tenía tres días para ir y volver.

Cuando la niña llegó a su casa, sus hermanas le dijeron:

–¡Anda, tonta, que te has casado con un dragón!

Y tanto se lo repitieron, que no pudo ella contenerse y dijo:

–¡Pues no! Que mi marido es un príncipe muy hermoso.

–¿Cómo puede ser eso? –preguntaron las otras.

Ella entonces les explicó lo que pasaba. Pero, como sus hermanas no acababan de creérselo, le dijeron que irían con ella al palacio y que encendiera una vela, cuando el príncipe estuviera dormido, para poder verlo.

Y así fue. Primero le quemaron la piel y luego ella arrimó una vela para que sus hermanas vieran al príncipe, pero con tan mala suerte, que una gota de cera le cayó sobre la cara y el príncipe se despertó.

–¡Ay! –exclamó–. ¡Que ya se estaba terminando mi encantamiento! Ahora no tengo más remedio que irme. Y tú tendrás que buscarme hasta gastar siete pares de zapatos de hierro. Anda, vete y pregunta por el castillo de Oropel. Toma también estas tres ascuas. En caso de necesidad, las enciendes y conseguirás todo lo que hayas menester.

Y al momento desapareció el palacio con lo que había en él.

A los pocos meses ella dio a luz y, cuando el niño ya era mayor, compró siete pares de zapatos de hierro para él y otros siete para ella y se fueron a buscar el castillo de Oropel. Venga a andar, venga a andar, cuando se les gastaba un par se ponían otro, hasta que no les quedó más que uno. Pero ya se estaban acercando a una casa, que era la casa de la Luna. Llamó a la puerta y salió una vieja, a la que preguntó por el castillo de Oropel.

–No sé –contestó la vieja–. Esperen ustedes que venga la Luna. Tal vez ella sepa darles razón. Pero escóndase en esta tinaja, porque, si no, la Luna se los comerá cuando llegue.

Así lo hicieron, y se pusieron a esperar dentro de la tinaja.

Por fin llegó la Luna, que era un águila, gritando:

–¡Fo, fo, fo! ¡A carne humana me huele! ¡Si no me la das, te mato!

Pero la vieja le dijo que era una pobre muchacha con su hijo que andaban buscando el castillo de Oropel. La Luna dijo que ella no sabía dónde estaba, pero que tal vez su primo, el Sol, lo supiera. Y fue la joven a la casa del Sol, con los zapatos que todavía le quedaban, y llamó a la puerta. Salió otra vieja y les preguntó que qué querían. Cuando se enteró, les dijo:

–Está bien, pero meteos en esta tinaja, porque, si no, el Sol os comerá cuando llegue.

Por fin llegó el Sol, que era otra águila muy brillante, gritando:

–¡Fo, fo, fo! ¡A carne humana me huele! ¡Si no me la das, te mato!

Pero la vieja le explicó quiénes eran y lo que querían, por si él podía ayudarles.

–Yo no. Pero mi primo el Aire seguramente sabe dónde está ese castillo.

Se fue la muchacha a la casa del Aire, y allí salió otra vieja, que les dijo lo mismo, y otra vez la muchacha y su hijo se metieron en una tinaja. Cuando llegó el Aire, soplando muchísimo, dijo:

–¡A carne humana me huele! ¡Si no me la das, te mato!

Pero la vieja le dijo que era una pobre muchacha con su hijo, que venían de parte de su primo el Sol a ver si él sabía dónde estaba el castillo de Oropel. Entonces dijo el Aire que él sí lo sabía y que los llevaría hasta allí.

Así, en un momento, los dejó en la puerta del castillo.

Al llegar, la muchacha se dio cuenta de que había mucho jaleo, y, cuando preguntó, le dijeron que el príncipe se había casado aquel mismo día.

Entonces la muchacha encendió las tres ascuas y les pidió una rueca muy hermosa. Al momento se cumplió su deseo y se puso a hilar a la puerta del castillo. Una criada la vio y fue a decirle a la princesa:

–¡Ay, señora, si viera usted qué rueca tan hermosa tiene una peregrina que hay en la puerta!

–Anda, ve y dile que cuánto quiere por ella –dijo la princesa.

Así lo hizo la criada, pero la muchacha contestó:

–Decidle a la princesa que le daré mi rueca, si me permite dormir esta noche con el príncipe.

–¡Qué barbaridad! ¡Cómo se le habrá ocurrido semejante cosa! –exclamó de muy mal humor la princesa.

–Ande usted –dijo la criada–. Por una noche... Le daremos al príncipe unas dormideras y así no se enterará de nada.

Así lo hicieron. La muchacha subió a la habitación y le dijo:

–Mira que aquí está tu mujer y tu hijo también.

Pero como el príncipe estaba dormido, no se enteró.

Al día siguiente la muchacha le pidió a sus tres ascuitas que le trajeran una rueca de plata, y al momento la tuvo. Otra vez la criada la vio desde el castillo, fue a contárselo a la princesa y ésta la mandó a ver cuánto quería la peregrina por ella.

–Quiero que me permitáis dormir otra noche con el príncipe.

La princesa también se escandalizó, pero la criada volvió a convencerla de que nada pasaría, si le daban dormideras al príncipe.

La muchacha subió a la habitación del príncipe y le dijo:

–Mira que aquí está tu mujer y tu hijo también.

Pero el príncipe, dormido como estaba, no se enteró tampoco.

A la mañana siguiente la muchacha le pidió a las ascuitas que le trajeran una rueca de oro. Y volvió a pasar lo mismo. Pero esta vez el príncipe, que sospechaba algo, hizo como que se tomaba la dormidera, pero en realidad la tiró a un lado.

Aquella noche, cuando entró, la muchacha dijo:

–Mira que aquí está tu mujer y tu hijo también.

Y el príncipe, como estaba despierto, en seguida la recordó, se abrazó a ella y le dijo que ya estaba desencantado del todo.

Al otro día aparecieron los tres juntos y el príncipe mandó llamar a todo el mundo. Entonces les dijo:

–Una vez tenía yo una preciosa cajita con una llave de oro, que se me perdió. Entonces mandé hacer otra tan bonita como la primera. Después de mucho tiempo encontré la primera, y ahora yo os pregunto: ¿con cuál de las dos debo quedarme?

–¡Con la primera! –respondieron todos.

–Pues tienen ustedes razón. Por eso yo me quedo con esta hermosa peregrina, que es mi verdadera esposa, y dejo a la segunda. Y también me quedo con éste, que es mi hijo.

Y colorín colorado, este cuento se ha acabado.

6. *El príncipe durmiente*

Pues, señor, éste era una vez un rey que tenía una hija muy bonita a quien quería mucho y en todo le daba gusto; y como a la princesa le gustaba mucho el campo, había hecho una casa de recreo, donde pasaban la mitad del tiempo. Un día que había caído una gran nevada, todo el campo estaba tan blanco, que daba gusto verlo. Se asomó la princesa a un balcón al tiempo que un pastor estaba degollando un borreguito, y la sangre caía en el suelo manchando la nieve. Un zagal que estaba mirando la faena se quedó mirando el contraste que hacía el color de la sangre con la blancura de la nieve, y dijo:

–Lo blanco con lo encarnado
qué bien está.
Como el rey que dormirá
y no despertará
hasta la mañanita
del Señor San Juan.

Llamó la atención de la princesa lo que había dicho el muchacho y lo mandó llamar. Así que vino, le dijo:

–A ver, repite lo que dijiste antes sobre lo blanco y encarnado.

El muchacho repitió:

–Lo blanco con lo encarnado
qué bien está.
Como el rey que dormirá
y no despertará
hasta la mañanita
del Señor San Juan.

–Y eso ¿qué quiere decir? –dijo la princesa.
–Es una cosa que nos ha contado mi madre.

–A ver, cuéntamelo a mí.

–Dice mi madre que en un castillo que hay muy lejísimos está un rey encantado. Dice que es muy guapo y que se pasa todo el año durmiendo y sólo despierta en la madrugada del día de San Juan; si, al despertar, no encuentra a nadie, vuelve a dormirse hasta el año siguiente; y así estará hasta que una princesa vaya al castillo, se siente en la cabecera de la cama y allí se esté hasta que llegue el día de San Juan, para que, cuando despierte, la encuentre. Dice mi madre que, cuando esto suceda, se acaba el encanto y el rey se casará con la princesa.

–¿Y dónde dice tu madre que está ese castillo?

–Yo no sé decirle a su alteza, pero debe ser muy lejos, porque dice mi madre que hay que romper unos zapatos de hierro para llegar allí.

La princesa se calló, pero se propuso buscar el castillo, si bien, como sabía que su padre no había de consentirlo, nada le dijo, sino que mandó hacer unos zapatos de hierro y, así que se los hicieron, una noche desapareció del palacio. El rey la mandó buscar por todas partes, pero no pudieron encontrarla, por lo que creyó que se había muerto o la habían robado.

Entre tanto la princesa iba caminando por sitios extraviados para que no la encontrasen, pero siempre hacia adelante. Cuando veía alguna comitiva de las que fueron en su busca, se escondía hasta que pasaba y así salió de su reino sin que pudieran encontrarla.

Pues, señor, que siguió andando, y andar, andar, se metió por una selva y allá a lo lejos encontró una casa aislada. Llamó a la puerta y salió una vieja que le preguntó lo que quería.

–¡Ay, señora! Yo venía a ver si usted quiere recogerme, porque se acerca la noche y no hay por aquí viviendas.

–¡Pobre niña! ¿Dónde vas por aquí? ¿Vas muy lejos?

–Voy buscando el palacio del «Rey que dormirá y no despertará hasta la mañanita del Señor San Juan».

–Yo, hija mía, no sé dónde está ese palacio; tal vez lo sepa mi hijo el Sol, pero temo que al verte aquí te haga daño.

Entró la princesa y la vieja la escondió en un cuarto. Al poco tiempo llegó el Sol, que dijo:

–Madre, a carne humana me huele; si no me la das, te mato.

–¡Ay, hijo mío!, no te enfades; es que he recogido a una pobrecita niña que viene buscando el palacio del «Rey que dormirá y no despertará hasta la mañanita del Señor San Juan», y yo le dije que tú tal vez lo sabrías.

–Yo no he visto nunca ese palacio, pero quizás mis hermanas las Estrellas, que son muchas, lo hayan visto.

Así que vino el día, la princesa se puso otra vez en camino, y andar, andar, hasta que encontró otra casa. Pidió que la recogieran, y otra vieja que estaba allí la recogió y le preguntó lo que buscaba.

–Voy buscando el palacio del «Rey que dormirá y no despertará hasta la mañanita del Señor San Juan».

–Yo no he oído hablar de ese palacio, pero quizás lo sepan mis hijas las Estrellas.

Durmió allí aquella noche, y por la mañana, conforme iban llegando las Estrellas, la vieja les iba preguntando si sabían dónde estaba el palacio; pero todas dijeron que no sabían, que quien lo conocería, de seguro, era su hermano el Aire, porque ése entraba por todas partes.

Ea; pues ya tenemos a la pobre princesa que volvió a tomar el camino, y anda que te andarás, al cabo de mucho tiempo llegó a la casa del Aire. Allí salió una vieja que le dijo:

–¿Quién te trae por aquí, que tan mal te quiere?

–Vengo buscando el palacio del «Rey que dormirá y no despertará hasta la mañanita del Señor San Juan».

–Yo, hija, no sé dónde está ese palacio; mi hijo el Aire será posible que lo sepa, pero yo no me atrevo a decirte que lo esperes, porque puede sucederte una desgracia, pues mi hijo nada respeta y todo lo destroza.

La princesa rogó tanto a la vieja, que ésta consintió en ello y la escondió. De allí a poco, llegó el Aire, que venía bramando y entró diciendo:

–Madre, a carne humana me huele; si no me la das, te mato.

–No hay nadie, hijo mío; es que hace poco estuvo ahí una jovencita preguntando por el palacio de «el Rey que dormirá y no despertará hasta la mañanita del Señor San Juan».

–Aunque está lejos, por el camino que hay enfrente de la puerta se llega a él.

–Pues entonces ya lo encontrará, porque por ese camino se fue.

–¿Sí? Pues va a perder el viaje, porque no va a poder entrar.

–¿Y por qué?

–Porque a la puerta están dos leones que devoran a todo el que intenta hacerlo.

–Y entonces, ¿no es posible entrar en ese palacio?

–Sí, pero tiene que llevar un bocado de comida que yo haya tenido en la boca y, cuando llegue y los leones avancen, partir el bocado en dos y echárselo, y mientras ellos se lo comen entrar de prisa en el palacio sin mirar atrás.

En esto, el Aire se puso a comer, y una de las veces que tenía la boca llena le dijo la madre:

–Tira ese bocado, que lleva un pelo.

El Aire arrojó todo lo que tenía en la boca y la vieja lo cogió para tirarlo, pero lo que hizo fue guardarlo. Se acabó la comida, y el Aire se acostó. Entonces la vieja fue a ver a la princesa, y dándole el bocado de comida, le enseñó el camino y le dijo todo lo que tenía que hacer.

Pues, señor, la princesa echó a andar, y allá, al cabo de mucho tiempo, vio que los zapatos se habían roto. Entonces miró hacia todos lados, y divisó los torreones de un palacio.

–Ése debe ser –dijo ella, y se dirigió a él.

Cuando iba llegando, vio a la puerta dos leones que, así que la vieron, empezaron a rugir y vinieron furiosos hacia

ella con las melenas encrespadas; pero ella, sacando el bocado
que le había dado la vieja, lo partió en dos pedazos y se lo echó
a los leones. Se pusieron a comérselo y entre tanto ella
echó una carrera y, sin mirar atrás, atravesó la puerta que se
había abierto al llegar y se volvió a cerrar, dejándola dentro.

El palacio era hermosísimo; la princesa empezó a reco-
rrerlo todo, y por todas partes encontraba estatuas de hombres y mujeres que parecían de carne, pero que no se mo-
vían; jardines muy hermosos, salones magníficos con
colgaduras regias y alfombras de terciopelo, y en fin, todo lo
más bueno que un rey pueda tener en su palacio. Lo que más
llamaba la atención era que, fuera de las estatuas, no veía a
ninguna persona ni sentía ningún ruido, y sin embargo todo
estaba más limpio que el oro.

Después de mirarlo todo, entró en una alcoba donde había un lecho suntuoso con grandes colgaduras de oro y plata
y sobre él estaba un joven hermosísimo durmiendo.

–Éste debe ser el rey –dijo la princesa–, y se sentó a la cabecera del lecho.

Todos los días, sin que ella viera cómo, se le aparecía una
mesa llena de los manjares más exquisitos y, después que comía, volvía a desaparecer del mismo modo. Ella no se movía
de la cabecera de la cama, no sea que el rey se despertara y no
la encontrase allí.

Pasaron unos meses y, aunque estaba contenta, sin embargo estaba aburrida de estar tan sola. Un día oyó una voz
en el campo que decía:

–¿Quién compra a una esclava?

Ella se asomó a una ventana y vio que iban vendiendo a
una esclava negra. Llamó al que la llevaba y se la compró y,
aunque no tenía nada que mandarle porque todo estaba hecho, se puso muy contenta, porque ya tenía con quien hablar
y quien la acompañara.

Pues sucedió que a la esclava, que era muy envidiosa, le
llamó la atención el que su señora no quería moverse nunca

del lecho, ni de día ni de noche, por más que ella le había rogado muchas veces que fuese con ella para ver el palacio.

–Aquí hay algún misterio –decía la negra–, y o poco puedo o he de averiguarlo.

Llegó la noche de San Juan, y la princesa, que no sabía si lo era o no, estaba sentada en su silla, cuando entró la negra, y dijo:

–Señora, si quiere usted asomarse a uno de los balcones del jardín, oirá una música deliciosa; me quedaré mientras usted se va.

La princesa no quería moverse, pero como desde que estaba allí no había oído ninguna música, fue al balcón pensando en volver en seguida.

Así que llegó, oyó una armonía tan deliciosa, que parecía que tocaban los ángeles, y se quedó embobada escuchándola.

Entretanto, la negra se había sentado en una silla; dieron las doce de la noche y el rey despertó; tendió la mano hacia la silla y, tocando a la negra, dijo:

–¡Menos mal que ha terminado mi encanto! Tú has velado mi sueño y tienes que ser mi mujer.

La negra, al oír esto, no cabía en sí de gozo; el rey se sentó en el lecho y, al ver a la negra, se disgustó mucho; pero como tenía que cumplir lo del encanto, se resignó con su suerte.

En esto vino el día y cesó la música, y la princesa, saliendo de su embeleso, trató de volverse al lado del rey, pero se quedó sorprendida al ver el movimiento que se notaba en el palacio. Todas las estatuas que había visto al entrar y que parecían hombres dormidos, habían recobrado la vida y andaban de acá para allá.

La princesa estaba tan aturdida, que no encontraba el camino para ir a la alcoba. En esto ve venir al rey del brazo de la negra y lo comprendió todo, diciendo para sí: «Esa pícara es la que me ha engañado. ¿Cómo voy yo a decir que soy la que estaba a la cabecera del lecho y que ella es mi esclava? No me creerían. Tendré paciencia».

Por su parte, el rey la había visto y, como era tan hermosa, le preguntó a la negra que quién era.

–Es una de mis damas –dijo la negra.

Pues, señor, que, aunque el rey no estaba muy a gusto con la negra, se dispuso el casamiento y el rey salió para la capital a comprar los regalos de la boda y a todos les fue preguntando qué era lo que querían. Cada uno pidió lo que más le agradaba y, cuando le tocó a la princesa, dijo:

–Yo sólo quiero que me traiga su real majestad una piedra dura, dura, y un ramito de amargura.

Se fue el rey y compró todo lo que le habían pedido, menos lo de la princesa, que no lo encontraba en parte alguna. Por fin lo encontró en casa de un químico, al cual le dijo:

–Dígame usted, ¿para qué sirve esto?

–Lo compran los que están cansados de la vida y quieren morir.

Se marchó el rey a su palacio y así que llegó fue dándole a cada uno el regalo que le había comprado y a la princesa le dio el suyo. La princesa se fue a su cuarto y cerró la puerta, pero el rey se quedó escuchando y mirando por la cerradura, la vio que se sentó y se puso a contemplar la piedra. Luego empezó a preguntarle y la piedra contestaba.

–Piedra dura, dura –decía la princesa–, ¿te acuerdas cuando el zagal del pastor me contó la historia del *Rey que dormirá y no despertará hasta la mañanita del Señor San Juan*?

–Sí –contestó la piedra.

–¿Te acuerdas que me dijo que para encontrar su palacio necesitaba romper unos zapatos de hierro?

–Sí, me acuerdo.

–¿Te acuerdas que mandé hacer los zapatos y, abandonando al rey, mi padre, que tanto me quería, me fui a buscar el palacio?

–Sí, me acuerdo.

–¿Te acuerdas que después de muchos trabajos pude encontrar el palacio y sentarme a la cabecera del lecho del rey dormido?

–Sí, me acuerdo.

–¿Te acuerdas cuando compré la esclava negra para que me diera compañía?

–Sí.

–¿Y te acuerdas que esa pícara me engañó la noche de San Juan, haciéndome ir a oír la música, sentándose ella en mi silla para que el rey al despertar la viese a ella?

–Sí que me acuerdo.

–Pues si todos mis sacrificios han sido inútiles y se casa el rey con otra, ¿qué me resta? ¡Sólo morir!

Y fue a coger el ramito de amargura para matarse, cuando el rey, que lo había oído, empujó la puerta y, entrando, dijo:

–No morirás, porque, si tú fuiste la que velaste mi sueño y sólo engañada faltaste un momento, tú eres mi verdadera esposa y no la pícara negra.

Entonces mandaron matar a la esclava y se casaron, y luego fueron a ver al padre de la princesa, que se volvió loco de contento cuando la vio; y yo fui y volví y sólo me dieron unos zapatos de manteca que se me derritieron en el camino.

7. *La mano negra*

Pues, señor, éste era un pobrecito hombre que tenía tres hijas casaderas, y la mayor parte de los días se los pasaba sin comer, por no tener con qué comprar siquiera un pan: a veces se iba al bosque por la mañanita temprano, recogía un poco de leña que vendía en el pueblo, y con su importe llevaba algo de comida a sus hijas; pero tan poco ganaba, que casi siempre se quedaban con la misma hambre.

Sucedió un día que salió para ir al bosque, y al pasar por un campo vio en mitad de él una col tan grande y tan hermosa, que se paró a contemplarla:

–¡Dios mío! –dijo–. ¡Si yo cogiera esa col, qué comida tendríamos hoy y qué contentas se pondrían mis hijas!

Llevado por este pensamiento, se fue acercando a la col, que cada vez le parecía más hermosa, hasta que llegó a ella, y después de mirarla un rato como si le pareciera mentira su buena fortuna, se decidió por fin a arrancarla, y cogiéndola con mucho cuidado para no romperla, tiró de ella; pero en el mismo momento oyó una voz muy fuerte que salía como de debajo de tierra, y decía:

–¿Quién me tira de mis barbas?

Más que a prisa soltó el pobre hombre la col y se apartó de ella; pero como después de esto no oyó nada que le pareciera sospechoso, empezó a pensar que todo había sido figuración suya, y como la col estaba allí, incitándole a que se la llevara, otra vez se dirigió a ella, y otra vez tiró para arrancarla; pero lo mismo que antes, se oyó la voz que decía:

–¿Quién me tira de mis barbas?

Con lo cual volvió el pobre a soltar la col y, separándose de aquel sitio, se apartó un buen trozo, y volvió la vista para ver si había por allí alguna persona que se estuviera burlando de él. Nada vio que le llamase la atención, y asegurado con esto, y atormentado por el hambre y por el pensamiento de que si perdía la ocasión tal vez sus hijas no tendrían qué comer y aquel día se acostasen sin cenar, tornó otra vez sobre sus pasos decidido a arrancar la col de un tirón y a irse corriendo y sin volver la cara atrás. Volvió, pues, a la col, la abarcó entre sus brazos y empezó a quererla desarraigar, cuando otra vez gritó la voz de antes:

–¿Quién me tira de mis barbas?

Y en el mismo momento apareció, sin saber cómo ni por dónde, un gigantón de muchas varas que, lanzándose hacia él, fue a matarlo por la falta de respeto que había cometido al tirarle con tanto ahínco de las barbas. El pobre hombre, asustado, cayó de rodillas a los pies del gigante, pidiéndole que le dejase vivir, contándole sus desgracias y refiriéndole su historia punto por punto. Cuando el gigante le oyó decir que tenía tres hijas casaderas, se calmó de pronto y le dijo:

–Estaba poco dispuesto a perdonarte; pero, en fin, por tus hijas te perdono y aun haré tu felicidad, pero ha de ser con una condición.

–¿Cuál, señor? –le preguntó el pobre hombre, que no sabía lo que pasaba.

–Yo vivo aquí solo y sin que nadie cuide de mi casa, que es un palacio muy hermoso. Tráeme tu hija mayor, y será mi mujer, y vivirá muy dichosa, y yo te daré dinero bastante para que ya no carezcas de nada. ¿Estás conforme? Si no, te mato y santas pascuas.

Mucho quería el leñador a sus tres hijas, y mucho sentía separarse de ninguna de ellas, pero consideró que, si el gigante lo mataba, perdía a las tres y no volvería a verlas más; además, el gigante le parecía buena persona, y creyó que con él sería su hija feliz. Así que contestó que aceptaba el trato.

–Bueno, pues mañana a estas horas estás aquí con tu hija, tiras de la col, pero no tan fuerte como hoy, ¿eh?, y yo me presentaré en seguida. Ahora, toma y vete.

Y le alargó una bolsa llena de oro, desapareciendo en seguida lo mismo que había salido: sin saberse cómo ni por dónde.

Al día siguiente, a la misma hora, se presentó el leñador con su hija en el sitio designado. Iba llorando porque la quería mucho, pero ella estaba tan contenta por lo mismo que no sabía la suerte que le esperaba, y consolaba a su padre cuando le veía muy afligido. Cuando llegaron a la col, el padre tiró de ella con mucho respeto, y en seguida apareció el gigante, que cogió de la mano a la joven diciéndole que allí lo iba a pasar muy bien; le dio al leñador otra bolsa, más grande aún que la del día anterior, y desapareció, dejando al otro solo y muy triste que se volviera a su casa.

Se abrió la tierra para dar paso al gigante, y así llegó éste a un palacio muy grande y muy bonito que tenía; dejó a la joven en una sala magnífica y muy bien puesta, y le dijo:

–Nada te faltará aquí mientras seas buena. Todo esto es tuyo, y tú eres la única que aquí manda: cuando quieras algo, pídelo en voz alta, y tendrás todo cuanto desees. Yo te haré compañía por las noches, y todo el día estarás sola; pero hay tantas cosas que ver, que no te aburrirás. Toma esta sortija –añadió dándole un precioso anillo que él mismo puso en el dedo de la joven– y guarda cuidadosamente esta llave, que es de un cuarto que tú no puedes ver, y debes no hacer nada por verlo, pues yo lo sabría y te sucedería una desgracia.

Después de esto desapareció. Cuando se quedó sola, la joven empezó a registrar la casa, y cada cosa que veía le gustaba más y más, como no podía ser menos, estando acostumbrada a la cabaña tan pobrecita en que hasta entonces había vivido. Cuando tuvo hambre se acordó de lo que le había dicho el gigante, y gritó:

–¡Quiero comer!

Y en el mismo instante apareció una mano negra, que no se sabía si pertenecía o no a algún cuerpo; puso una mesa muy limpia y la llenó de manjares sabrosos. Cuando la vio puesta, se sentó a comer la joven, y así que acababa un plato lo retiraba la mano negra y ponía otro en su lugar. Después que comió, pensó ella abrir el cuarto misterioso; pero como se lo había prohibido tanto el gigante, no se atrevió a hacerlo, y quedó muy disgustada. Cuando se hizo de noche pidió luz, y la misma mano negra la encendió. A poco vino el gigante y le dijo:

–¿Estás contenta?

–Sí.

–¿Has hecho lo que te he dicho?

–Sí.

–Entonces, dame la mano y seremos amigos si haces lo mismo todos los días.

Ella le dio la mano, y el gigante, sin que la joven lo notase le miró la sortija y se puso muy contento, pasando a su lado toda la noche muy cariñoso y complaciente. Al otro día, en cuanto amaneció, se levantó y se despidió de ella, haciéndole las mismas advertencias que el día anterior.

–No hagas nada por ver el cuarto que está cerrado con esta llave, porque si lo vieses yo lo sabría y te sucedería una desgracia.

Después de lo cual desapareció, sin que, como el día anterior, pudiese verse cómo ni por dónde.

Las palabras del gigante no hacían más que excitar la curiosidad de la joven, que quería saber lo que había en aquel cuarto tan misterioso. Mucho tiempo estuvo queriendo y no queriendo abrirlo; pero por fin, después de mirar toda la casa sin que encontrase a nadie, se dijo:

–Nadie se lo podrá decir; voy a ver lo que hay en ese cuarto. Estaré un momento nada más, y saldré en seguida.

Y dicho y hecho; fue al cuarto en que le habían prohibido entrar, lo abrió con la llave que tenía en la mano, y entrando, vio en medio de él una especie de pozo; se acercó, pero en seguida se hizo atrás horrorizada. En aquel pozo había tal cantidad de cuerpos humanos despedazados y llenos de sangre, que casi se tocaban con la mano. Al inclinarse sobre ellos se le cayó la sortija que el gigante le había puesto en el dedo, y aquí fueron sus apuros. ¿Qué le diría al gigante cuando viniera y le preguntara lo que había hecho de su anillo? Muy repugnante era para ella el pozo, pero, haciendo un esfuerzo, logró coger la sortija, y salió corriendo del cuarto, volviéndolo a cerrar cuidadosamente. En cuanto llegó a su cuarto miró la sortija y la vio manchada de sangre, se puso a limpiarla con ahínco, pero, por más que la restregaba, la mancha de sangre no desaparecía; por el contrario, brillaba cada vez más. Limpiándola estaba todavía cuando llegó el gigante; sacando fuerzas de flaqueza, fue ella a recibirlo; pero apenas notó su turbación, le miró la sortija y, poniéndose muy furioso, le dijo:

–¡Ah! ¿Conque has entrado en el cuarto, a pesar de habértelo yo prohibido? Bueno, pues ya verás lo que te pasa.

Y arrastrándola tras de sí, se la llevó al cuarto donde estaba el pozo, la mató sin hacer caso de sus gritos y, despedazándola luego con un hacha, arrojó al pozo sus restos ensangrentados.

Otro día, el leñador vino al campo y, llegando a la col, tiró suavemente de sus hojas. Se presentó en seguida el gigante, que le preguntó:

–¿Qué quieres?

–Nada, señor –le contestó el buen hombre con mucho respeto–, venía a que me dijera usted si está contenta mi hija.

–Muy contenta, y muy satisfecha, y le va muy bien; pero a veces se pone triste, porque echa de menos a su hermana; si quisieras traer la segunda, estarían aquí muy bien, y serían muy felices viviendo juntas.

–Bueno, señor, pues ya que ése es su gusto, mañana se la traeré.

Despidióse el buen hombre del gigante, que le dio una bolsa de dinero llena como las anteriores, y se fue para su casa a decirle a su segunda hija el deseo de su hermana. Al otro día a la hora marcada, se presentó el gigante, y dándole otra bolsa de dinero al leñador se retiró con la segunda hija, a la cual le dijo en cuanto estuvo en el palacio:

–Mira, no preguntes por tu hermana, porque la he matado yo por desobedecerme, y lo mismo haré contigo si no haces lo que te mando. En cambio, si me obedeces, serás completamente feliz conmigo, que pasaré fuera de casa todo el día, y sólo vendré por la noche. Cuando tengas hambre o sed o quieras algo, pídelo, y en seguida tendrás cuanto desees.

Después le entregó, como había hecho con su hermana, el anillo y la llave, y le dijo que la única condición que le ponía es que no tenía que abrir el cuarto de cuya puerta era aquella llave; y con esto se retiró, dejando a la joven muy amedrentada.

Pasó el día ocupada en ver el palacio, y cada vez que quería alguna cosa la pedía, y enseguida se la daba una mano negra que aparecía, sin saber cómo ni por dónde, y lo mismo se retiraba después de servir lo que le pedían. Cuando vino el gigante, le preguntó si había cumplido sus órdenes, le miró el anillo, y estuvo muy contento y cariñoso con ella, despidiéndose al otro día en cuanto amaneció, y repitiendo sus advertencias.

Pero apenas se vio sola la joven, que ya había pasado todo el día anterior muerta de curiosidad, sintió el mismo deseo que su hermana de ver qué era aquello que estaba tan escondido y que ella no podía mirar. Ella también se dijo, ni más ni menos que su hermana mayor:

–Nadie se lo podrá decir. Voy a ver lo que guarda en ese cuarto. Estaré un momento nada más, y me saldré en seguida.

Y dicho y hecho; fue al cuarto, lo abrió, y le sucedió lo mismo, lo mismo que le había sucedido a su hermana: al inclinarse horrorizada al pozo, se le cayó la sortija, que con mucho trabajo pudo recoger, aunque manchada de sangre, sin que luego, restregándola mucho, pudiera conseguir otra cosa que dar mayor brillantez a la mancha del anillo. Cuando vino el gigante, no hizo más que verle la cara tan pálida que tenía, mirarle la sortija, y exclamar, dando muchos gritos:

–¡Ah! ¿Conque has entrado en el cuarto, a pesar de lo que yo te había dicho? Pues sufrirás la misma suerte que tu hermana.

Y llevándola a rastras al cuarto donde estaba el pozo, la mató, destrozándola luego y echando al pozo sus pedazos.

Al otro día vino el leñador a saber cómo estaban sus hijas; tiró suavemente de la col, y se le apareció el gigante, que le preguntó qué quería.

–Nada, señor, venía a ver si me decía usted cómo están mis niñas.

–Pues muy bien, hombre, muy bien; ¿cómo quieres que estén si no les falta de nada, y todo es suyo en mi palacio?

Únicamente, ahora que están juntas las dos, echan mucho de menos a su hermana, y pensando en ella están tristes muchas veces. Si tú quisieras traerla, aunque no fuera más que una temporada, no faltaría nada a su felicidad.

Mucho sintió el pobre viejo perder también a la única hija que le quedaba; pero pensó que mejor estaría en el palacio del gigante que en su casa, y se comprometió a llevársela al otro día a la misma hora, retirándose luego con otra bolsa llena de oro que le dio el gigante. Al siguiente día, a la hora marcada, se presentó el leñador con su tercera hija, y como las otras veces, llamó al gigante, que le dio otra bolsa de dinero y desapareció con la joven.

Luego que el gigante se vio solo con ella en el palacio, le hizo las mismas recomendaciones que había hecho a sus dos hermanas, le entregó la llave y el anillo, y se retiró, despidiéndose hasta la noche.

Era la tercera hermana más curiosa todavía que las dos mayores; pero era más lista que ellas: así que decidió visitar en seguida el cuarto misterioso; pero, habiéndole chocado el empeño del gigante en que no se quitase el anillo, empezó por quitárselo y dejarlo sobre una mesa; después abrió el cuarto y vio el pozo lleno de pedazos de seres humanos, entre los cuales reconoció a sus dos hermanas. Luego que se le pasó el susto, salió corriendo del cuarto, cerró otra vez con la llave, volvió a colocarse la sortija en el dedo, y empezó a recorrer las demás habitaciones del palacio, siendo servida, en todo cuanto deseaba, por la mano negra, tan solícita con ella como con sus hermanas.

Cuando llegó la noche, vino el gigante y la miró con desconfianza, pero la vio tan tranquila, que no sospechó nada; le miró la sortija, y al verla tan limpia y reluciente como él se la había entregado, se puso muy contento y estuvo muy cariñoso con ella.

–Veo que eres buena –le dijo–, porque me has obedecido, y si sigues así, verás qué felices vamos a ser.

Así vivieron muchos días. De cuando en cuando venía el leñador a preguntar por sus hijas, y siempre salía el gigante muy alegre, le daba más dinero, y le ponía contento contándole lo felices que eran sus hijas en aquel palacio tan hermoso. Cuando salía, la joven iba muchas veces al cuarto para ver a sus hermanas, pero siempre tenía la precaución de quitarse la sortija antes de entrar, así que nada conoció el gigante.

Pero he aquí que, un día que lo hizo, vio en aquel cuarto tan horrible una puertecita entreabierta. Como no tenía miedo a nada, pasó adelante y encontró una habitación lujosamente alhajada, donde había un lecho magnífico. En él dormía un joven muy hermoso, cuyo pecho era un río, en el cual había muchas lavanderas lavando vedijas de lana, muy atareadas, y que no hicieron caso de ella. Quedóse suspensa la joven, y se estuvo allí gran rato cautivada por la belleza del joven dormido; cuando calculó que era hora de que el gigante viniera, salió de prisa, prometiendo volver al otro día, como lo hizo, y lo mismo el otro, y el otro, y así muchísimos días. El gigante estaba cada vez más contento y cariñoso, y no sospechaba nada.

Pero una mañana entró la joven y, como de costumbre, se puso a mirar al joven dormido, cuando vio que a una de las lavanderas se le escapaba de entre las manos una vedija, que el agua llevaba río abajo y sin que ella lo notase. Asustada, dio un grito, y en el mismo momento se sintió un gran temblor en el palacio, desaparecieron el río y las lavanderas, y el joven, despertado con sobresalto, se puso en pie. Yendo hacia la joven, le dijo con mucha tristeza:

–¿Qué has hecho, desgraciada? Yo soy el gigante, que estaba aquí encantado. Tu prudencia me iba a desencantar y mañana hubiéramos podido salir de aquí felices para siempre; pero el grito que has dejado escapar me obliga a matarte, o a volver a ser encantado no se sabe hasta qué día. Sin embargo, te he tomado tanto cariño, que no tengo fuerzas para matarte. Vivirás, y yo no me desencantaré.

Y como ella lloraba mucho, la consoló diciendo que le olvidase. La llevó luego junto al pozo, fue juntando cuidadosamente los pedazos de personas que en él había, y una a una fue devolviéndolas a la vida, dándoles con un ungüento. Cuando todas estuvieron resucitadas, las llevó fuera del palacio subterráneo y, echando una mirada muy triste a la joven, se volvió al seno de la tierra, mientras ella con sus compañeros y sus dos hermanas iban por el campo adelante, todos muy alegres, menos la hija menor del leñador, que en toda su vida pudo olvidarse de aquel joven tan hermoso. Ya no volvió a saberse del gigante, y la col desapareció del campo, sin que la joven la pudiese encontrar por más vueltas que dio para buscarla durante toda su vida.

8. *El príncipe sapo*

Era una hija de un rey que estaba jugando con una bola de oro, y al tirarla se le cayó a un pozo. Entonces empezó a llorar, y se le apareció un sapo, que le dijo:

–¿Por qué lloras, niña?

Y ella contestó:

–Porque se me ha caído una bola de oro al pozo. Si me la sacas, te llevaré conmigo y comerás todos los días en mi plato.

Se la sacó el sapo del pozo, y una vez que la tuvo fuera, ella la cogió y se echó a correr. Por más que el sapo la llamaba, ella no le hacía caso. Llegó la niña a palacio, y la estaban esperando ya para comer.

Se pusieron a comer, cuando pasó una muchacha y dijo que en la puerta había un sapo que decía que tenía que pasar a comer con la niña. Entonces el rey le dijo que pasara. Y al contar el sapo lo que había sucedido, le dijo el rey a la niña que lo que había ofrecido debía cumplirlo, y le mandó que comiera con ella. Pero a ella le daba mucho asco, y apenas comió aquel día.

Luego, después de comer, se fue a echar, y el sapo dijo que él también tenía sueño. Entonces dijo el rey que se lo llevara con ella. Pero como le daba asco, lo dejó en la alfombra y ella se subió corriendo a la cama. Y el sapo no dejaba de decirle:

–Tengo sueño; tengo sueño. Súbeme contigo.

Entonces ella, ya harta de oírle, se bajó de la cama, lo cogió y le dio contra una pared. En ese momento se volvió en un caballero muy elegante y muy esbelto, que le dijo:

–Yo era un príncipe encantado, que me había encantado una hechicera, y dijo que me desencantaría una princesa dándome un golpe.

Entonces ella se fue corriendo a decírselo a su padre. Y como el príncipe era muy guapo, pues en seguida dispusieron que se casara con la princesa. Y ya se casaron y vivieron felices, y comieron muchas perdices, y yo me quedé con tres palmos de narices.

9. *Los siete conejos blancos*

Un rey tenía una hija muy bonita. La reina había educado muy bien a la princesa y había logrado que le gustara mucho hacer labor.

La habitación de la princesa tenía un balcón que daba al campo. Un día se puso a coser en el balcón, cuando vio que venían siete conejos blancos que formaron una rueda debajo del balcón. Entusiasmada, mirando a los conejos, se le cayó el dedal, lo cogió uno de los conejos con la boca y todos echaron a correr.

Al día siguiente volvió a ponerse a coser al balcón, y a poco vio que iban llegando los siete conejos blancos y que hacían la rueda. A la princesa se le cayó una cinta, la cogió un conejo y todos echaron a correr.

Al otro día lo mismo con las tijeras de la costura.

Otro día se llevaron los conejos un carrete de hilo, otro día un cordón de seda, otro día un alfiletero, otro día una peineta, y ya no volvieron a aparecer los conejos.

A la princesa le entró una pena tan grande que cayó enferma, y se puso tan malita que sus padres creyeron que se moría. Los médicos confesaron que no sabían la enfermedad que tenía, y el rey mandó echar un pregón diciendo que la princesa estaba enferma y que acudieran a verla las personas que tuvieran la confianza de curarla, ofreciéndoles, si era mujer, todo el dinero que quisiera, y si era hombre, darle la mano de la princesa en matrimonio.

Como es de suponer, fue mucha gente, pero todos fracasaron.

Un día salieron de un pueblo próximo una madre y una hija con ánimo de curar a la princesa, confiando en sus conocimientos de las hierbas del campo, a cuyo comercio se dedicaban.

Para ganar tiempo se fueron por un atajo y a la mitad del camino se pusieron a merendar para descansar y reponer sus fuerzas. Al sacar el pan, se les cayó, bajó rodando por una loma y se metió en un agujero. Bajaron, corriendo detrás del pan, la pequeña loma, y al agacharse para cogerlo, vieron que aquel agujero comunicaba con una gran cueva que estaba iluminada por dentro. Observaron por el agujero y vieron una mesa con siete sillas. Poco después vieron que por el suelo andaban siete conejos blancos que se quitaron el pellejo y se convirtieron en príncipes. Se sentaron alrededor de la mesa, en la que había unas cuantas cosas.

Y oyeron que uno de los príncipes, cogiendo un dedal de la mesa, decía:

–Éste es el dedal de la princesita. ¡Quién la tuviera aquí!

Y luego otro decía:

–Ésta es la cinta de la princesita. ¡Quién la tuviera aquí!

Y otro:

–Éstas son las tijeras de la princesita. ¡Quién la tuviera aquí!
Y así los siete, cada uno dijo su cosa.

Las dos mujeres se fijaron en que a poca distancia había
una puertecita muy disimulada y emprendieron el camino a
palacio.

Cuando llegaron y dijeron que querían ver a la princesa
para ver si la podían curar, las mandaron pasar.

Conque saludaron a la princesa, que estaba acostada, y
empezaron a decirle que ellas tenían en el pueblo una herbo-
ristería heredada de su padre y de su abuelo, luego le contaron el viaje que habían hecho para venir a verla y llegaron en
su relato a contarle lo que habían visto en la cueva de los siete
conejos blancos.

Entonces la princesa se sentó en la cama y pidió que le trajeran un caldo. El rey se puso muy contento, porque era la
primera vez que pedía de comer, y entró a verla.

–Padre, ya me voy a curar. Pero tengo que ir con estas se-
ñoras.

–Eso es imposible. ¡Con lo débil que estás!

–Pues no tengo otro remedio. Que nos lleven en coche.

Y se fueron las tres en un coche de palacio. A la mitad del
camino se apearon del coche, porque la cueva estaba bastante retirada del camino, y ya empezaba a hacerse de noche.

Las dos mujeres le señalaron a la princesa el agujero y la
puertecita. Miraron por el agujero y por las rendijas de la
puerta, pero no veían nada. Esperaron mucho rato y seguían
sin ver nada. Mientras tanto se iba haciendo de noche y ya
estaban conformes las tres en volver al día siguiente a la misma hora que los vieron las mujeres, cuando se iluminó el interior de la cueva y vieron a los siete conejos que se quitaban
el pellejo y se convertían en príncipes.

Y volvieron a repetir la relación desde el que empezaba:
«Éste es el dedal de la princesita. ¡Quién la tuviera aquí!»,
hasta el último que decía: «Ésta es la peineta de la princesita.
¡Quién la tuviera aquí!».

Entonces la princesa dio un empujón a la puerta, entró y dijo:

–Pues aquí me tenéis.

Y escogió al más guapo y le dijo que se fuera con ellas, a ver a sus padres, y a los demás les dijo que quedaban invitados a la boda. Y fueron felices y comieron perdices, y a mí me dieron con los huesos en las narices.

10. *Los tres claveles*

Era una vez un labrador que tenía una hija a quien quería mucho. Una vez que salió al campo, se encontró tres claveles tan bonitos, que los cortó y se los trajo a su hija.

Ella se puso tan contenta con sus claveles, y un día que estaba en la cocina contemplándolos, se le cayó uno en la candela y se quemó. Entonces se le apareció un joven muy guapo que le preguntó:

–¿Qué tienes? ¿Qué haces?

Y como ella no contestaba, le dijo:

–¿No me hablas? Pues a las piedras de todo el mundo me has de ir a buscar.

Y desapareció.

Entonces ella cogió otro de los claveles y lo echó en el fuego; y en el mismo instante salió otro joven que le preguntó:

–¿Qué tienes? ¿Qué haces?

Pero ella no contestaba, y él le dijo:

–¿No me hablas? Pues a las piedras de todo el mundo me has de ir a buscar.

Y desapareció.

María –que así se llamaba la niña– cogió el otro clavel que le quedaba y lo tiró al fuego, apareciéndose otro joven más guapo todavía que los otros dos, y que le preguntó:

–¿Qué tienes? ¿Qué haces?

Pero como ella no contestaba, él le dijo:

–¿No me hablas? Pues a las piedras de todo el mundo me has de ir a buscar.

Y se fue.

Pues, señor, que María, que había quedado enamorada del último joven que salió, se quedó tan triste, que a los pocos días determinó ir a buscar las piedras de todo el mundo.

Salió al campo sola, y anda que anda, llegó a un sitio donde había tres piedras muy altas, y como la pobre estaba tan cansada se sentó en el suelo y se puso a llorar. Estando llorando, ve que se abre una piedra de las tres y salió el joven de quien ella se había enamorado, y le dijo:

–¡María! ¿Qué tienes? ¿Por qué lloras?

Y viendo que seguía llorando y no contestaba, le dijo:

–No te apures, llégate a aquel alto, desde allí verás una casa de campo, entra en ella y dile a la dueña si quiere admitirte por criada.

Se fue la joven y, cuando llegó al cerro que le habían dicho, vio una casa de campo muy bonita, entró en ella y, cuando llegó donde estaba la dueña, le dijo que si quería admitirla por criada. La señora, como la vio tan joven y tan bonita, le dio lástima y le dijo que bueno, que se quedara de doncella suya. Como era tan trabajadora y tan buena, a los pocos días ya era la favorita de la señora, que la quería mucho, tanto, que las otras criadas, que eran muy envidiosas, le tomaron una tirria que no la podían ver, así es que determinaron perderla. Estuvieron pensando lo que habían de hacer, y un día fueron a decirle a su señora:

–¿No sabe usted lo que ha dicho María?

–¿Qué ha dicho?

–Que no sabe para qué tiene usted tanta criada, pues ella se atreve a lavar toda la ropa sucia en un día.

–Ven acá, María –dijo la señora–, ¿has dicho tú que lavarías sola en un día toda la ropa sucia?

–No, señora –dijo María–, yo no he dicho eso.

–Pues las muchachas dicen que tú lo has dicho y no tienes más remedio que hacerlo o perder la casa.

Mandó unos criados que le llevaran toda la ropa al río, y la pobre María, no sabiendo cómo salir de su apuro, se fue a las piedras y se puso a llorar; en seguida se abrió una de ellas y salió el mismo joven y le preguntó:

–¿Qué tienes? ¿Por qué lloras?

Pero ella no contestaba y seguía llorando, y él prosigue así:

–No te apures por la ropa que mi madre te ha mandado lavar, vete al río y diles a los pájaros: «Pajaritos de todo el mundo, venid a ayudarme a lavar».

Se fue María al río, y tan pronto como dijo las palabras que le había dicho el joven, vio venir por todas partes una multitud de pájaros de todas clases, que se pusieron a lavar la ropa; así es que en menos de un santiamén, ya estaba lavada y, cuando llegaron los criados por la tarde, ya estaba seca.

El ama se puso tan contenta, que cada vez quería más a su nueva doncella, de lo que les daba mucha rabia a las otras criadas, que siempre estaban inventando cosas para que la señora le riñera a María.

Sucedió que aquella señora estaba enferma de la vista, porque había tenido tres hijos, los cuales un día que salieron de caza fueron encantados y no volvieron ni supo dónde se hallaban. La pobre señora tuvo tanta pena, que a fuerza de llorar tenía los ojos siempre malos. Las criadas, que andaban buscando siempre un pretexto para perder a María, fueron y le dijeron:

–¿No sabe usted lo que ha dicho María?

–¿Qué ha dicho?

–Que ella sabe dónde se encuentra un agua que cura la vista.

–¿Sí? –dijo la señora–. Ven acá, María. ¿Conque tú sabes dónde se encuentra un agua que me pondrá buenos los ojos, y nada me has dicho?

–No, señora –dijo María–, yo no he dicho una cosa que no sé.

–Pues cuando ellas lo dicen –repuso el ama–, es que te lo habrán oído a ti, porque ellas no lo habían de inventar. O me traes el agua, o no vuelvas más a esta casa.

La pobre María salió al campo y, como ella no sabía dónde estaba aquella agua, se fue a sentar llorando junto a las piedras, y al oír el llanto salió el joven y le dijo:

–¿Qué tienes? ¿Por qué lloras?

Ella no contestó y él repuso:

–No te apures porque mi madre te haya pedido el agua para curar sus ojos; toma este vaso, vete a la orilla del río y dices: «Pajaritos de todo el mundo, venid conmigo a llorar». Cuando hayan venido todos, el último dejará caer una plumita, la mojas en el vaso y le das con ella en los ojos de tu ama y verás cómo se le ponen buenos.

Pues, señor, que así lo hizo; se fue al río y les dijo: «Pajaritos de todo el mundo, venid conmigo a llorar».

Como la vez anterior, empezaron a venir bandadas de pájaros por todas partes y todos iban dejando en el vaso unas lagrimitas hasta que se llenó. El último, sacudiendo las alas, dejó caer una pluma. María cogió el vaso y la pluma y se fue a la casa. Cuando llegó, mojó la pluma en el vaso y la pasó por los ojos a su ama, que a los pocos días ya estaba buena y loca de contenta con su doncella, que no sabía dónde ponerla. A las otras criadas se las llevaba el demonio y no sabían qué hacer para que María se fuese de la casa. Un día fueron y le dijeron a su ama:

–¿Sabe usted lo que ha dicho María?

–¿Qué ha dicho?

–Que es capaz de sacar a sus hijos del encantamiento.

–Eso no es posible que lo haga.

–Sí, señora, que lo ha dicho.

Llamó la señora a María y le dijo si ella había dicho aquello.

–No, señora –dijo María–, no lo he dicho.

–Pues las criadas dicen que lo has dicho y es preciso que lo hagas como hiciste las otras dos cosas.

La pobre María se fue al campo, adonde estaban las piedras, y se puso a llorar. Salió el joven y le dijo:

–¿Qué tienes, María? ¿Por qué lloras?

Ella siguió llorando sin contestar, y él repuso:

–Ya sé lo que tienes; mi madre te ha dicho que nos saques del encantamiento. Pero no te apures, vas y le dices que reúna todas las doncellas de los alrededores, que vengan en procesión con una vela encendida y den tres vueltas alrededor de las piedras, pero que tengan cuidado de que no se apague ninguna vela.

Se fue María y le dijo todo esto a su ama. Entonces ésta mandó reunir todas las jóvenes solteras y les dio una vela encendida a cada una y otra a María. Fueron en procesión hasta las piedras, dieron tres vueltas y al dar la última vino una bocanada de viento y apagó la vela de María. Ella, acordándose del encargo que le había hecho el joven, dio un grito y dijo:

–¡Ay, que se me ha apagado!

Entonces se abrieron las piedras y salieron los tres hermanos, diciendo el más chico a María:

–Menos mal que has hablado.

Desaparecieron entonces las piedras y los jóvenes estuvieron contando que, al pasar por aquel sitio, un mágico los había encantado, convirtiéndolos en claveles, pudiendo sólo salir de su encantamiento cuando hablase junto a las piedras la persona que quemase aquellos claveles.

La madre y los hijos se pusieron tan contentos y el más chico le dijo a María si quería casarse con él, y como ella también lo quería, le dijo que sí. Se casaron y todos fueron muy felices.

11. *El papagayo*

Érase una vez un Grande de España que estaba casado con una mujer muy hermosa a quien quería mucho, y vivían en un palacio muy hermoso ellos solos con una criada joven.

Pues, señor, que el rey de aquella nación tuvo que hacer una guerra, y mandó llamar a todos los guerreros y entre ellos al Grande de España de mi cuento.

El caballero lo sintió mucho, porque estaba recién casado y no quería dejar sola a la señora; pero como no tenía más remedio que obedecer al rey, se puso a hacer los preparativos y, aunque con mucho sentimiento, se marchó al instante a la guerra. La señora se quedó también tan triste, que no salía a ninguna parte y siempre estaba sola con su criada y un papagayo muy bonito, pero que no hablaba.

Una de las pocas veces que se asomó al balcón la vio un caballero, que estaba parando en una posada que había enfrente de su casa, y se enamoró de ella de tal modo, que trató de hablarle por todos los medios posibles, pero no lo conseguía. Andaba el caballero siempre triste, calle arriba, calle abajo, cuando un día a una vieja que pasaba le llamó la atención aquel caballero, se acercó a él y le dijo:

–¿Qué tiene usted, caballero, que le veo tan triste?

–¡Ay, señora! Mi pena no puede usted aliviarla.

–Dígamela usted, quizá pueda yo aliviarla.

El caballero no quería decírsela, pero tanto instó la vieja, que al fin le contó que estaba perdidamente enamorado de aquella señora, y estaba a punto de desesperarse si no conseguía hablarle.

–No hay que desesperarse, señorito, que yo haré porque usted la vea y le hable.

Quedaron en ello, y la vieja fue a ver a la señora y le dijo:

–Sabe usted, señorita, que voy a casar a una nietecita y quisiera que usted fuese la madrina.

–¡Ay! Sabe usted que no puedo serlo, porque desde que se fue mi esposo a la guerra no voy a parte alguna, y qué dirían si me viesen ahora asistir a la fiesta.

–No tenga usted cuidado, señorita, que yo la meteré a usted en la alcoba para que pueda ver sin ser vista.

La criada, que estaba deseando ir al baile, empezó a rogar

a la señora, y tanto rogaron ella y la vieja, que por fin la señora dijo que iría sólo porque la criada se divirtiese un poco.

Vino la vieja, se arreglaron la señora y la criada, empezaron a cerrar las puertas y ya iban a bajar la escalera, cuando
oyeron decir:

–Señorita, señorita.

–¡Ay!, mi papagayo que habla. ¿Cómo será eso? Voy a
verlo.

–Señorita –decía el papagayo–, venga usted, que le voy a
contar un cuento.

–No le haga usted caso –decía la vieja–, cuando vuelva usted del baile se lo contará.

–¡Qué disparate –decía la señora–, no faltaba más! Váyase
usted, que no quiero baile; mejor quiero oír a mi papagayo.

Salió la vieja bufando, la criada se quedó rabiando y la señora se fue a oír al papagayo.

–Papagayito, ¿conque ya hablas?

–Sí, señorita, ¿quiere usted que le cuente un cuento?

–Sí, papagayito mío, cuéntamelo.

Entonces el papagayo empezó de este modo:

1

–Érase una vez un caballero que tenía una hija a quien quería mucho; un día pasó un hombre que gritaba: «¡Quién
compra cuidaos!». La hija le dijo a su padre que le comprara
uno.

»Llamaron al hombre y le compraron un cuidao y además
una calderita, que, cuando la ponían en el agua con el cuidao, cantaba.

»Pues, señor, un día salió al campo y puso sobre un estanque el cuidao y la calderita, entreteniéndose en oírla cantar.

»En esto se apareció un toro, cogió el cuidao y huyó con él,
dejando tan triste a la niña, que no encontraba consuelo.

»¿Le ha parecido a usted bonito el cuento, señorita?

–Sí, papagayito mío, muy bonito. Muchacha, tráele al loro de merendar.

–No, ella no; usted, porque ella me pegaría, por no haberla dejado ir al baile.

La señora le trajo al pájaro de merendar y se acostó tan contenta por ver que hablaba su papagayo, y ni siquiera se acordaba del baile.

Al día siguiente volvió la vieja y le dijo:

–Señorita, sabe usted que anoche, como usted no podía ir, se suspendió el baile, que va a ser esta noche, y querría que usted fuese.

–Bueno, si mi papagayo no nos siente, bueno; pero, si nos siente, no voy.

Pues, señor, cuando se iba acercando la hora del baile, iba la criada cerrando todas las puertas para que el papagayo no las sintiese salir; se arreglaron y ya iban a salir, cuando el papagayo dijo:

–Señorita, señorita, venga usted que falta lo mejor del cuento.

–¡Ay! Mi papagayo me llama; váyase usted, que yo no voy al baile, que quiero mejor oír a mi papagayo.

Señora –decía la vieja, echando espuma por la boca–, deje usted el papagayo, y véngase al baile.

–Nada, nada, qué disparate, voy a oír a mi papagayo.

La vieja salió que bufaba, dando a todos los diablos al papagayo, y la criada, de coraje, se desnudó y se acostó.

La señora, entre tanto, llegó donde estaba el papagayo, que dijo:

–Pues, señor, ya le conté a usted cómo la niña se quedó sin su *cuidao,* tan desconsolada, que determinó salir a buscarlo y para ello se vistió de peregrina.

»Fue andando, andando con su *calderita,* hasta que llegó a una ciudad, donde le dijeron que la hija del rey estaba loca sin que pudieran curarla todos los médicos del mundo.

»–Yo la curaré –dijo la niña, y se fue a palacio. Allí pidió permiso para ver al rey, y, ya que lo vio, le dijo que ella iba a curar a su hija.

»Los médicos dijeron al rey que era una locura, que cómo iba a curar aquella niña a la princesa, cuando ellos con su ciencia no habían podido hacerlo.

»Entonces el rey, que deseaba apurar todos los medios, le dijo a la niña que qué pedía para curarla; ella dijo que le dieran un jarro de agua y la dejasen pasar la noche en la alcoba de la princesa.

»–Bien –le dijo el rey–, pero ya sabes que, si no la curas, te cuesta la vida.

»–Bueno –contestó ella.

»Le llevaron su jarro de agua y una luz, vertió el agua en una palangana y puso en ella su calderita; pero la calderita no cantaba; ya era media noche, cuando se le apagó la luz y, como no tenía con qué encenderla, empezó a buscar por todas partes, mas, como todos estaban acostados, no la encontraba; por fin, vio una luz allá muy lejos, muy lejos, y andar, andar, hasta que vio una puerta entornada, detrás de la cual estaba la luz; empujó la puerta y, al entrar, vio un negro que con un cucharón estaba meneando una caldera de aceite hirviendo y que decía:

»–Hierve, hierve,
mientras más hierve,
la hija del rey
más enloquece.

»Cuando el negro vio a la niña, sin parar de menear le dijo:

»–Ay, niña, ¿dónde vas?

»–Venía, porque se me ha apagado esta luz y quería que usted me hiciese el favor de que la encendiera.

»–Sí, niña, enciéndela.

»Entonces fue la niña a encender la luz y, al pasar por detrás del negro, va y qué hace: le da un empujón y lo tira a la caldera que, como estaba hirviendo, lo achicharró en seguida; después vertió la caldera, encendió su luz y se fue corriendo al palacio; entró en la alcoba de la princesa, a quien encontró sentada en la cama, ya completamente buena de su locura y tan contenta.

»Por la mañana, cuando el rey entró y vio a su hija buena, empezó a abrazar a la niña y le dijo que ya no se iría nunca, que se quedaría a vivir en palacio con ellos. Pero la niña dijo que no, que iba buscando un objeto que había perdido y, hasta que no lo encontrara, que no paraba de andar.

»El rey y la princesa le rogaron mucho, pero ella dijo que no podía quedarse, y entonces el rey le dio mucho dinero y alhajas y cuanto necesitaba, y la niña, después de recoger su *calderita*, se fue en busca de su *cuidao*.

»¿Qué tal, señorita, le ha gustado a usted el cuento?

–Sí, papagayito mío, muy bonito que estaba: muchacha, tráele de merendar al papagayo.

–No, ella no, usted, que ella sería capaz de envenenarme, porque no la he dejado ir al baile.

Le trajo de merendar, y después se acostó tan contenta porque su papagayo hablaba.

Al día siguiente la vieja, a quien el caballero había ofrecido dinero si la señora iba a su casa, volvió a ver a la señora, que le dijo:

–¿Qué tal, hermana fulana, se bailó mucho?

–¡Ay, señorita, si viera usted qué bueno estaba el baile, qué divertido! Sobre todo había un caballero que ha llamado la atención por lo bien que bailaba.

–¿Tan bien lo hacía?

–Sí, señora, hemos quedado tan gustosos de verlo, que esta noche vamos a repetir la fiesta, de modo que es menester que usted venga, que yo la colocaré detrás de unas cortinas para que usted vea sin que la vean a usted.

–Bueno; si mi papagayo no me siente, iré esta noche.

Pues, señor, la vieja tan contenta, encargó a la muchacha que procurara cerrarlo todo de modo que el papagayo no pudiera sentir cuándo se iban, y después se fue a ver al caballero, que estaba ya desesperado, y le ofreció que aquella noche podría ver a la señora.

Pues, señor, que, cuando llegó la noche, fue la vieja a por la señora y la criada, que ya estaban arregladas, salieron con cuidado, bajaron la escalera, y la vieja y la criada iban tan contentas porque el papagayo no las había sentido; pero, al llegar a la puerta, le oyeron que decía:

–Señorita, señorita, venga usted que falta lo mejor del cuento.

–¡Ay! Váyase usted, que ya no voy; que mejor quiero oír a mi papagayo.

La vieja y la criada le rogaron que fuese, pero no pudieron convencerla, de modo que la vieja se fue maldiciendo al papagayo, a la señora y al caballero, el cual no le daría dinero ninguno mientras la señora no fuese.

La criada entró rabiando, porque no iba al baile, y la señora se fue con el papagayo, que continuó:

2

–Pues, señor, ya le dije a usted ayer cómo a la niña le dieron mucho dinero y se fue en busca de su *cuidao*. Salió de aquella ciudad, y andar, andar, atravesó muchas tierras hasta que llegó a otro reino, donde le dijeron que la hija del rey se estaba muriendo y que el rey estaba tan triste, que no tenía consuelo porque la habían visto todos los médicos y ninguno podía curarla.

»–¿Sí? Pues allá voy yo.

»Se fue a palacio y pidió al rey audiencia.

»Se la concedieron y entonces le dijo al rey que ella se atrevía a curar a la princesa.

»Todos creían que estaba loca y le aconsejaban al rey que no lo consintiese; pero el rey, que lo que quería era ver buena a su hija, le ofreció que le daría cuanto quisiera, si la curaba, pero que, si no la ponía buena, le quitaría a ella la vida.

»Pues, señor, que la niña pidió un jarro de agua y dijo que la dejaran sola toda la noche en la habitación de la princesa.

»Así lo hicieron y, cuando se vio sola, vació el jarro de agua en una palangana y allí puso la *calderita,* pero la *calderita* no cantaba.

»A la media noche vio que se abría una ventana y entró un negro muy guapo, se llegó a la princesa, le sacó de la boca unos palitos y se pusieron a hablar. Y así se estuvieron hasta que, viendo que llegaba el día, volvió a ponerle los palitos en la boca y se fue por la misma ventana.

»Por la mañana la niña le contó al rey lo que había visto, le dio las señas del negro y el rey conoció que era un negro muy estimado de un señor de la corte; lo trajeron, le hicieron que sacara los palitos de la boca de la princesa, y como su amo tenía mucha influencia, no lo mataron, pero fue desterrado y desde entonces la princesa empezó a hablar y los padres tan contentos, que querían que la niña se quedase con ellos para siempre; pero ella dijo que no, porque tenía que buscar una cosa que se le había perdido.

»Entonces le hicieron muchos regalos y la niña se fue en busca de su *cuidao,* llevándose los regalos y la *calderita.*

»¿Señorita, ha estado bueno el cuento?

–Sí, papagayito mío, muy bonito.

Le trajo ella misma de merendar muy buenas cosas, pues ya sabía que no le gustaba que se lo trajese la moza, y se fue luego a la cama tan contenta con el cuento del papagayo.

Al día siguiente vino la vieja, y le dijo que la fiesta había estado tan divertida, que habían tenido juegos de prendas, de manos y toda clase de funciones; que era lástima que la señorita no lo hubiese visto, pero que aquella noche se repetía y que era preciso que fuese, porque era la última.

–Bueno –le dijo la señora–, ya veremos si mi papagayo no nos siente, entonces iré.

Pues, señor, la vieja se fue rogándole al demonio que hiciera porque el papagayo no las sintiese salir; encontró al caballero y le dijo que aquella noche sin falta iría la señora, aunque le había costado mucho convencerla.

Llegó la noche y, cuando fue la vieja, se arreglaron y salieron con mucho tiento, pero, al llegar a la puerta, dijo el papagayo:

–Señorita, señorita, venga usted que voy a concluir mi cuento.

Entonces la señora le dijo:

–Váyase usted, váyase usted, que yo no voy al baile, porque quiero oír el cuento de mi papagayo.

La vieja trató de convencerla, pero la señora no quiso oírla: entonces la vieja, de rabia que tenía, arañó a la criada, diciéndole que ella tenía la culpa, porque no había encerrado al papagayo o lo había matado, y tan ciega iba, que al salir se dio un porrazo contra la puerta, que se le abrió la cabeza, y para mayor desgracia en el camino se encontró al caballero, que le preguntó si venía la señora; pero ella con el disgusto le contestó de mala manera, con lo que el caballero se enfadó y sin darle dinero riñó con ella y se marchó del pueblo.

Mientras tanto la señora había ido con el papagayo para que le acabase el cuento.

3

–Ya sabe usted, señorita –dijo el papagayo–, que a la niña le regalaron mucho y que ella se fue con sus regalos y su *calderita*.

»Pues, señor, que andar, andar, fue atravesando muchos pueblos hasta que llegó a otra ciudad donde le dijeron que el hijo del rey estaba expirando y que los médicos lo habían desahuciado.

»Llegó ella al palacio y dijo que, si querían entregárselo, ella lo pondría bueno.

»El rey, viendo en la niña una esperanza, aunque todos la creían loca, le dijo que le daría cuanto quisiese, si lo ponía bueno, pero que, si se moría, ella moriría con él.

»Ella dijo que bueno, que la dejaran sola en la habitación del príncipe y le dieran un jarro de agua.

»Lo hicieron como ella dijo, se acercó a la cama y vio al príncipe que estaba moribundo; echó el jarro de agua en una palangana, puso en ella su *calderita* y apagó la luz para que no incomodase al enfermo, pero así que apagó la luz empezó a cantar la *calderita*.

»Dice:

»–¡Ay!, ¿qué es esto, que esta noche canta mi calderita?

»Pero, como había apagado la luz y no tenía con qué encenderla, aguardó a que fuese de día.

»Cuando ya entró la luz en la habitación, vio su *calderita* que estaba sobre el agua canta que te canta, empezó a buscar por la habitación, cuando a la cabecera de la cama vio colgado un objeto que le llamó la atención y corriendo a cogerlo dijo:

»–¡Ay!, éste es mi *cuidao*.

»–Y yo el toro que estaba encantado –le contestaron.

»Miró a ver quién le había contestado aquello y vio que de la cama se había levantado un joven tan guapo, que daba envidia verlo.

»En esto llegaron los reyes, que se pusieron tan contentos al ver a su hijo bueno, y empezaron a abrazar a la niña.

»El príncipe les contó que, cuando estaba encantado, se había enamorado de aquella niña y por no saber de ella estaba enfermo, pero que, al encontrarla, había recobrado la salud y quería casarse con ella.

»Los reyes dijeron que no había inconveniente y los casaron y vivieron felices.

»¿Ha estado bien el cuento, señorita?

–Muy bien, papagayito mío.

Le trajo de merendar bizcochos y dulces y se fue a acostar tan contenta.

Al día siguiente llegó el esposo de la señora y ésta salió a recibirlo con tanta alegría, como que no lo esperaba, y después de haberse contado lo que habían sufrido con la ausencia, le dijo la señora:

–¿No sabes? Te preparo una gran sorpresa.

–¿Cuál es? –le dijo su esposo.

–Que el papagayo habla.

Fueron a ver al pájaro y el señor le dijo:

–Papagayito, ¿conque has hablado?

–Sí; que, si no, te hubieran deshonrado.

Entonces el caballero cogió la daga y fue a matar a la señora, pero, antes que lo hiciera, el papagayo dijo:

–La señora es inocente; la culpa es de la vieja que vive enfrente.

Entonces la señora le contó lo que había pasado y desterraron a la vieja, viviendo ellos felices.

D. La princesa encantada

12. *La serpiente de siete cabezas*
    y El castillo de Irás y no Volverás

Esto era un pescador que llevaba mucho tiempo sin pescar nada. Todos los días, cuando regresaba a su casa, le decía su mujer:

–¿Traes algo hoy?

Y el pescador contestaba:

–No, mujer. Otro día será.

Y así un día y otro día.

El pobre pescador llegó a pensar que dejaría aquel oficio si pronto no traía algún pez. Por fin un día, en que se fue más lejos que de costumbre, sintió que no podía tirar de la caña. Al principio creyó que el hilo se le habría enredado, pero después de mucho tirar se dio cuenta de que traía un pez muy grande. Al fin consiguió sacarlo fuera del agua. Entonces el pez le dijo:

–Pescador, pescadorcito, si me echas otra vez al agua, tendrás tantos peces, que necesitarás un carro para llevártelos.

–¡Estaría bueno! –dijo el pescador–. Para una vez que cojo un pez tan grande, cómo quieres que te suelte.

–Échame al agua –insistió el pez–, y te daré todo lo que tú quieras.

Al fin el pescador le echó al agua y regresó a su casa a por una red y un carro. Cuando le contó a su mujer lo que pasaba, ella no quiso creerlo y se estuvo metiendo con él por lo tonto que era. Luego, cuando lo vio llegar otra vez con el carro lleno de peces, se puso muy contenta de pensar todo el dinero que podría ganar vendiéndolos. Pero no se creyó lo del pez grande.

Así ocurrió unos cuantos días, hasta que la mujer le dijo a su marido:

–Mira, si vuelves a coger ese pez tan grande, quiero que me lo traigas, a ver si es verdad.

Al día siguiente el pescador volvió a coger el pez grande y ya no quiso soltarlo, por más que el otro se lo pedía. Entonces el pez dijo:

–Está bien. Puesto que te empeñas, te diré cómo tienes que matarme y todo lo que tienes que hacer. Me cortas la cabeza y se la das a la perra. La cola, y se la das a la yegua. Las tripas las entierras en el corral. Y el cuerpo se lo das a tu mujer.

–Te podría vender por mucho dinero –dijo el pescador.

–No –dijo el pez–. Haz lo que te digo y saldrás ganando.

Y así lo hizo el pescador. Repartió el pez de aquella manera y al año siguiente la perra parió dos perritos, la yegua dos potros, en el corral salieron dos lanzas, y la mujer tuvo dos mellizos.

Cuando los mellizos ya eran muchachos, el mayor dijo:

–Padre, como somos tan pobres y aquí no hago nada, quiero ir por el mundo a buscar fortuna.

–Es mejor que me vaya yo –dijo el menor–, porque nuestros padres están viejos y tú les haces más falta.

Entonces el padre lo echó a suerte y le tocó al mayor. Éste cogió una botella de agua y le dijo al menor:

–Si el agua está siempre clara, quiere decir que no me pasa nada. Pero, si se pone turbia, es que voy mal.

Luego el padre le entregó una de las lanzas del corral, un caballo y un perro, para que se fuera por el mundo.

Después de mucho cabalgar, el muchacho entró en un pueblo donde todas las mujeres estaban llorando. Les preguntó:

–¿Qué es lo que pasa? ¿Por qué lloráis?

–Mire usted –le respondieron–, todos los años, cuando llega este día, se presenta una serpiente de siete cabezas a la que hay que entregar una doncella. Y este año le ha tocado a la hija del rey, que es muy guapa y la queremos mucho.

–¡Yo mataré a la serpiente de siete cabezas! –exclamó el muchacho.

Las mujeres le dijeron que el rey había publicado un bando, prometiendo casar a la princesa con quien fuera capaz de librarla del sacrificio. Y le preguntaron:

–¿Está usted seguro de que puede matar a una serpiente de siete cabezas?

–Sí que lo estoy. Pero tenéis que decirme dónde se encuentra.

Las mujeres lo llevaron adonde estaba ya la hija del rey, esperando su hora. Ésta le dijo que se marchara de allí, pues, si no, la serpiente los mataría a los dos. Pero el muchacho dijo que no se iba, y al momento llegó la serpiente dando unos grandes rugidos. El muchacho gritó:

–¡Aquí mi perro, aquí mi lanza, aquí mi caballo!

El perro se abalanzó a la serpiente y se puso a darle mordiscos, mientras el muchacho, montado en su caballo, le clavó la lanza y la mató. Luego les fue cortando la lengua a las siete cabezas, se las guardó en un pañuelo y se marchó.

Las mujeres se pusieron a dar voces, diciendo que la hija del rey se había salvado. Empezaron a tocar las campanas y todo el mundo se congregó en la plaza a bailar y a cantar y el rey mandó que se diera una gran fiesta en honor de su hija.

Un príncipe que pretendía a la hija del rey se enteró de lo que había pasado y fue al lugar donde yacía la serpiente. Le cortó las siete cabezas y se presentó con ellas en el palacio, diciendo que él había salvado a la hija del rey. La princesa decía que aquél no era, pero, como el príncipe traía las siete cabezas, el rey dijo que no tenía más remedio que cumplir con su palabra y mandó que se prepararan los torneos y las fiestas para la boda. Pero la princesa seguía diciendo que no era aquél, y estaba muy triste.

El primer día de las fiestas estaban todos en el comedor y, cuando el príncipe mentiroso se disponía a comer, llegó el perro del muchacho y de un salto le quitó el bocado que se iba a comer. Salió corriendo con él en la boca. La princesa, que reconoció al animal, le dijo a su padre que, si no mandaba seguirlo, no se casaba. Mandó el rey seguir al perro y vieron que entraba en una casa. Entraron y vieron al muchacho, y le dijeron que tenía que presentarse inmediatamente ante el rey, pero él dijo:

–La misma distancia hay de aquí al palacio que del palacio aquí.

Fueron los criados a contárselo al rey y éste se indignó. Pero la princesa le pidió que fuera a ver al muchacho, y entonces el rey fue y le invitó a comer con ellos en la fiesta para que le explicara por qué había mandado a su perro para que le quitara la comida al príncipe que se iba a casar con la princesa. Cuando ya estaban en el palacio, el muchacho dijo:

–¿Y cómo prueba usted que ése ha sido el que mató a la serpiente de siete cabezas?

El otro enseñó entonces las siete cabezas. Pero el muchacho dijo:

–Examinen ustedes las cabezas, a ver si están completas.

Las examinaron y dijeron que estaban bien, pero él se acercó, fue abriendo las bocas, y dijo:

–¿Han visto ustedes alguna vez bocas sin lenguas? Pues aquí están.

Y se sacó del bolsillo el pañuelo, lo abrió y enseñó las siete lenguas.

Inmediatamente cogieron al otro, le dieron una paliza y lo echaron del palacio. El rey dijo que se casaría el muchacho con la princesa, y se casaron.

Al poco tiempo de estar casados, salieron un día a pasear, y el joven se fijó en un castillo muy grande que se veía a lo lejos.

–¿Qué castillo es aquél? –le preguntó a la princesa.

–Ése es el castillo de Irás y no Volverás –contestó ella–. No se te ocurra por nada del mundo acercarte, porque todo el que va no vuelve.

Pero el príncipe se resistía a no ir, y un día salió con su caballo, su perro y su lanza, diciendo que iba a cazar. Después de atravesar un bosque, subió al castillo, que tenía unas puertas muy grandes con argollas de hierro. Llamó una vez y no le contestó nadie. Llamó otra vez más fuerte y salió a abrirle una vieja hechicera, que le preguntó:

–¿Qué deseas, muchacho?

–¿Se puede entrar? –preguntó él.

–Claro que sí. Pero tienes que dejar el caballo en la puerta –contestó la hechicera.

–Es que no tengo con qué atarlo.

–No importa. Toma un cabello de mi cabeza –dijo la hechicera.

El muchacho se echó a reír, pero la vieja le dio un cabello de su cabeza, que al momento se convirtió en una soga. El muchacho ató su caballo y entró en el castillo. Inmediatamente quedó encantado en forma de perro y las puertas se cerraron luego detrás de él.

Al ver que su marido no regresaba, la princesa supuso que había ido al castillo de Irás y no Volverás.

El agua de la botella que el muchacho le había dejado a su hermano se había puesto turbia y el hermano dijo:

–Mi hermano debe de estar en un gran peligro, porque el agua está cada vez más turbia. Padre, no tengo más remedio que irme.

Y el padre le entregó la otra lanza, el otro caballo y el otro perro. Y el muchacho se fue.

Después de mucho cabalgar llegó al pueblo donde su hermano se había casado con la princesa. Al verlo venir, todos creyeron que era el príncipe que al fin regresaba, y salieron a recibirlo muy contentos. Tanto se parecía a su hermano, que hasta la princesa creyó que era su marido y se echó a sus brazos diciendo:

–¡Hombre, qué intranquilos hemos estado! ¿No te dije que no fueras al castillo de Irás y no Volverás?

Él no la abrazaba. Comprendió lo que había pasado y nada dijo.

Por la noche, al acostarse, puso la lanza entre los dos, y ella dijo:

–¿Por qué haces esto?

–Es que he hecho una promesa, y hasta que no la cumpla no te puedo abrazar.

Al día siguiente salieron a pasear, y él hizo la misma pregunta que había hecho su hermano, cuando vio el castillo a lo lejos. Y la princesa dijo:

–¿Pues no te lo dije el otro día? Ése es el castillo de Irás y no Volverás. ¿Cómo es que no te acuerdas?

Entonces él pensó que allí seguramente estaría su hermano y determinó ir al día siguiente, sin decirle nada a nadie.

Al día siguiente, cuando llegó al castillo, llamó a la puerta una vez y no contestó nadie. Llamó otra vez más fuerte y al fin salió la vieja hechicera, que le dijo:

–¿Qué deseas, muchacho?

Y él preguntó:

–¿Se puede entrar?

–Claro que sí –contestó la vieja–. Pero tienes que dejar el caballo a la puerta.

–No, que no lo dejo –dijo el muchacho.

Y subido como estaba en su caballo se echó sobre la vieja

hechicera, de manera que ésta tuvo que apartarse para dejarle paso. El muchacho le dijo:

–Ahora mismo me dirás dónde está mi hermano y cómo tengo que desencantarlo. Si no, te mato.

Como la amenazaba con la lanza, la vieja no tuvo más remedio que decírselo:

–Has de entrar y clavarle la lanza en un ojo al león que hay abajo.

En seguida fue el muchacho y le clavó la lanza al león, que quedó muerto, y su hermano quedó desencantado.

Cuando iban de vuelta al palacio, el hermano menor le dijo al mayor que había dormido con su mujer, pensando explicarle cómo había sido. Pero el otro no le dejó terminar y le clavó su lanza en el pecho. Creyendo que lo había matado, salió corriendo hacia el palacio. Cuando llegó, le dijo la princesa:

–Poco has tardado esta vez, de lo que me alegro.

Por la noche, al acostarse, vio que su marido no ponía la lanza entre los dos, y le dijo:

–¿Es que ya has cumplido tu promesa y no pones la lanza entre los dos?

Entonces el marido comprendió lo que había pasado, regresó corriendo al lugar adonde había dejado a su hermano, que sólo estaba malherido, se lo llevó al palacio en sus brazos, de modo que al entrar nadie podía creer lo que estaba viendo. Explicó lo que había pasado y después de muchos cuidados se recuperó el hermano menor. Y todos se pusieron muy contentos y vivieron felices durante muchos, muchos años.

13. *Los animales agradecidos*

Érase una vez un caballero que salió por el mundo a buscar la vida y las aventuras. Yendo por un camino, se encontró con cuatro animales: un león, un galgo, un águila y una hormiga, que estaban disputándose una res muerta. Cuando los animales vieron al caballero, le pidieron que les hiciera el reparto de la res. El caballero accedió y le entregó la cabeza a la hormiga, los huesos al galgo, la carne al león y las tripas al águila.

Quedaron muy conformes los cuatro animales y se dispusieron a comer cada uno su parte. Cuando ya hacía un rato que el caballero se había marchado, dijo el galgo:

–¡Hay que ver! ¡Después del favor que nos ha hecho ese hombre, ni siquiera le hemos dado las gracias! Deberíamos pedirle que volviera.

–Está bien –dijo el león–; que vaya el águila, que antes lo alcanzará.

El águila echó a volar y, cuando alcanzó al caballero, le dijo que habían decidido agradecerle lo que había hecho por ellos, y que volviera. El hombre dijo que sí. Por el camino iba pensando: «Ahora que ya se han comido la res, seguramente querrán acabar conmigo». Pero se equivocó. Cuando llegó adonde estaban los cuatro animales, el león le dijo:

–Toma un pelo de mi melena y llévalo siempre contigo. Cuando quieras volverte león, no tienes más que decir: «¡Dios y león!», y en seguida león te volverás.

El águila le entregó una pluma y le dijo también:

–Cuando quieras volverte águila, no tienes más que decir: «¡Dios y águila!»

Y también el galgo le entregó un pelo suyo y le dijo:

–Cuando quieras volverte galgo, no tienes más que decir: «¡Dios y galgo!»

Por fin la hormiga le dijo:

–Todo lo que tengo me hace falta, pero toma este cuernito, y, cuando quieras convertirte en hormiga, no tienes más que decir: «¡Dios y hormiga!», y en hormiga te convertirás.

Siguió el caballero su camino y andando andando llegó al castillo de un gigante que tenía a una princesa encantada. La princesa se hallaba asomada a un balcón y le contó al caba-

llero cuál era su suerte. El caballero quiso saber qué tendría
que hacer para desencantarla, pero en esto llegó el gigante, y
el caballero, para no ser visto, dijo: «¡Dios y hormiga!», y se
volvió hormiga. Por una rendija de la puerta se metió en el
castillo. Por la noche llegó a la habitación donde dormía la
princesa y dijo: «¡Dios y hombre!», y otra vez se volvió hombre. La princesa se asustó tanto al verlo, que dio un grito. Entonces acudió el gigante, pero antes de que entrara en la habitación ya el caballero se había vuelto otra vez hormiga. El
gigante dijo:

–¡A carne humana me huele! ¡Si no me la das, te mato!

Pero, como no veía a nadie, se marchó.

De nuevo la hormiga se volvió hombre y estuvo tres noches hablando con la princesa, tratando de averiguar cómo
podría desencantarla a ella y a todo el castillo.

Un día, estando la princesa espulgándole la cabeza al gigante, le preguntó:

–¿Y cómo es para no estar yo aquí?

El gigante no quería decírselo, pero tanto insistió ella, que
al fin se lo reveló:

–A catorce mil leguas de aquí hay una laguna en medio de
un bosque, y en la laguna una serpiente. Hay que matar a la
serpiente y abrirla. De ella saldrá una liebre. De la liebre hay
que sacar una paloma, y de la paloma un huevo, que contiene mi vida. Hay que estrellar el huevo en mi frente, y entonces moriré.

La princesa, muy desanimada, fue y le dijo al caballero:

–Siempre estaré encantada por todo lo que hay que hacer
para desencantarme.

Y le explicó lo que le había dicho el gigante.

–Yo traeré ese huevo –dijo el caballero, y se marchó.

Después de mucho andar se encontró con una muchacha
que estaba cuidando unas cabras muy flacas. Se acercó y le
preguntó:

–¿Por qué están estas cabras tan flacas?

Y contestó la muchacha:

–Porque hay por aquí cerca una laguna y en la laguna una serpiente que viene de vez en cuando y se come todas las cabras gordas.

El caballero habló con el padre de la pastora y le pidió que lo dejara a él cuidar las cabras.

Por fin una tarde apareció la serpiente, y el caballero dijo: «¡Dios y león!», y se convirtió en león. En seguida se puso a luchar con la serpiente y lucharon durante mucho rato, hasta que la serpiente pidió tregua, y dijo:

> –Oh, quién tuviera un vaso de agua fría,
> que pronto la vida te quitaría!

Y el león dijo:

> –¡Si yo tuviera un pan caliente
> y el beso de una doncella,
> yo te daría la muerte,
> serpiente fiera!

Y así una y otra vez, sin dejar de pelear a cada rato. La pastora, que estaba presenciando lo que ocurría, fue y se lo contó a su padre:

–Está bien, hija –dijo el padre–. Mañana, cuando estén peleando, le acercas a ese caballero un pan que acabaremos de cocer y le darás un beso, a ver si es verdad que puede con la serpiente.

Así lo hizo la pastora. Cuando estaban peleando el león y la serpiente, se acercó ella por detrás y le metió al león un trozo de pan en la boca y le dio un beso. Inmediatamente el león mató a la serpiente. Cuando fueron al padre, éste dijo:

–Muy bien. Ahora, como mi hija te ha dado un beso, te casarás con ella.

Pero el muchacho dijo que no podía ser de ninguna manera y se fue. Regresó adonde estaba la serpiente muerta y con un cuchillo la abrió por la mitad. Al momento salió una liebre, que echó a correr. Pero el muchacho dijo: «¡Dios y galgo!», y se volvió un galgo, que se puso a correr detrás de la liebre hasta que la alcanzó y la mató. Dijo entonces: «¡Dios y hombre!», y otra vez se convirtió en hombre. Le rajó la barriga a la liebre y salió entonces una paloma, que echó a volar. El caballero dijo: «¡Dios y águila!», y se convirtió en águila. Se puso a volar y en seguida alcanzó a la paloma. Se convirtió otra vez en hombre, abrió la paloma y le sacó un huevo que tenía dentro.

El caballero regresó al castillo encantado. Se convirtió en hormiga, llegó a la habitación de la princesa, y le entregó el huevo. Al día siguiente la princesa se puso a espulgarle la cabeza al gigante, como si tal cosa, y, cuando más descuidado estaba, le estrelló el huevo en la frente y el gigante se murió. Al momento todo quedó desencantado. El castillo se convirtió en un palacio muy hermoso, y la princesa y el caballero se casaron y vivieron felices y comieron perdices, y a mí no me dieron, porque no quisieron.

14. *Las tres naranjas del amor*

Érase que se era un rey muy viejo que tenía un solo hijo, al que debía casar antes de morirse. Pero el príncipe, aunque quería complacer a su padre, estaba muy triste, porque no encontraba ninguna mujer que le gustara para casarse. Un día, estando lavándose en sus habitaciones, fue y tiró el agua sucia por un balcón, con tan mala suerte, que fue a caerle a una gitana que pasaba por allí. Entonces la gitana le echó una maldición:

–Ojalá te seques antes de que encuentres las tres naranjitas del amor.

Esto le causó mucha impresión al príncipe, que se lo contó a su padre. Decidieron entonces consultar con una hechicera, porque el príncipe estaba cada día más triste. La hechicera, cuando conoció la maldición, dijo:

–Eso es que el príncipe tiene que encontrar novia, y para eso ha de ir muy lejos, muy lejos, adonde hay un jardín con muchos naranjos. Guardándolo hay tres perros rabiosos, que tendrá que vencer. Luego buscará uno de los naranjos, que sólo tiene tres naranjas, y, sin subirse a él, las cogerá de un salto, porque, si no, no saldría nunca del jardín. Cuando tenga las tres naranjas, que se vuelva a casa.

Y así lo hizo el príncipe. Se puso en camino, y andar, andar, hasta que por fin llegó a las puertas del jardín, donde estaban los tres perros rabiosos. Pero el príncipe había comprado tres panes, y le echó uno a cada perro. Mientras éstos se entretenían comiendo, entró el príncipe en el jardín, buscó el naranjo que sólo tenía tres naranjas y de un salto las cogió las tres. Y todavía le dio tiempo de salir antes de que los perros terminaran de comerse los panes.

Ya iba de camino de vuelta, venga a andar, venga a andar, cuando sintió hambre y sed y se dijo: «Voy a comerme una de las naranjas». Pero en cuanto la abrió apareció una joven muy guapa, que le dijo:

–¿Me das agua?

–No tengo –contestó el príncipe, muy sorprendido.

–Pues entonces me meto en mi naranjita y me vuelvo a mi árbol.

Y al instante desapareció.

Siguió el príncipe andando y llegó a una venta. Allí pidió una jarra de vino y otra de agua, por lo que pudiera pasar. Abrió otra naranja y se le apareció otra joven más guapa todavía que la anterior, que le dijo:

–¿Me das agua?

–Toma –y el príncipe le ofreció la jarra; pero se equivocó, y en vez de la jarra de agua le dio la de vino, y la muchacha dijo:

–Pues me meto en mi naranjita y me vuelvo a mi árbol.

Y desapareció.

El príncipe siguió su camino, y otra vez se sentía muy cansado, pero no paró hasta que llegó a un río. Se acercó a la orilla y abrió la tercera naranja dentro del agua, diciendo:

–Por falta de agua no te morirás.

Y al momento se formó un montón de espuma y de entre ella salió una muchacha más hermosa que el sol.

El príncipe se quedó maravillado y en seguida le pidió que se casara con él. Ella le dijo que sí y se casaron en el primer pueblo que encontraron.

Todavía tuvieron que andar mucho para llegar al palacio, y al cabo de un año la princesa dio a luz un hijo. Por fin divisaron el palacio, cuando llegaron a una fuente donde había un árbol. El príncipe le dijo a ella:

–No quiero que tú y mi hijo entréis de cualquier manera en mi casa. Así que te subes al árbol con el niño, para que nadie te vea, mientras yo voy a preparar a mi padre, y luego vendré a recogeros como es debido.

Y así lo hicieron. Se subió la princesa al árbol con su hijo, y partió el príncipe.

Estando en la espera, vino a la fuente a por agua la gitana que le había echado la maldición al príncipe. Cuando fue a agacharse, vio reflejada en el agua la cara de la princesa y, creyendo que era la suya, dijo:

–¡Yo tan guapa y venir a por agua!

Y rompió el cántaro y se volvió a su casa. Cuando llegó y se miró en el espejo, vio que era tan fea como antes. Cogió otro cántaro y volvió a la fuente. Volvió a ver la cara de la princesa y dijo:

–¡Yo tan guapa y venir a por agua!

Rompió el cántaro y se volvió a su casa. Pero otra vez le pasó lo mismo y volvió a la fuente con otro cántaro. Entonces vio que la que estaba en el agua se estaba peinando y comprendió lo que pasaba. Miró para arriba y vio a la princesa. Y aunque le dio mucho coraje, lo disimuló y le dijo:

–Señorita, ¿cómo usted peinándose sola? Baje usted, por favor, que la peinaré mientras tiene al niño.

La princesa no quería, pero tanto le insistió la otra, que al fin bajó y se dejó peinar por la gitana. Y según la estaba peinando, le clavó un alfiler en la cabeza y la princesa se volvió una paloma, blanca como la leche. Echó a volar y la gitana se puso en el lugar de la princesa, con el niño en brazos.

Ya vino a por ella el príncipe con una carroza y con mucho séquito, cuando se acercó y le dijo:

–Muy cambiada estás. ¿Qué ha pasado?

–Nada, que de tanto tomar el sol... –dijo la gitana.

El príncipe no quedó muy conforme, pero se la llevó con su hijo.

Pasaron los días y la paloma no hacía más que darle vueltas al palacio, venga vueltas, y hasta se hizo amiga del jardinero, al que le decía:

> –Jardinerito del rey,
> ¿qué tal te va
> con la reina traidora?

Y el jardinero contestaba:

> –Ni bien, ni mal,
> que es mi señora.
> –¿Y el hijo del rey?
> –Unas veces ríe,
> y otras veces llora.

Así que el jardinero le llevó la paloma al hijo del rey, que se encariñó mucho con ella, la llevaba a todas partes y hasta la dejaba comer de su plato y beber de su copa. Un día el niño le notó un bultito en la cabeza, porque la paloma no hacía más que rascársela. Le sopló en las plumitas y entonces vio la cabeza de un alfiler. Tiró de ella y, al sacárselo, la paloma se convirtió en la princesa tan guapa como era antes. Al momento la reconoció su marido, y los tres se abrazaron y se dieron muchos besos.

¿Y qué hicieron con la bruja gitana? Pues que la mataron, la quemaron y aventaron sus cenizas.

15. *La princesa mona*

Había una vez un rey que tenía tres hijos. Un día, cuando ya era muy viejo, los convocó a los tres y les dijo:

–Quiero que os marchéis por el mundo, y el que me traiga la cosa más hermosa que yo os diré, ése heredará mi corona.

–¿Y qué quiere usted que le traigamos? –preguntaron los hijos.

–A ver quién me trae la toalla más preciosa –dijo el rey.

Y se marcharon los tres, cada cual en un caballo y por caminos distintos. Los dos mayores encontraron pronto lo que buscaban, pero al más pequeño se le hizo de noche y, a fuerza de andar, vio una luz a lo lejos. Era un caserío donde vivían muchas monas. Se acercó el príncipe y llamó a la puerta. Le abrió una mona muy vieja y le preguntó que qué quería.

–¿Puedo pasar aquí la noche? –preguntó el muchacho.

La mona entró a consultar y al momento salieron otras cuantas monas diciendo: «¡Que pase! ¡Que pase!» Una de ellas se dirigió a las demás ordenándoles que recogieran el caballo del príncipe y que prepararan la cena.

Pusieron una rica mesa, elegantemente vestida, con muy buenos manjares, y todas las monas comieron con el príncipe. Luego estuvieron jugando a las cartas y todo eso. Y cuando terminaron de jugar, la que mandaba dijo que lo llevaran a su habitación.

A la mañana siguiente, muy temprano, el príncipe ya se disponía a marcharse, cuando la mona vieja le preguntó que por qué se iba tan pronto. Salieron las demás y él les contó que tenía que seguir buscando un encargo para su padre, el rey.

–¿Y qué encargo es ése? –preguntaron las monas.

Entonces el príncipe les contó lo que había dicho su padre a los tres hermanos, y que tenía que llevar la toalla más preciosa. En seguida la mona que mandaba dijo que trajeran al príncipe el trapo de la cocina. Una mona muy fea cumplió la orden y trajo el trapo, que estaba todo manchado de grasa de las sartenes, lo envolvió en otros trapos más sucios y asquerosos y se lo entregó al príncipe.

El príncipe no dijo nada. Cogió aquel lío y se marchó muy preocupado. Cuando llegó al palacio, ya sus hermanos habían vuelto y le habían presentado al rey unas toallas muy bonitas. Conque el rey le dijo:

–Bueno, a ver qué has traído tú.

El muchacho no se atrevía a enseñar lo que traía, pero, al fin, después de mucho rogarle, se puso a desenvolver los trapos y dentro apareció la toalla más preciosa que podía haber. Todas las manchas se habían convertido en flores y pájaros de colores. Al verla, dijo el rey:

–Pues mi hijo menor es el que ha ganado y él heredará mi corona.

Pero los otros hermanos empezaron a protestar y le pidieron al rey que les pusiera otra prueba. El rey consintió y dijo:

–Está bien. Ahora el que me traiga la palangana más hermosa ése se sentará en mi trono.

Otra vez los tres hermanos se pusieron en camino, cada cual por el suyo. Y aunque el más pequeño no quiso ir por el mismo de la vez anterior, su caballo se empeñó en que sí, y otra vez se encontró el muchacho en el caserío de las monas. La mona vieja se puso muy contenta, cuando abrió la puerta y lo vio. Llamó a todas las demás, que decían: «¡Que pase! ¡Que pase!»

La mona mandona dijo que guardaran el caballo y que preparasen la cena. Y pusieron una cena espléndida, como la noche anterior, y estuvieron jugando a las cartas y todo eso.

A la mañana siguiente el príncipe explicó lo que pasaba y que esta vez tenía que llevar la palangana más hermosa, si quería ser rey.

–Oye, tú –ordenó la mona mandona a otra–, trae aquí el bebedero de las gallinas.

Así lo hizo aquélla y envolvió en unos papeles el bebedero todo lleno de gallinazas. Después se lo entregó al príncipe, que lo cogió sin decir nada y se marchó.

Cuando llegó al palacio, su padre le dijo:

–Bueno, hijo, a ver qué has traído, porque ya tus hermanos me han presentado estas palanganas tan hermosas.

El muchacho, al verlas, sintió mucha vergüenza de lo que él llevaba y no se atrevía a enseñarlo. Por fin, después de mucho rogarle, se puso a desliar los papeles y entonces vieron una palangana hermosísima. Las gallinazas se habían convertido en flores y pájaros muy bien pintados.

–Para ti es la corona, hijo mío –dijo el rey–, pues como esta palangana no habrá otra en el mundo.

Pero los hermanos empezaron a protestar otra vez y convencieron al rey de que les pusiera una última prueba.

–Está bien –dijo el rey–. Ahora quiero que traigáis cada uno su novia. Y el que me la traiga más bonita se casará con ella y serán el rey y la reina.

Así que se marcharon los tres hermanos a buscar novia. Ya el menor iba temiendo lo que podía pasar, pues su caballo se empeñaba otra vez en seguir el mismo camino y nada pudo hacer para evitarlo. Llegó al caserío de las monas y la mona vieja se puso muy contenta al abrirle la puerta y las demás decían: «¡Que pase! ¡Que pase!» La mandona ordenó que cuidaran muy bien al caballo y luego dispuso una cena mejor todavía que las otras noches. Después jugaron a las cartas y todo eso.

Por la mañana el príncipe se quería marchar muy temprano, pero las monas no se lo consintieron hasta que él les explicó que esta vez tenía que llevar la novia más bonita, si
quería ser rey.

–¡A ver, a ver! –exclamó la mandona–. ¡Aparejad en seguida nuestro carruaje y nuestros caballos, que nos vamos todas a palacio! ¡Tenemos que celebrar esa boda!

Y la mona más vieja fue a por otra mona, que era la más
fea, pelada y andrajosa de todas y la metió en el séquito con
las demás, que iban dando brincos entre los caballos, subiendo y bajando del carruaje y alrededor del príncipe. Éste
iba en su caballo con mucha vergüenza.

Poco antes de llegar al palacio, había una fuente, donde
todos se pararon a merendar. En cuanto reanudaron la marcha, vio el príncipe que el carruaje se había convertido en
una carroza preciosa, todas las monas en pajes y criados
muy bien vestidos y la mona pelada en una princesa, la más
bonita del mundo.

Cuando el rey vio cómo venía su hijo menor, salió a recibirlo y dijo:

–Tú has ganado la corona por haberme traído los mejores
regalos y, sobre todo, esta novia tan bonita. Te casarás con
ella y ella será nuestra reina.

Y se casaron y vivieron felices y a los dos hermanos les
dieron en las narices.

16. *La princesa rana*

Esto quería ser una reina que tenía dos hijos. Un día los
mandó llamar para decirles que ya era hora de que se busca-
ran una mujer. El mayor de los dos hermanos pasó por un
pueblo y en una ventana vio a una mujer, que desde luego de
mujer sólo tenía el nombre, pues era muy fea y con viruelas,
y muy gorda, muy gorda. Sin molestarse más, va aquél y le

dice que la quería. Se volvió al palacio y le dijo a su madre que ya tenía novia, pero su madre le dijo que no se la presentara hasta que pasara algún tiempo.

El hermano más chico estuvo mucho tiempo buscando mujer, sin que le agradara ninguna de las que veía. Cansado de tanto buscar, se sentó a la vera de un estanque y de pronto una ranita se le puso en la rodilla y empezó a hacer: «Cric-crac, cric-crac...» El muchacho se fijó en ella y vio que en una patita tenía clavada una astilla de madera; con mucho cuidado se la sacó, y la rana, como queriendo darle las gracias, empezó a pegar saltos, muchos saltos, y luego habló:

–Ya sé el problema que tienes –le dijo–. Que no encuentras novia.

–¿Y cómo has podido saberlo?

–Pues porque soy una rana sabia.

–¿Te quieres casar conmigo? –le preguntó el príncipe.

–Claro que sí –dijo la ranita.

Así que se fueron al palacio y el príncipe le dijo a su madre que ya tenía novia. La reina le contestó que no se la presentara todavía y llamó al hijo mayor. Cuando los tuvo a los dos delante les dijo que tenía que averiguar cuál de las dos novias era más buena para declararla «princesita real» y que tenía que ponerles unas pruebas. La primera prueba que puso la reina fue hacer unas alforjas, y la que trajera la más bonita para su gusto ésa sería la princesita real. El hermano mayor se estuvo riendo del más chico, diciéndole:

–¡Mira que traerte a una rana! Pareces tonto. En cuanto nuestra madre la vea, te desheredará y yo seré el príncipe.

Bueno, pues la novia del mayor, como era tan basta, hizo unas alforjas de guitas y trapos viejos. En cambio, la ranita hizo unas de hilos de seda y cascabeles alrededor.

–¡Son preciosas! –dijo la reina–. Muy bonitas, sí señor. Ésta gana la primera prueba. Ahora vuestras novias me tienen que regalar un perro cada una.

–A mí qué me importa –le dijo el mayor al más chico–. En

cuanto nuestra madre vea que te has traído una rana, te desheredará.

Bueno, pues la fea le regaló a la reina un galgo de esos alimentados con trigo y leche, mientras la rana le mandó un perrito faldero muy simpático. Y otra vez dijo la reina que había ganado la novia del más chico.

–Ahora viene la tercera prueba, que consiste en que me mostréis a vuestras novias.

–¡Ahora te vas a enterar! –le decía el mayor a su hermano, riéndose mucho–. ¡Mira que una rana!

El pequeño se fue muy triste y le contó a la rana lo que le pasaba. Pero ésta le dijo que no se preocupara.

La mayor se montó en un caballo y se echó un pañuelo a la carota, para que no se viera lo fea que era, pero con tan mala suerte que al momento de presentarse ante la reina se fue el pañuelo volando con el viento, y a la reina nada más verla hasta le dio un flato. Ya estaban esperando a la otra novia, cuando la ranita le dice a su novio:

–Anda, clávame este alfiler en la frente.

–¡Pero qué dices! Te voy a matar si hago eso.

–Tú no seas tonto y haz lo que te digo.

Conque cogió el alfiler y se lo clavó a la ranita en la frente. Y al momento se convirtió en una princesa muy guapa. Al verla dijo la reina:

–Vosotros seréis los herederos de este reino. Y en cuanto al envidioso de tu hermano mayor, lo expulsaremos con esa novia tan fea.

Y este cuento se ha *acabao,* y tal como me lo contaron te lo he *contao.*

17. *La rana y la culebrina*

Una vez era un matrimonio que no tenía hijos. Un día la mujer se puso hecha una furia y le dijo a su marido:

–¡Quisiera tener hijos, aunque al nacer se convirtieran en ranas o en culebras!

Al año de haber manifestado este deseo, dio a luz una rana y una culebrina. Ésta, en cuanto nació, se fue al mar, pero a la rana la criaron sus padres con mucho cariño.

Un día estaba la rana dando saltos por casa y le dijo su madre:

–Poca suerte tengo contigo; me ves tan apurada calentando el horno para cocer pan y no me ayudas a trabajar; ni siquiera sirves para llevar la comida a tu padre, que está en el monte sin comer.

–¿Que no sirvo para llevar la comida a mi padre? Póngala usted en una cesta y verá como la llevo.

La rana fue a llevar la comida a su padre, y tan contenta se puso, porque servía para hacer algo, que al volver del monte no cesó de cantar en todo el camino. Cantaba que era una maravilla.

Un cazador se enamoró de su voz y la fue acompañando hasta su casa. La madre de la rana creyó que el cazador iba acompañando a su hija por divertirse, y salió tras él con la pala de hornear, y dijo:

–De mi hija la rana no se burla nadie.

El cazador volvió al día siguiente a ver a la rana y entonces se hizo novio de ella. Era hijo del rey, y tenía un hermano gemelo.

El rey estaba preocupado, porque no le era fácil determinar cuál de los dos gemelos había de heredar el trono; pues, cuando nacieron, nadie se acordó de tomar nota del que había nacido en primer lugar.

El rey llamó un día a sus dos hijos y les dijo:

–Bien sabéis que me es imposible saber cuál de vosotros es el heredero del trono. Y para solucionar este conflicto, os voy a mandar que me traigáis tres cosas cada uno, en cuyo asunto han de intervenir vuestras novias. El que traiga las tres cosas mejores será mi heredero. La primera cosa que me vais a traer es un vaso como no haya otro igual en el mundo. Id a buscarlo.

El que cortejaba a la rana se dijo:

«Mi hermano es novio de la hija del platero del reino y traerá un vaso mejor que el mío; la pobre rana ¿cómo me va a ayudar en este asunto? Voy a contarle lo que me ocurre».

Cuando la rana se enteró del caso, le dijo a su novio:

–¡Aparéjame el gallo!

En cuanto lo tuvo aparejado, cabalgó sobre él, fue a la orilla del mar y dijo:

–¡Culebrina mía!

–¿Quién me llama?

–Tu hermanita la rana.

–¿Qué quieres?

–Un vaso tan hermoso que no haya otro en el mundo que le iguale; me lo pide mi novio para su padre, el rey.

–Te daré el vaso en donde beben mis gallinas.

La culebrina salió saltando por entre las olas y entregó un vaso precioso a su hermana. Ésta montó en el gallo y, a todo correr, fue a llevárselo a su novio.

–Ahora –dijo el rey a sus hijos cuando le entregaron los vasos– traedme un tapiz de seda bordado en oro.

Y fueron a buscarlo.

«Mi hermano –se dijo el novio de la rana– traerá mejor alhaja que yo, porque la hija del platero borda muy bien y su padre tiene bastante hilo de oro para bordar el tapiz. Voy a hablar de este asunto con la rana».

Se presentó a ella y le dio cuenta de las dificultades que encontraría para cumplir los deseos del rey.

–No te apures por eso. ¡Aparéjame el gallo!

En cuanto lo tuvo aparejado, cabalgó sobre él, fue a la orilla del mar y gritó:

–¡Culebrina mía!

–¿Quién me llama?

–Tu hermanita la rana.

–¿Qué quieres?

–Un tapiz de seda bordado en oro, tan hermoso que no haya en el mundo otro que le iguale; me lo pide mi novio para su padre, el rey.

–Te daré el paño de limpiar mis candiles.

Rompióse una ola y salió de ella un tapiz hermosísimo; en el centro tenía el escudo del rey. La rana se lo dio a su novio, el cual fue corriendo a entregárselo a su padre.

El rey les dijo a sus hijos:

–Os falta la última prueba. Traed al palacio a vuestras novias para ver cuál es más hermosa.

El que cortejaba a la hija del platero se puso muy contento, porque tenía la seguridad de que su novia era hermosa. Y el que cortejaba a la rana dijo para sí:

«Yo no me atrevo a presentar a mi novia en el palacio; pero yo creo que, como me sacó de dos apuros, me sacará de tres».

Y le dijo a la rana:

–La tercera cosa que me pide mi padre es que lleve a mi novia al palacio para ver si es más hermosa que la de mi hermano.

–Entonces, a mí no me querrás.

–Sí, te quiero.

–¿Para casarte conmigo?

–¡Sí!

–¡Aparéjame el gallo! Y, después que me lo aparejes, sígueme hasta la orilla del mar.

Cuando llegaron, gritó la rana:

–¡Culebrina mía!

–¿Quién me llama?

–Tu hermanita la rana.

–¿Qué quieres?

–Un coche con cuatro caballos como no haya otro igual en el mundo; lo quiero para ir con mi novio al palacio del rey, su padre; tú nos acompañarás.

En esto salieron resoplando del mar cuatro caballos blancos, aparejados con guarniciones de oro, tirando de un coche de marfil. Y en él montaron la rana y la culebrina.

El hijo del rey subió al pescante, cogió las riendas y se dirigió con el coche al palacio. Y cuando iba llegando, la rana dejó caer intencionadamente su pañuelo a la calle.

Su novio detuvo los caballos y se bajó a recogerlo; pero cuando lo fue a entregar a la rana, vio, lleno de asombro, que dentro del coche había una joven hermosísima.

–No te asustes –le dijo–; yo, al nacer, me convertí en rana por causa de una maldición de mi madre, y no podía salir de aquel estado mientras no encontrara un hombre que quisiera casarse conmigo, y tú me has vuelto a mi ser. Quiero que me pongan el nombre de María. Ahora, mi hermana se vuelve al mar.

Cuando el rey vio llegar a su palacio un coche tan hermoso y bajar de él una joven tan guapa, mandó que se reuniera la corte para que fallara sobre las tres cosas que había pedido a sus hijos.

Pero antes celebraron un banquete. Y al tiempo de sentarse todos a la mesa, a la hija del platero le dijo su novio:

–Has de hacer todo lo que haga la novia de mi hermano.

Y de cada plato que servían, María echaba una cucharada en su regazo. Y lo mismo hacía la hija del platero. Y al final del banquete, María cogió a puñados la comida que había echado en su regazo, y la tiró sobre el rey y sobre todos los convidados, convertida en flores.

La hija del platero quiso hacer lo mismo que María; y comenzó a tirar puñados de comida al rey y a las demás personas que allí había y les manchó los vestidos.

Después, el rey presentó a la corte las tres cosas que había pedido a sus hijos, y todos convinieron en que las mejores eran las que había presentado el novio de María. Por lo cual fue nombrado heredero del trono y al día siguiente se casó con ella.

Uno de los príncipes convidados a la boda dijo que quería

casarse con la culebrina. Entonces fue a la orilla del mar con María, y ésta gritó:

–¡Culebrina mía!

–¿Quién me llama?

–La reina, tu hermana.

–¿Qué quieres?

–Que salgas del mar para siempre; este príncipe quiere casarse contigo.

Salió la culebrina y preguntó al príncipe:

–¿Me quieres de verdad?

–¡Sí!

–Mira que no soy más que una culebrina.

–No me importa: yo te quiero tal como eres.

–¡Gracias! Tú me sacas del estado en que me colocó una maldición de mi madre.

Y se convirtió también en una princesa muy guapa.

Y aquí se acaba el cuento, y como me lo contaron te lo cuento.

18. *Juan de Dios*

Pues bien, señor: era éste un matrimonio que no tenía hijos. El marido decía:

–Si Dios nos concediera un hijo, me iría a la puerta de la iglesia, y el primero que pasara sería su padrino.

Al poco tiempo aquel deseo se hacía realidad y su mujer paría una preciosa niña. Se fue el hombre a la puerta de la iglesia, como había dicho. Al poco tiempo vio venir a un viejo muy viejo, pero como aquélla había sido la promesa tuvo que cumplirla.

–¿Qué hace usted aquí, buen amigo? –le preguntó el viejecito.

–Pues que mi mujer ha tenido una niña y usted tiene que ser su padrino.

–Bueno, pero con una condición –dijo el viejo–: que a los quince años me la tengo que llevar.

El marido y su mujer aceptaron la condición, diciendo:

–Vamos, ese viejo ya está chocheando. Se morirá mucho antes.

Días después se celebraba el bautizo y el padrino mandaba colgar la iglesia. El nombre que le pusieron a la niña fue «Juana de Dios».

Pero pasaron quince años, y a la misma hora en que fue bautizada el viejo volvía por la niña. La despedida fue muy triste y los padres se quedaron llorando y dijeron:

–Ésta fue la condición.

El padrino sacó a la niña al campo y le dijo:

–De aquí para atrás te has llamado Juana de Dios. De aquí en adelante te llamarás Juan de Dios. Toma este puñadito de arena y lo vas echando por medio del mar; se formará una senda y llegarás a un palacio. Cuando te pregunten qué oficio tienes, dirás que jardinero.

A los pocos días de que Juan cuidaba el jardín las flores crecían por varas. Un día se le acercó la reina y le dijo que estaba enamorada de él desde que lo vio llegar. Él le dijo que eso no podía ser.

La reina, del mismo coraje, fue a decirle al rey:

–Dice Juan de Dios que es capaz de ir al monte, ararlo, sembrarlo, segarlo y traer un amasijo de pan a las doce del día.

El rey llamó a Juan de Dios.

–Oye, Juan de Dios; que dice la reina que eres capaz de ir al monte, ararlo, sembrarlo, segarlo y traer un amasijo de pan a las doce del día.

–No lo he dicho, majestad, pero si usted lo ordena lo haré.

Pues coge Juan su caballo y se va. Cuando salió al campo, dijo:

–Si se me apareciera mi padrino...

A esto se apareció, y le dijo:

–¿Qué te pasa?

–Que me ha dicho el rey que haga esto y esto y esto.

–No te apures. Toma este alfiletero, lo tiras por el monte y te sientas a mirar.

A los pocos minutos veía cómo unos pequeños duendecillos araban, sembraban y otros amasaban. Dando el punto de las doce llegaba Juan a palacio con el amasijo hecho. El rey al verlo estaba loco de contento, pero la reina ni siquiera le echó cuenta.

Juan de Dios seguía en su jardín. A los pocos días, la reina volvió y le dijo que estaba enamorada de él, pero él le dijo que eso no podía ser. Ahora ella le decía al rey su marido:

–Dice Juan de Dios que es capaz de ir al campo y traer un colchón de plumas de todos los pájaros vivientes.

El rey lo mandó llamar:

–Juan de Dios, ¿qué has dicho? ¿Que eres capaz de traer un colchón de plumas de todos los pájaros vivientes?

–No lo he dicho, pero si su majestad me lo manda lo haré.

Cogió otra vez su caballo y un colchón. Cuando salió al campo dijo:

–Si se me apareciera mi padrino...

Y se le apareció:

–¿Qué te pasa?

–Que me ha dicho el rey que tengo que llevarle un colchón lleno de plumas de todos los pájaros vivientes.

–Pues toma este pito y tocas.

Cuando Juan lo tocó, el cielo se nubló de pájaros que sacudían sus plumas y se quedaban pelones. Y dando las doce del día, llegaba Juan de Dios al palacio con el colchón lleno de plumas. El rey se puso loco de contento, pero la reina, como siempre, ni siquiera le echaba cuenta. Juan de Dios soltaba sus cosas y otra vez al jardín. A los pocos días otra vez la reina volvía y le repetía lo mismo, pero él siempre decía que no, que eso no podía ser. Y fue la reina a decirle al rey que Juan de Dios había dicho que era capaz de encontrar un anillo que se le había perdido a su tatarabuela. El rey otra vez lo llamó y otra vez pasó lo mismo, de manera que ya está Juan en el campo diciendo:

–Si se me apareciera mi padrino...

Y el padrino se le apareció y le dijo:

–Toma estas migajas de pan y te vas a la orilla del mar. Aparecerá un pescado muy grande. En una mano le pones las migas de pan y con la otra le metes un dedo en la garganta y te traes el anillo, que allí está.

Y así lo hizo. A las doce en punto llegaba Juan al palacio con el anillo, y el rey loco de contento. Pero la reina ni siquiera le echó cuenta. A los pocos días volvió al jardín con las mismas, pero Juan le contestó que eso no podía ser. Y la reina fue entonces y le dijo al rey que Juan había dicho que era capaz de traerles la princesa muda que les habían robado cuando chica.

–¿Has dicho tú eso? –preguntó el rey.

–No lo he dicho, pero si mi majestad lo manda lo haré.

Y salió al campo y cuando se le apareció su padrino le dijo:

–No te apures; toma este puñadito de arena y lo vas echando por el mar. Con esto te harás una senda. A lo lejos divisarás un castillo que lo guardan dos leones. Si tienen los ojos cerrados es que están despiertos, y si los tienen abiertos es que están dormidos. A mano derecha, en una sala, está la princesa. Fíjate bien en las tres palabras que diga, que te tienen que servir.

Así lo hizo todo Juan de Dios. Llegó al castillo y vio que los leones tenían los ojos abiertos. Pasó por su lado y recogió a la princesa, que dijo estas tres cosas:

–Adiós, horno; allá van ellas; adiós, Aragón –y ya no habló más.

Cuando Juan de Dios llegó al palacio con la princesa, el rey no sabía dónde ponerlo, de contento que estaba con su hija. Pero la reina ni siquiera le echó cuenta. Juan de Dios se

fue otra vez al jardín y otra vez la reina llegó con lo mismo y
él le dijo que no.

La reina se fue a su habitación, se arañó toda y se tiró de
los pelos. Llegó la servidumbre y avisaron al rey.

–¿Qué te pasa, mujer? –le preguntó el rey.

–Que Juan de Dios me ha querido atropellar.

Entonces fueron por Juan de Dios y lo metieron en una
celda. Estando en la celda y que al otro día iban a ahorcarlo,
dice:

–¡Si se me apareciera mi padrino!

Y se le apareció y le preguntó:

–¿Qué te pasa?

–Que mañana me van a ahorcar.

–Pues di que tu última voluntad es que esté la princesa
muda cuando te vayan a ahorcar.

Ya estaba todo el mundo en la plaza y, cuando van a ahorcarlo, se dirige a la princesa muda y le dice:

–¿Por qué dijiste: «Adiós, horno»?

–Porque me sacaste del encantamiento de los moros.

–¿Por qué dijiste: «Allá van ellas»?

–Porque veníamos dos doncellas.

–¿Por qué dijiste: «Adiós, Aragón»?

–Porque si conforme eres hembra fueras varón, haces al
rey mil veces cabrón.

Cuando la reina oyó eso, se tiró por una ventana y se
mató.

Entonces el rey llamó a un médico, que reconociera a Juan
de Dios, y era una dama. Y se casó con ella y la hizo reina. Y
yo fui y vine y no me dieron ni para unos botines.

19. *La piedra de mármol*

Pues, señor, ésta era una vez una madre que era viuda y tenía
un hijo que era ya un mozangón y no tenía oficio ni beneficio.

–¡Válgame Dios, hijo! –decía la madre–. Que eres ya un hombre y no quieres aprender un oficio. ¿Por qué no te metes a sastre?

–No me gusta –respondió el hijo.

–Métete a herrero.

–No me gusta.

Y así iba la madre nombrándole oficios, pero él, que lo que quería era no trabajar y esperaba hacer fortuna de otro modo, no le cuadraba ninguno, hasta que un día tanto le dijo la madre, que decidió meterse a pintor. La madre le buscó un maestro, y como el muchacho, aunque no le gustaba trabajar, era muy habilidoso, le dio por la pintura y, cuando el maestro no lo veía, se ponía a copiar lo que pintaba el maestro y aprendió en muy poco tiempo.

Pues, señor, que un día el hijo del rey mandó llamar al maestro y, así que llegó a palacio, le dijo que había soñado con la *Flor de la Hermosura* y que lo llamaba para que le hiciera un retrato de ella con arreglo a las señas que le daría. Le dio las señas de lo que él había visto en sueños, y el maestro se fue a su casa tan triste, que su mujer le preguntó que qué tenía.

–¡Qué he de tener! –respondió el marido–. Que el hijo del rey ha soñado con una mujer ideal que se llama la *Flor de la Hermosura* y quiere que yo le haga el retrato. ¿Cómo voy yo a hacer el retrato de una mujer que no he visto?

El aprendiz, que estaba oyéndolo, le dijo:

–No se apure usted, maestro. ¿Cómo dice el hijo del rey que era esa mujer, rubia o morena?

–Rubia; de estas y estas señas.

–Pues déjelo usted de mi cuenta, que yo lo haré. Déme un costal de nueces, dos panes y una botella de vino; me encerraré en el taller y, cuando yo abra, ya estará hecho.

El maestro no quería darle las nueces, porque no creía que él pudiera hacerlo, pero su mujer le dijo que lo dejara, que después de todo nada se perdía, aunque no lo hiciera.

Por fin el maestro se convenció: le dio las nueces, el pan y el vino, y el muchacho lo recogió todo y se metió en el taller.

El maestro y la maestra, ¡qué habían de dormir!, no pegaron los ojos en toda la noche esperando a ver lo que hacía; entre tanto, el aprendiz se llevó toda la noche, ¡tras, tras!, venga a partir nueces y comer. Cuando iba llegando el día, el maestro estaba tan mosca, que dijo a su mujer:

–Éste es un tuno que se está burlando de nosotros, y lo que ha querido es atracarse de nueces y pan a costa nuestra. Estoy por pegarle una patada a la puerta y darle a él una paliza, que se acuerde de mí para toda la vida.

–Déjalo, hombre –decía la maestra–, a ver con lo que resuella. Vamos a acostarnos, que yo tengo mucho sueño.

Y se acostaron.

Pues, señor, que el muchacho, así que se atracó de nueces y pan y se bebió la botella de vino, con la cabeza *caldeá*, cogió los pinceles y pintó una mujer rubia, más bonita... que no sé... vamos; tan bonita como el hijo del rey pudo haberla soñado. Así que la acabó, se acostó a dormir y, cuando despertó, abrió la puerta, cogió el retrato, fue en busca del maestro y le dijo:

–Tome usted, maestro.

El maestro, que estaba desesperado y temía que trajera un mamarracho, se preparó para meterle un puntapié; al mirar el cuadro, se quedó con la boca abierta y se restregaba los ojos como si no creyera lo que estaba viendo.

–Pero, muchacho –dijo–, ¿cómo has hecho esto?

–Con las nueces y el vino; déjeme usted de preguntas y lléveselo al hijo del rey, que lo estará aguardando.

El maestro salió loco de contento y fue a palacio con el cuadro.

El hijo del rey se quedó maravillado al verlo, y le dijo:

–Ésta es la mujer que yo he soñado. Ahora es preciso que vayamos a buscarla y necesito que vengas conmigo.

Y como las órdenes del rey eran leyes, el pobre pintor se fue a su casa tan apurado, que su mujer le preguntó que qué tenía, que si no le había gustado el retrato al hijo del rey.

–¡Ojalá que no le hubiese gustado, no me vería yo en este apuro! Ahora quiere que yo vaya con él a buscar su capricho. ¿Dónde vamos a encontrar una mujer que no existe más que en su cabeza?

–Maestro –dijo el muchacho–, vaya usted y le dice que tiene usted un hijo y que quiere ir con usted, que, si me deja ir, ya veremos el medio de quedarme yo y que usted se venga.

Llegó el maestro a palacio y le dijo al hijo del rey que estaba dispuesto a ir con él en busca de la *Flor de la Hermosura,* pero que quería pedirle un favor. Entonces el hijo del rey le preguntó que cuál era y, si podía ser, se lo concedería.

–Señor, ha de saber su real majestad –dijo el maestro– que yo tengo un hijo y, como se ha enterado de que yo voy con su real majestad en busca de la *Flor de la Hermosura,* me ha dicho que quiere acompañarme y, como él es muy travieso y puede ayudarnos, yo quisiera que su real majestad le permitiese venir.

–Bueno –dijo el hijo del rey–, que venga con nosotros.

Pues, señor, que al día siguiente, de madrugada, salieron el hijo del rey, el maestro y el aprendiz, y andar, andar, pasó un día, pasó otro y, cuando llegaron al tercero, ya el maestro estaba cansado y no podía seguirlos. Entonces el muchacho le dijo al hijo del rey:

–Si quiere su real majestad, que se vaya mi padre, que está cansado, y yo seré el guía.

–¿Te atreves tú a serlo? –le dijo el príncipe.

–Sí, señor.

–Bueno, pues entonces que se vaya a casa y nosotros seguiremos nuestro camino.

Se fue el maestro a su casa y el hijo del rey y el muchacho siguieron su camino, y andar, andar, llegaron a un bosque muy espeso, y cuando ya estaban cansados, vieron una casa que estaba rodeada de muchos árboles. Entraron en la casa y no vieron a nadie, pero encontraron una mesa muy bien puesta, y como llevaban hambre se pusieron a comer, y así que acabaron buscaron dónde acostarse y encontraron una alcoba con dos camas muy limpias, con buenos colchones, que parecía que les estaban esperando. El hijo del rey quería acostarse desde luego, pero el muchacho, como no había visto a nadie, estaba desconfiado, y le dijo al príncipe:

–Aquí es necesario que mientras uno duerma otro vele, no sea que esta casa sea una cueva de ladrones y vayan a sorprendernos.

–Bueno –dijo el rey–, ¿y quién duerme primero?

–Yo dormiré hasta las once y luego usted.

Convino en ello el hijo del rey y, cuando dieron las once, despertó al muchacho.

–¿Ha visto algo su real majestad? –preguntó.

–No, no he visto nada.

–Bueno, pues acuéstese, que ahora velo yo.

Se acostó el hijo del rey y, como tenía sueño, no tardó en dormirse.

Así que dieron las doce, sintió ruido como de dos personas que entraban, y después, aunque no veía a nadie, oyó dos voces que decían:

–Adiós, Juan.

–Ve con Dios, Pedro.

–¿No sabes cómo el hijo del rey quiere casarse?

–¿Con quién?

–Con la *Flor de la Hermosura*.

–Eso es imposible, porque es muy difícil encontrarla.

Se callaron las voces, y el muchacho, que estaba con el oído alerta, se quedó con las ganas de saber dónde se podría encontrar la *Flor de la Hermosura*.

«Puede que mañana a la noche lo digan –dijo para sí–. Nos quedaremos mañana a ver».

Cuando fue de día, despertó el hijo del rey.

–¿Has oído algo, muchacho?

–No he oído nada.

–¿Nos vamos?

–No, señor, hoy nos quedamos aquí, que quiero averiguar lo que hay en esta casa.

Pasaron allí el día, comieron, bebieron y se pasearon, sin ver a ninguna persona en todo el día, cosa que les llamaba la atención. Llegó la noche, se acostó el muchacho y encargó al hijo del rey que lo despertara cuando dieran las once. El príncipe lo llamó así que dieron las once, y se acostó él. Se quedó el muchacho velando y, cuando dieron las doce, volvió a oír los pasos de la noche antes, y después oyó hablar.

–Adiós, Juan.

–Ve con Dios, Pedro.

–¿No sabes cómo el hijo del rey se ha puesto en camino para buscar la *Flor de la Hermosura*?

–Sí, pero es muy difícil que la encuentre, porque está de aguas allá.

–Sí, pero eso le es muy fácil pasar. Ahí está colgado «el cuerno de llaves», que en tirándolo al mar se vuelve un «puente de plata» y pasa como por su casa.

Se callaron las voces y, como el muchacho no sabía todo lo que deseaba, decidió al hijo del rey a que pasara allí el día siguiente, y así lo hicieron. Se acostó, encargando que lo llamara a las once. Luego se acostó el hijo del rey y se quedó él velando. Cuando dieron las doce sonaron los pasos, y después las voces se pusieron a hablar.

–Adiós, Juan.

–Ve con Dios, Pedro.

–¿Sabes que el hijo del rey está decidido y debe de venir muy cerca?

–Tal vez parará aquí.

–No, quizá pasará de largo.

–Pero lo que yo creo es que, aunque pueda pasar el mar,

no logrará traerse la *Flor de la Hermosura,* porque hay guardándola un gigante y dos leones muy furiosos.

–¿Y no hay un medio para poderla coger sin que lo vean?

–Sí, si los coge dormidos y pasa la mar antes que se despierten, pero ¡ay de ellos si logran alcanzarlos!

Se callaron las voces, y así que fue de día despertó al hijo del rey y, cogiendo el cuerno de llaves, se fueron derechos al mar. Cuando llegaron, tiró al agua el cuerno de llaves, que se volvió un puente de plata y pasaron al otro lado.

Entraron en una isla y encontraron un gran palacio, en el cual vieron a un gigante con una maza muy grande y dos leones, pero los tres estaban dormidos. Entre el gigante y los leones estaba una mujer tan hermosa, que era la delicia del mundo. Así que ella los vio, les dijo:

–¿Quién los ha traído a ustedes por aquí?

–Venimos por ti.

–¡Ah! Si el gigante se despierta, desgraciados de vosotros, que os matará, y si son los leones, la migaja mayor que harían de vuestros cuerpos sería como una hormiga.

–¡Chist! Cállate y déjate llevar.

La cogieron con mucho tiento y se fueron a escape hacia el mar. A poco despierta el gigante y, al verse sin la *Flor de la Hermosura,* se enfureció y salió a buscarla. Miró hacia el mar y vio que se la llevaban por el puente de plata. Echó a correr y, como tenía las piernas muy largas, en dos zancadas llegó al mar en el momento en que ellos acababan de pasar y levantaban el puente. Entonces el gigante, como no podía perseguirlos, alzó el puño amenazándolos y dijo:

–Adiós, *Flor Bella,* he llegado tarde para cogerte, pero permita Dios que la primera noche de novios seas comida de lobos, y si esta maldición no te alcanza, que, al primer hijo que tengas, te conviertas en piedra de mármol.

Mientras el gigante rabiaba, el hijo del rey y el muchacho con la *Flor de la Hermosura* se pusieron en camino y fueron a dormir a la casa del bosque. Se acostó el muchacho primero, y a las once se levantó y se acostaron los otros. Cuando dieron las doce, sintió de nuevo los pasos y puso atención a lo que hablaban.

–Adiós, Juan.

–Ve con Dios, Pedro.

–¿No sabes cómo el hijo del rey se ha traído la *Flor de la Hermosura?*

–¿Sí?

–Sí, cogió dormidos a los guardianes y se la trajo, pero no sabe que trae consigo la maldición que les ha echado el gigante.

–¿Y qué maldición les ha echado?

–Que la primera noche de novios sea comida por lobos.

–¡Qué lástima, tan hermosa como es! ¿Y no podría librarse?

–Sí, si el día que se casen pone el rey alrededor de la ciudad un ejército de soldados para pelear con los lobos que se presenten.

Se callaron las voces y se acostó el muchacho. Cuando fue de día, salieron todos en dirección a su casa. Así que llegaron, los recibieron con repiques de campanas y fuegos, y todos quedaron enamorados de la *Flor de la Hermosura,* que decían que no había otra tan bonita en todo el mundo.

Pues, señor, que se casaron y el día de la boda mandó el hijo del rey que todos los soldados rodearan el pueblo; así fue que, cuando estaban todos preparados, vieron llegar una infinidad de lobos por todos lados, que venían aullando que daba horror oírlos. Los soldados empezaron a tiros hasta que los mataron a todos, y eso que parecía que no acababan nunca de tantos como venían.

Pues vamos, que se acabaron las fiestas y todo el mundo estaba loco de contento con la princesa y sobre todo el hijo del rey. Pasó el tiempo, y la *Flor de la Hermosura* dio a luz un niño tan hermoso, que daba gloria verlo. El padre lo cogió en seguida y se lo llevó a la reina, que se puso muy contenta al ver a su nieto. Volvió el hijo del rey a la alcoba de su mujer

y se desesperó al encontrársela convertida en piedra de mármol, así que toda la alegría que tenía por su hijo se le volvió
pena al ver a su mujer en aquel estado, por lo que estaba in-
consolable. Mandó entonces preparar una sala para conver-
tirla en tumba donde colocar a su mujer; la mandó adornar
con lo mejor y colocó la estatua en el centro para recrearse en
aquella hermosura muerta, ya que no la podía ver viva.

Pues, señor, que el aprendiz de pintor, que se había quedado viviendo en palacio, viendo la tristeza del hijo del rey, determinó ver si era posible aliviarla, y para ello pensó en hacer un viaje a la casa del bosque a ver si la casualidad le hacía
averiguar algo.

–Déme su real majestad un caballo –le dijo al príncipe.

Le dio orden de que cogiera el que quisiera, y montando en
él se puso en camino; andar, andar, hasta que llegó al bosque.
Entró en la casa, comió y no quiso acostarse por temor a dormirse y no oír lo que dijeran las voces si es que algo decían.

Así que dieron las doce, sintió el mismo ruido de pasos
que otras veces, y al poco rato oyó las voces que decían:

–Adiós, Juan.

–Ve con Dios, Pedro.

–¿No sabes lo que pasa?

–¿Qué es?

–Que, aunque el hijo del rey venció a los lobos con los soldados la noche de su casamiento, no ha podido librarse de la
segunda maldición que le echó el gigante a la *Flor de la Hermosura*.

–¿Cuál fue?

–Que al primer hijo que tuviera se convirtiese en mármol.

–¿Y qué ha pasado?

–Que la *Flor de la Hermosura* ha tenido un niño muy hermoso, pero ella se ha convertido en piedra de mármol.

–¡Qué lástima! ¿Y no sería posible que volviese a la vida?

–Sí, hay un medio, pero es muy triste, porque, para dar
vida a la madre, tiene que morir el hijo.

–¿Cómo es eso?

–Si matan al niño y echan la sangre en una redoma, en frotando con esta sangre las venas de la madre, vuelve a la vida.

Dejaron de hablar las voces, y el pintor, que no podía dormir, estaba deseando que fuese de día para ponerse en camino. Por fin amaneció, cogió el caballo y no paró hasta que llegó al palacio. Cuando llegó, le dijo al príncipe lo que había que hacer para que la *Flor de la Hermosura* volviese a la vida. La reina se opuso, porque no quería que mataran a su nieto y porque decía que se iban a quedar sin uno y sin otro.

El hijo del rey tenía confianza en el pintor y creía en que su mujer recobraría la vida, pero, como quería mucho a su hijo, tampoco quería que lo mataran; mas, viendo que era el único remedio, dijo que era preciso hacer el sacrificio, porque en todo caso antes que el hijo era la madre.

Conque entonces mataron al pobrecito niño, recogieron la sangre en una redoma y fueron frotando con ella todas las venas de la piedra de mármol. Conforme las iban frotando iban tomando movimiento, hasta que concluyeron y la *Flor de la Hermosura* volvió a la vida con gran contento de todo el mundo que la conocía.

El hijo del rey, que había sentido mucho a su hijo, al ver viva a su mujer, poco a poco se fue olvidando de aquello; luego tuvieron nuevos hijos y vivieron felices muchos años, y el pintor no volvió a agarrar los pinceles y se murió de viejo en palacio.

Y se acabó mi cuento con pan y rábano tuerto.

20. *El diablo de novio*

Un conde tenía una hija muy guapa, ya en edad de casarse. Pero la niña era muy caprichosa y a todos los novios les ponía faltas. Un día le dio por decir:

–No me caso hasta que encuentre un marqués con los labios de plata y los dientes de oro.

El diablo, que se enteró, se dijo: «Pues ahora voy yo, me disfrazo de marqués y me caso con ella». Y así lo hizo. Un buen día se presentó en palacio y al ver el rey que era como su hija había dicho, la llamó y le dijo:

–Aquí tienes lo que tú buscabas.

Y ella dijo:

–Nunca pensé encontrarlo, pero aquí está mi mano.

Y concertaron la boda para otro día.

Tenía la niña una golondrina, que le advertía:

> –Si piensas que es un marqués,
> no te cases, que el diablo es.

Pero ella no le hacía caso. La golondrina se lo decía otra vez y otra. Por fin la niña le contestó:

–Tú es que crees que no te voy a llevar al palacio de mi marido. Pues sí que te voy a llevar. Anda, déjame tranquila.

Llegó el día de la boda y se presentó el diablo en un trineo por los aires, vestido de etiqueta, con sus labios de plata y sus dientes de oro, y acompañado de unos cuantos diablos y diablesas disfrazados también de gente importante.

Se casaron la condesita y el diablo y, después de la ceremonia, se fueron en el trineo por los aires. Y aunque a la niña se le había olvidado la promesa que le hizo a la golondrina, ésta echó a volar también y se fue detrás de aquella comitiva.

–¿Por dónde me llevas? –le preguntaba la condesita a su marido–. Éstos me parecen unos caminos muy raros.

–No te apures, mujer, que ya verás mi palacio.

En cuanto llegaron al palacio, el diablo encerró a la niña en una habitación que estaba encima de una caldera de pez hirviendo. Y decía el diablo, con grandes risotadas:

–Hija del conde, que encima de la caldera estás, si no es a la una ni a las dos, a la de tres caerás –y daba grandes trompazos contra el techo, para que se hundiera y se cayera la niña en la caldera.

Entró entonces la golondrina por un balcón y la condesita le dijo:

–¡Ay, golondrina, bien decías tú que este marqués el diablo es! Anda, vete corriendo a avisar a mi padre.

Salió volando la golondrina para avisar de lo que estaba pasando, y, mientras, el diablo seguía diciendo:

–Hija del conde, que encima de la caldera estás, ¡si no es a la una ni a las dos, a la de tres caerás! –y volvía a dar grandes trompazos contra el techo para que se cayera.

La golondrina avisó al conde, y éste preparó un gran ejército para ir a rescatar a su hija. Cuando ya estaba a punto de caerse el techo, llegaron al palacio, rompieron la puerta y todavía tuvieron tiempo de desatar a la niña y poner en su lugar una muñeca. Cuando por fin se rompió el techo, con un gran golpe que dio el diablo, cayó la muñeca dentro de la caldera de pez.

El diablo, con un cucharón se puso a remover, venga a remover, y decía:

–Hija del conde, si con quien has venido creías que era marqués, ¡estás confundida, que el diablo es!

Lo repitió tres veces y, por ver si ya estaba la niña quemada, la sacó y, aunque ya estaba la muñeca muy negra, se dio cuenta del engaño. Se montó otra vez en su trineo con unos cuantos diablos y salió volando hacia el palacio del conde. Pero allí, como ya estaba bien preparado el ejército, le presentaron batalla y lo vencieron, teniéndose que volver otra vez al infierno con el rabo entre las piernas.

21. *El barquito de oro, de plata y de seda*

Érase una vez un padre que tenía tres hijos. Uno de ellos, el mayor, quiso irse a correr fortuna; pero el padre le decía que, siendo él rico, a qué quería irse por ahí.

Pero el hijo le pidió la bendición y le dijo que le mandara hacer un barco de oro, que se iba; inmediatamente fletaron el barco y se marchó en él. Llegó a una ciudad e hizo que los mozos sacasen el barco del agua y se lo pusiesen en la sala inmediata a su alcoba. Le pidió una espuerta a la posadera y se fue a la plaza por carne.

Cuando pasó por el palacio del rey, vio un letrero en la puerta que decía que dentro del palacio tenía el rey escondida a su hija; que, si alguno la encontraba, se casaría con ella. Él entró para buscarla; mas el rey le dijo que, si no la hallaba dentro de tres días, que lo emparedaría. Él se decidió a buscarla y, cuando pasaron los tres días, como no la halló, lo emparedaron.

El padre y los hermanos vieron que no volvía el hijo mayor. Entonces decidió el segundo marchar en busca del primero y le dijo a su padre que le hiciese un barco de plata; en seguida que estuvo, se metió en él el hijo segundo y fue en busca de su hermano mayor. Y mira por dónde viene a parar a la misma posada que el hermano y, como vio el barco en la sala, conoció que allí estaba su hermano. Pidió la espuerta para traer la carne y vio el mismo letrero que su hermano. Quiso entrar y el rey le advirtió que allí estaba un jovencito que se le parecía mucho y estaba emparedado por empeñarse en buscar a la princesa, a la que no había hallado: que a él le aguardaba igual suerte; pero él se decidió a buscarla y tampoco la halló, así que también lo emparedaron. Entonces el hermano más chico dijo al padre que él quería ir en busca de sus dos hermanos, pero el padre no quería, viendo que desaparecían sus hijos. El chico se empeñó en marcharse y le dijo al padre que le hiciera un barco de seda: se metió en el barco y fue a parar a la misma posada que sus dos hermanos y vio los dos barcos de ellos.

Marchó a la plaza para traer la comida que le hiciese la posadera y vio el mismo letrero en el palacio del rey y una piedra enfrente, en la que se sentó, pensando si entraría o no.

En esto se llegó a él una vieja y le preguntó que qué apuro tenía: él le dijo que a ella qué le importaba, y ella le contestó
que le contase lo que tenía, que tal vez podría remediarlo. Él
le contó todo lo que le pasaba y la vieja le preguntó que si era
rico. Él contestó que podía disponer de dos barcos: uno de
oro y otro de plata; entonces le dijo la vieja que con aquellos
materiales mandase hacer un loro de oro y la peana de plata;
que el loro fuese del tamaño de un hombre y que lo dejasen
sin ojos y sólo con los agujeros. En seguida lo mandaron hacer en una platería y se metió el hijo del rey dentro con un
vaso de agua y un panal y colocaron la jaula enfrente del palacio; al rey le llamó la atención aquel hermoso pájaro e hizo
que se lo llevasen para verlo de cerca. Apenas podían seis
hombres con él. Lo llevaron a palacio y el muchacho entró
observando lo que allí dentro hacían. Notó que rodaron una
cama y alzaron una baldosa, de donde sacaron un aldabón
de hierro, bajaron por una escalera, y se encontraron en un
patio muy grande con una fuente que parecía un pozo tapado por encima. Abrieron aquello y volvieron a bajar; allí
también había otro patio muy hermoso con otra puerta.
Abrieron aquella puerta y allí se encontraba la princesa con
dos jóvenes más. Todas vestían iguales por si algún día daban con su paradero, para que se confundiesen y no supie-
sen cuál era la princesa. A ésta le gustó tanto el loro, que lo
mandó poner en su alcoba. Allí le dejaban un panal y un
vaso de agua todas las noches; el joven, teniendo sed, se salió del loro y fue a beberse el agua; pero al ir a coger el vaso, la
princesa también le echaba mano al mismo tiempo. Entonces, asustada de tocar otra mano, fue a gritar, mas él le dijo que
era el que venía a librarla de aquel encierro. Ella se tranquilizó y
le advirtió que, puesto que todas estaban vestidas iguales, para
que él la conociese se pondría un pequeño lazo grana en un
dedo, al paso que las demás tenían los lazos celestes.

Aquella mañana volvieron por el loro y se lo llevaron. Entonces él, vestido de caballero, se presentó en palacio y dijo

que iba a buscar a la princesa. El rey le dijo que allí estaban
emparedados dos hombres que eran sin duda hermanos su-
yos, por lo mucho que se le parecían; que no fuera a suceder-
le a él lo mismo. Él insistió en entrar y comenzó a buscar,
pero se hizo el tonto. El primer día, como si nada supiese; el
segundo sucedió lo mismo y al tercero, rodó la cama y levantó la baldosa, haciéndose de nuevas; pidió la llave, abrió el
aldabón y bajó con el mozo y el rey. Entonces volvió a pedir
la llave de la tapa de la puerta y bajó hasta donde estaba la
princesa; pero el rey todavía tenía la esperanza de que no la
reconociese en medio de sus compañeras, pues aparecieron
todas en fila. El rey les dijo que dieran dos vueltas y se para-
sen. Entonces él escogió, sin equivocarse, a la princesa. El
rey dijo:

–Ya no tengo más remedio que dársela por esposa; pero
que den otra vuelta.

Pero él la reconoció tan bien, que ya las subieron, y al encontrarse allí, él pidió que le entregasen a sus hermanos, que
estaban emparedados, y llamasen a su padre; vino el uno y
sacaron a los otros y se hizo el casamiento y a mí me dieron
unos zapatitos de manteca, que en el camino se me derritieron.

22. *La niña que no sabía hilar*

Esto era una vez una vieja que no tenía más que una nietecita
en el mundo. La había criado con tanto mimo, que le había
enseñado muy pocas cosas, sin pensar que algún día sería
mayor y tendría que casarse. La niña sería poco más o menos
de la edad del príncipe y, cuando la reina pensó que su hijo
tenía que buscarse novia, mandó publicar un bando diciendo que aquella muchacha que fuera capaz de hilar en tres
días todo el lino que llenaba una habitación que había en palacio, ésa se casaría con el príncipe.

La vieja, que se enteró, fue corriendo a palacio y dijo que ella tenía una nieta muy guapa, que era capaz de hacer aquello.

–¿Está usted segura?

–¿No he de estarlo, si se bebe las madejas como si fueran vasos de agua?

Así que mandaron a por la niña y la metieron en la habitación que estaba llena de lino. Cuando se vio allí encerrada, la niña se puso a llorar, porque ella no había hilado en su vida. No paraba de llorar, cuando se le presentaron tres hechiceras muy simpáticas que le dijeron:

–Vamos a ver, ¿qué es lo que te pasa?

–Pues nada, que tengo que hilar todo este lino y en mi vida he cogido una rueca –dijo, y se echó a llorar otra vez.

–¿Y por eso te apuras? Mira, vamos a hacer una cosa. Nosotras te ayudaremos a hacer este trabajito, pero con una condición.

–Sí, sí, lo que ustedes quieran –dijo la niña.

–Pues que nos tienes que invitar a la boda y sentarnos al lado del príncipe.

La niña aceptó muy contenta aquella condición, y en seguida las tres hechiceras se pusieron a hilar un hilo muy fino. Una le daba al huso, otra mojaba la hebra y la otra movía la manezuela. Y al mismo tiempo se cantaban y se alegraban comentando lo bien que lo iban a pasar en la boda, siendo la envidia de todo el mundo por estar junto al príncipe. Tan sólo se callaban y se escondían entre las madejas de lino cuando le traían de comer a la niña. Pero salían de nuevo, y sin comer ni nada seguían hilando, venga a hilar, una con el huso, otra mojando la hebra y otra moviendo la manezuela. Pero tanto y tan rápidamente hilaron, que a la una se le gastó el brazo y se quedó manca, a la otra se le puso el labio gordo, gordísimo, que casi le llegaba al techo y a la otra se le hinchó tanto el pie, que le costó trabajo salir de la habitación.

Cuando ya pasaron los tres días, vino la reina a la habitación y vio todo el lino muy finamente hilado y dijo:

–Pues nada, te casas con mi hijo.

Llegó el día de la boda y la niña dijo que ella tenía que invitar a tres primas de su abuela, que eran un poco raras, pero que no tenía más remedio que invitarlas. Y que además tenía que sentarlas al otro lado del príncipe. Al pronto, la reina y el rey protestaron, diciendo que eso no podía ser, estando ellos y tantos cortesanos. Pero la niña insistió y el príncipe intervino diciendo que tenía que ser como ella decía.

Mandaron llamar entonces a las tres invitadas, y cuando entraron en el salón por poco le da una cosa al príncipe y a todos los que estaban allí. Venían las tres viejas, una manca, otra con el labio tan gordo que casi le llegaba al techo y, por último, la otra, que venía cojeando con su pie todo hinchado y tropezándose con todos los invitados. Y se fueron derechitas a sentarse al lado del príncipe, que no salía de su asombro. Y el príncipe le preguntó a la primera:

–¿Cómo es que ha perdido usted el brazo?

–Hijo mío, de tanto darle al huso.

Y a la segunda:

–¿Y ese labio tan gordo?

–Hijo mío, de tanto mojar la hebra.

Y a la tercera:

–¿Y ese pie?

–Pues, hijo, de tanto mover la manezuela. Es que somos muy aficionadas a eso de hilar. Casi tanto como su linda esposa.

Al oír esto, el príncipe se asustó. Llamó a los criados y les dijo:

–Ahora mismo vais a la habitación de mi mujer. Cogéis la rueca, y la tiráis al pozo o la quemáis, ¡pero que yo no la vea nunca más!

E. La princesa y el pastor

23. *La adivinanza del pastor*

Pues, señor, esto era un rey que tenía una hija que siempre estaba muy aburrida y nada ni nadie conseguían distraerla. El rey decidió que tenía que casarla y publicó un bando diciendo que aquel que le propusiera a la princesa un acertijo que fuera incapaz de adivinar, se casaría con ella. Pero que mataría a todo el que ella se lo acertara.

De todas partes vinieron príncipes y nobles a proponerle acertijos a la princesa, pero a todos se los acertaba y a todos les daban muerte.

Un pastor que vivía cerca del palacio se enteró de lo que ocurría y fue y le dijo a su madre:

–Madre, prepáreme usted el almuerzo para el camino, que voy a decirle un acertijo a la princesa, a ver si me caso con ella.

–¡Pero, hijo, tú estás tonto! –dijo la madre–. ¿Cómo vas tú a hacer eso cuando han fracasado todos los grandes señores que han venido de todas partes?

–No importa, madre –replicó el pastor–. Arrégleme usted el almuerzo, mientras voy por la burra.

La madre se quedó muy triste, y como prefería que su hijo muriera por el camino antes que lo ahorcara el rey, envenenó los tres panes y los echó en el zurrón. El pastor cogió su escopeta, se montó en la burra y se marchó.

Cuando iba de camino, se le levantó una liebre. Apuntó con la escopeta, pero no la dio. En cambio, sí dio a otra liebre que pasaba por allí, y la mató. Entonces se dijo: «Ya llevo una parte del acertijo: *Tiré al que vi y maté al que no vi*». Luego se dio cuenta de que la liebre estaba preñada. Le abrió la barriga y le sacó los gazapos. Los puso a asar y se los comió. «Pues ya tengo otra parte del acertijo –pensó–: *Comí de lo engendrao, ni nació ni criao*».

Mientras él se comía los gazapos, la burra se comió los panes envenenados. Reventó y se murió. Luego llegaron tres grajos y se comieron las tripas de la burra muerta, de manera que se murieron también, y el pastor dijo: «Pues ya tengo para acabar el acertijo: *Mi madre mató a la burra y la burra mató a tres*».

Conque siguió andando y cuando llegó al palacio pidió licencia para hablar con la princesa, diciendo que quería echarle un acertijo. Se lo concedieron y cuando estuvo delante de ella, le dijo:

> –Tiré al que vi
> y maté al que no vi.
> Comí de lo *engendrao*,
> ni *nació* ni *criao*.
> Mi madre mató a la burra
> y la burra mató a tres.
> Aciérteme usted lo que es.

La princesa estuvo mucho tiempo venga a pensar, venga a pensar, pero por más que discurría no daba con lo que era. Su padre le concedió tres días de plazo, y entre tanto el pastor se quedó a vivir en una habitación del palacio.

La primera noche la princesa envió a una de sus doncellas a la habitación del pastor, a ver si conseguía que le revelara el acertijo. La doncella se llegó hasta la cama y dijo:

–Señor, vengo a que me diga usted el acertijo.

El pastor no le dijo ni que sí ni que no, pero durmió con ella y por la mañana todavía no había soltado prenda.

A la noche siguiente mandó la princesa a otra de sus doncellas, y le ocurrió lo mismo que a la anterior. Por fin lo intentó ella misma y el pastor dijo que se lo revelaría al amanecer. Pero, cuando se despertaron, ya habían transcurrido los tres días, y el pastor dijo que no tenía por qué revelar su adivinanza. Más tarde el rey le dijo a la princesa:

–Pues bien, el pastor ha ganado. Y como yo tengo que cumplir mi palabra de rey, te casarás con él inmediatamente.

Pero la princesa protestó y dijo que no estaba dispuesta a casarse con un pastor, a menos que fuera capaz de hacer tres cosas. Si no, lo mataría. Preguntó el pastor qué tres cosas eran y contestó la princesa:

–Primero tienes que llevarte al campo cien liebres, ponerlas a pastar y volver con ellas por la tarde, sin haber perdido ninguna. Así durante tres días. Después tienes que encerrarte en una habitación con cien panes y cómértelos todos en un día. Y en tercer lugar, tienes que separar el grano de cien fanegas de trigo mezclados con cien fanegas de cebada en una noche.

Y todavía la princesa añadió una cosa más:

–Por último, tendrás que llenar un saco de embustes tan grandes, que nadie diga que pueden haber sido verdad.

El pastor salió muy afligido del palacio, pensando que de nada le había servido el acertijo, cuando se encontró con una hechicera, que le dijo:

–¿Por qué estás tan apenado, hombre?

El pastor le contó lo que había pasado, y las cosas que ahora le pedían que hiciera, y ella le dijo:

–No te apures por eso, que yo te ayudaré. Toma esta flauta y sal mañana con las cien liebres. No tengas preocupación de que corran por donde les dé la gana. Cuando sea de noche no tienes más que tocar la flauta y todas acudirán corriendo adonde tú estés.

Así lo hizo el pastor. A las ocho de la mañana se fue con sus cien liebres y en todo el día no se preocupó de ellas. Cuando se fue haciendo de noche, tocó la flauta y al instante se presentaron todas y se fueron tras él hasta el palacio.

La princesa y todo el mundo se quedaron maravillados y decían: «¿Cómo se las arreglará éste para no perder ni una liebre en el campo?»

Al día siguiente el rey mandó a uno de sus criados, a ver si conseguía quitarle aunque fuera una sola liebre. El criado se puso a decirle al pastor que le compraba una liebre por tanto y cuanto y el pastor decía que no tenía ningún interés en vender, y que no vendería por nada del mundo. El rey entonces decidió ir él mismo, disfrazado de aldeano. Pero el pastor lo reconoció y no dijo nada. El rey le preguntó que cuánto quería por una liebre, y entonces el pastor le dijo:

–No quiero dinero, sino que me dé usted un beso en el ojo del culo.

El rey al pronto se llenó de indignación, pero luego pensó que merecía la pena, con tal de que su hija no tuviera que casarse con un pastor. De manera que fue y le dio un beso en el ojo del culo, y el pastor entonces le entregó la liebre.

Pero, cuando el rey ya regresaba a su palacio con la liebre en los brazos, el pastor tocó su flauta y la liebre pegó un brinco y salió corriendo hasta donde estaba el muchacho.

El rey entonces dijo:

–Está bien. Ya has superado la primera prueba. Ahora te encerraremos en una habitación con cien panes, para que te los comas en un solo día.

Otra vez se puso el pastor muy triste, hasta que se le apareció la hechicera y le dijo:

–No te preocupes, hombre. Sólo tienes que tocar la flauta y vendrán las aves y comerán los cien panes.

Y así lo hizo el pastor. Tocó la flauta y al momento entraron por la ventana muchos pájaros de todas clases, que se comieron los cien panes sin dejar migaja.

El rey mandó entonces que encerraran de nuevo al pastor con cien fanegas de trigo mezcladas con cien de cebada, a ver si era capaz de separar los granos en una sola noche. El pastor se puso otra vez muy triste, pero se le apareció la hechicera y le dijo:

–Tú toca la flauta y échate a dormir, que pronto vendrán las hormigas a separar el grano de trigo del grano de cebada.

Y efectivamente, cuando el pastor despertó por la mañana vio dos montones a un lado y a otro de la habitación, cada uno de una cosa.

Conque se presentó ante el rey y ante toda la corte y dijo que ya había superado las tres pruebas.

–Sí –dijo el rey–. Pero te queda llenar un saco de embustes tan grandes, que nadie diga que pueden haber sido verdad.

–Está bien –contestó el pastor–. Pues ésta y ésta –señalando a las dos doncellas que se habían acostado con él– que vayan entrando en el saco, porque dormí con ellas a cambio de nada. Y la princesa también, porque también dormí con ella sin tener que cumplir lo prometido. Y su majestad también, porque le di una liebre a cambio de que me besara...

–¡Basta! ¡Basta! –gritó el rey–. ¡Que ya está lleno el saco, que ya está lleno!

24. *La princesa que nunca se reía*

Éste era un rey que tenía una hija que nunca se reía. El rey mandó pregonar que el que hiciera reír a la princesa se casaba con ella, no importa quién fuera. De todas partes venían al palacio pretendientes que se querían casar con la hija del

rey y que trataban de hacerla reír. Pero ninguno lo conseguía, y a todos los iba metiendo en la mazmorra.

Vivía en aquel reino un pastor que tenía tres hijos. El más
pequeño se llamaba Juanillo y era medio simplón. Cuando
se enteraron de que cualquiera que hiciese reír a la princesa
se casaría con ella, los tres quisieron probar fortuna. Los dos
mayores se reían de Juanillo y le decían:

–Anda, so tonto, ¿tú qué vas a hacerle a la princesa? Tú te
quedas aquí.

Salió el mayor en primer lugar y cuando llegó al palacio
pidió permiso para hablar con la princesa. Se lo autorizaron
y, cuando ya estaba delante de ella, le dice:

> –¿Eres tú, prenda adorada,
> la que no te *ris* de nada?

Y la princesa muy seria. Y sigue el otro diciendo:

> –¿Sabes lo que comí ayer?
> Pues garbanzos con sopa
> almorcé y cené.

Y la princesa, muy seria, va y le dice:
–Lo primero que tienes que hacer es descubrirte.
Entonces el pastor contesta:

> –Descubrirme, sí me descubro;
> pero no te quiero
> aunque mil veces me quite el sombrero.

La princesa siguió sin reírse y además le molestó lo último
que aquél había dicho. De manera que lo mandó a la mazmorra.

Viendo que no regresaba, dice el segundo de los hermanos:

–Ahora me toca a mí.

–No hijo, no vayas, que te puede pasar lo que al mayor –dijo el padre. Pero el segundo insistió y se fue.

Cuando llegó al palacio, pidió permiso para ver a la princesa:

Ya está delante de ella y le dice:

> –¿Eres tú, prenda adorada,
> la que no te *ris* de nada?

Y la princesa muy seria, más seria que nunca. Siguió diciendo el segundo:

> –¿Sabes lo que comí ayer?
> Pues de un solo *bocao*
> la oveja más grande de mi *ganao*.

Y la princesa, sin sonreírse siquiera, le dice igual que al otro:

–Lo primero que tienes que hacer es descubrirte.

Dándose cuenta el pastor de que no se había quitado el sombrero, contesta:

> –Descubrirme, sí me descubro.
> Pero no te quiero
> porque eres igualita que un mortero.

No solamente no se rió la princesa, sino que se indignó por lo que le había dicho y lo mandó a la mazmorra con su hermano y todos los demás.

Al ver que sus hermanos no regresaban, dice Juanillo a su padre:

–Padre, déjeme usted probar suerte.

–No, hijo, que tú eres medio tonto y te puede pasar lo peor.

Pero Juanillo le cogió las vueltas a su padre, y sin que se diera cuenta, una mañana muy temprano salió de su casa.

Juanillo era aficionado a la guitarra y por el camino fue parando en una venta y en otra, tocando para ganarse la vida.

Cuando le preguntaban que adónde iba, él contestaba:

–Voy a hacer reír a la princesa para casarme con ella.

Entonces se echaban a reír y le convidaban a comer. Le decían:

–Anda, hombre, a ésa ni Dios la hace reír.

En una venta tanto se rieron y se animaron con él, que una criada, después de pasar la noche con él va y le dice:

–Yo no tengo nada que darte más que esta servilleta. Pero cuando tú digas: «Servilleta, componte», y la extiendas así en el aire, en seguida aparecerá una mesa repleta de los manjares más ricos del mundo.

En otra venta le pasó lo mismo. Después de tocar la guitarra y de hacer reír a todo el mundo diciendo que se iba a casar con la princesa, otra criada, después de pasar la noche con él, le dijo:

–Mira, nada tengo que darte, pero llévate este vaso, y cuando tú digas: «Vasito, componte», en seguida aparecerá una mesa llenita de los mejores licores de todo el mundo.

Siguió Juanillo camino adelante y en otra venta también se puso a bailar y cuando dijo que se quería casar con la princesa le advirtieron:

–Ten cuidado, no vayas a acabar tú también en la mazmorra, que a ésa ni Dios la hace reír.

En aquella venta otra criada le dijo:

–Mira, Juanillo, lo único que puedo darte es esta guitarra, que, cuando la toques, todo el mundo se pondrá a bailar sin parar, hasta que tú no pares.

Pues así llegó Juanillo al palacio y pidió hablar con la princesa. Cuando estaba delante de ella, lo primero que hizo fue quitarse el sombrero. Después le dice:

–¿Eres tú prenda adorada,
la que no te *rís* de nada?
Pues verás con este tiro
si quedas desencantada.

Y se tiró un pedo tan grande, que se le rompieron los calzones y se le vio el culo. En ese momento la princesa empezó a reírse un poquito, pero el padre, que estaba allí, se puso indignado y dijo:

–¡Éste es un grosero y yo no puedo casar a mi hija con él! ¡A la mazmorra!

Y en la mazmorra lo metieron. Allí se encontró Juanillo con sus hermanos y con un montón de gente la mar de triste y muy canijos, de lo poco que comían y bebían. Entonces Juanillo dice:

–¿Que no os traen de comer? No se apuren ustedes, que esto lo arreglo yo en un minuto.

Sacó su servilleta y le dice: «Servilleta, componte», y nada más extenderla en el aire apareció una mesa grandísima toda repleta de manjares exquisitos. Los presos se tiraron a ella y se pusieron a comer hasta que se hartaron y luego empezaron a cantar y a bailar.

Todo aquel jaleo llegó a oídos de la princesa, que preguntó:

–¿Qué pasa en la mazmorra?

Y mandó a averiguarlo a una doncella. Ésta se enteró y le dijo:

–¡Ay, señorita, si viera usted la servilleta que tiene el tonto! –y le explicó que sólo con decir: «Servilleta, componte», aparecía una mesa con todos los manjares del mundo–. Parece mentira que usted, siendo reina, no tenga esa servilleta.

–Pues anda y dile que cuánto quiere por ella.

Fue la doncella a la mazmorra a preguntarle a Juanillo, pero éste le dijo:

–Dinero no quiero. Dígale usted a su ama que se la doy si me permite verle el dedo gordo del pie.

Cuando la doncella se lo dijo a la princesa, dice ésta:

–¡Ay, qué grosero y qué atrevido! ¡Que lo maten!

Pero la doncella le dice:

–Mire usted, señorita. Se puede usted hacer un agujero en el zapato. ¿Qué le importa a usted que un tonto le vea el dedo gordo del pie? ¡Y se queda usted con la servilleta!

La princesa no quería al principio, pero lo pensó mejor y dijo que bueno. Se hizo un agujero en el zapato y vino Juanillo, le vio el dedo gordo y le dio la servilleta. Cuando volvió a la mazmorra, otra vez estaban sus compañeros muy tristes y dijo:

–Esto lo arreglo yo en un minuto.

Se sacó su vaso y le dijo: «¡Vasito, componte!». Al momento apareció una mesa llena de licores. Los presos se abalanzaron sobre ella y se pusieron a beber hasta que cayeron borrachos, y cantaban y bailaban que todo el palacio los podía oír. Entonces preguntó la princesa:

–Y ahora, ¿qué es lo que pasa en la mazmorra?

Mandó otra vez a su doncella y le dice Juanillo:

–Dinero no quiero, pero dígale usted a su ama que se lo regalo si me deja verle la rodilla.

–¡Ay, qué grosero! –dijo la princesa cuando se enteró–. ¡Que lo maten ahora mismo!

–Mire usted, señorita, que total, porque un tonto le vea la rodilla... Se hace un agujero en el vestido, y ya está.

La princesa se hizo insistir por lo que decía la doncella, pero al final consintió. Así que vino Juanillo, la princesa sacó su rodilla por un roto y el tonto le entregó el vaso. Cuando volvió a la mazmorra vio otra vez a todos los presos muy tristes y dijo:

–Eso lo arreglo yo en un minuto.

Y empezó a tocar su guitarra, de manera que todo el mundo se puso a bailar, y hasta los guardianes bailaban y se jaleaban. Se formó tal griterío, que llegó a oídos del rey, y éste mandó averiguar lo que pasaba. Le explicaron entonces que

Juanillo tenía una guitarra irresistible y que todo el que la oía se ponía a bailar sin remedio. Comprendiendo el rey que aquello podía ser un peligro para su reino, mandó preguntarle que cuánto quería por la guitarra. Esta vez Juanillo contestó:

–Díganle ustedes al rey que le doy la guitarra con tal de que su hija me conteste que no a todo lo que yo le pregunte.

El rey se quedó un poco mosca y fue a contárselo a su hija. La princesa también se quedó pensativa, sin saber si aquello le convenía o no. Entonces la doncella dijo:

–Lo más que puede pasar es que el tonto le pregunte a usted si quiere casarse con él y usted le dice que no.

Bueno, pues aceptó la princesa y vino Juanillo con su guitarra y se la entregó. Estaba todavía en la habitación de la princesa cuando le pregunta:

–¿Quiere usted que me salga?

–No –dijo la princesa, porque se había comprometido a decir a todo que no, y Juanillo dice:

–Pues aquí me quedo.

Después le pregunta:

–¿Va usted a salir del cuarto?

–No.

Y la princesa se quedó en el cuarto con el tonto. Va éste y le hace otra pregunta:

–¿Va a quedarse la doncella con nosotros?

–No.

Y la doncella se salió, con lo que se quedaron solos Juanillo y la princesa. Allí se estuvieron hasta que llegó la noche y la princesa se sentó en una silla.

–¿Va usted a quedarse en esa silla toda la noche?

–No.

Y tuvo que acostarse la princesa.

–Y yo, ¿me voy a quedar sin dormir toda la noche? –preguntó Juanillo.

–No –contestó la princesa, y Juanillo se metió en la cama con ella.

De manera que durmieron toda la noche juntos y por la mañana la princesa estaba que se moría de risa. El rey no tuvo más remedio que consentir la boda. Y se casaron Juanillo y la princesa y fueron felices, y yo me vine con tres palmos de narices.

25. *La flauta que hacía a todos bailar*

Érase un matrimonio de campesinos que tenía dos hijos mayores y uno pequeño. Mientras el padre se dedicaba al campo, los dos mayores vendían los productos y el pequeño se quedaba en casa con su madre. Por eso los mayores le tenían mucha envidia. Un día, cuando la madre iba a llevarle la comida al marido, que estaba en el monte pastoreando las ovejas y las cabras, le salió un lobo y se la comió. Y no dejó más que los huesos.

El hombre se quedó muy triste, pensando además cómo sacaría adelante al hijo pequeño. Entonces decidió casarse por segunda vez. Se casó y al principio la madrastra trataba bien al muchacho, pero al poco tiempo se puso a maltratarlo y a decirle que era un holgazán. Un día le dijo a su marido:

–Este hijo tuyo es el que tiene que sacar al campo las ovejas y las cabras, que tú ya estás muy mayor.

Al poco tiempo de estar guardando el ganado se encontró con una viejecita que le pidió algo para comer. El niño le dio la mitad de lo que llevaba en el zurrón y la viejecita le preguntó:

–Bueno, hombre. ¿Y qué haces tú por estos parajes de lobos?

Y el muchacho le contestó:

–Pues verá usted, es que mi madrastra y mis hermanos no me quieren y mi padre me puso de pastor.

–¿Y qué tal te encuentras?

–Un poco triste.

–¡Vaya, hombre! –dijo la vieja–. Mira, te voy a dar esta flauta de hueso, que la hice con una canilla de tu pobre madre, para que te entretengas y para que no te pase nada. Además, cuando la toques, todo el mundo, y todos los animales y todas las cosas se pondrán a bailar sin parar hasta que tú dejes de tocar. Ahora, pídeme otra cosa, y te la concederé.

El muchacho, después de pensarlo un poco, le pidió que cada vez que él tosiera su madrastra se tirase un pedo.

–¡Qué ocurrencia! –se echó a reír la viejecita–. Está bien, está bien. Concedido. Me gustaría estar para verlo.

En cuanto se fue la vieja, comenzó el pastor a tocar la flauta y empezaron las ovejas y las cabras a bailar dando unos brincos muy grandes. Y cuanto más tocaba, más a gusto bailaban los animales. Y así se pasó todo el día, y el otro y el otro. Pero no porque bailaran estaba el ganado más flaco. Al contrario, cada día estaba más gordo.

Los otros pastores, que lo vieron, fueron a contárselo a su familia. Entonces los hermanos, más envidiosos que antes, imaginaron una treta. Así que, como conocían a todos los vendedores de aquellos lugares, se pusieron de acuerdo con uno que vendía loza y cristal por los pueblos y le hicieron pasar cerca de donde estaba pastoreando su hermano. Se acercó a él y le dijo que no se creía que fuera verdad lo de la flauta que hacía a todos bailar, y el muchacho dijo:

–Pues ahora lo verá usted.

Se puso a tocar y en seguida las mulas, que iban cargadas de loza y cristal, empezaron a bailar, y con esto no quedó ni un plato ni un vaso sano. Conque el hombre denunció al muchacho al juez, pero, cuando se celebró el juicio, el pastor se puso a tocar también, y el juez y los ujieres y los tinteros y todo se puso a bailar en la sala. Y hasta la mujer del juez, que estaba enferma en la cama, se levantó y se puso a bailar. Todos estaban contentísimos, el juez tuvo que hacer un esfuerzo para ponerse serio otra vez cuando el pastor dejó de tocar, y le dijo a su padre:

–Será mejor que se lo lleve usted de aquí y que no lo mande más al campo, porque cualquier día le va a poner en un compromiso.

Así que el padre lo puso también a vender, como sus hermanos.

Un día, el rey dictó un bando diciendo que su hija se tenía que casar, y que lo haría con aquel que le alegrase la vida, consiguiendo que comiera y que se riera, pues siempre estaba muy triste y no quería comer.

El hijo mayor del campesino dijo que él iba a probar fortuna, presentándose en palacio con un saco de manzanas, las más hermosas que había por allí, a ver si le gustaban a la princesa, y de paso trataría de hacerla reír. Cuando iba por el camino, se encontró con la viejecita, que le preguntó:

–¿Adónde vas con ese saco y qué es lo que llevas?

–Voy a donde a usted no le importa, y llevo ratas.

–Pues ratas se te vuelvan –dijo la viejecita.

Cuando el mayor llegó al palacio dijo que traía unas manzanas hermosísimas, pero, al abrir el saco, empezaron a salir ratas y a correr por todo el palacio, de modo que el rey lo mandó detener y le dieron una buena paliza antes de devolverlo a su casa.

Al día siguiente mandó el padre a su segundo hijo con un saco de naranjas al palacio del rey. Por el camino se encontró a la viejecita, que le preguntó:

–¿Adónde vas con ese saco y qué es lo que llevas?

–Voy a donde usted no le importa y llevo pájaros.

–Pues pájaros se te vuelvan.

De modo que, cuando el muchacho abrió su saco y no salieron más que pájaros, el rey se creyó que era otra burla y lo mandó azotar antes de devolvérselo a su padre.

Así que fue el hijo menor con un saco de peras. Por el camino se encontró a la viejecita, y como ya se conocían estuvieron charlando un rato. También le preguntó que qué llevaba y a dónde iba, y el muchacho le dijo la verdad:

–Voy con un saco de peras buenísimas a ver si le gustan a la princesa y le agradan la vida.

–Pues el doble serán –dijo la viejecita.

Cuando el muchacho llegó al palacio quiso abrir el saco delante del rey y de su hija, pero por más que quiso no pudo sacar las peras, de tan apretadas como iban al ser dobles. El rey empezaba a pensar que se trataba de otra burla, cuando el muchacho se acordó de su flauta; empezó a tocarla y empezaron a salir las peras dando saltos y a bailar delante de todo el mundo, y todos, hasta el rey y su hija, se pusieron a bailar y a reírse tan contentos, dando saltos entre las peras. Entonces el muchacho dejó de tocar y el rey dijo:

–Tú has hecho reír a mi hija, tú te casarás con ella.

Y ya se iban a celebrar las bodas, y al banquete invitaron también al padre y a la madrastra. Cuando estaban todos comiendo, el muchacho empezó a toser y la madrastra a tirarse pedos, delante de todo el mundo. El padre se ponía colorado y por más que le llamaba la atención a su mujer, ésta le decía:

–No puedo menos, no puedo menos.

Hasta que el rey se enfadó de tantos pedos y mandó a la madrastra a los calabozos por una temporada. Y la princesa y el pastor vivieron muchos años riéndose y bailando todo lo que querían. Y aquí se acaba el cuento con pan y pimiento, y el que primero levante el culo se encuentra un duro.

F. Las tres maravillas del mundo

26. *Las tres maravillas del mundo*

Había una vez un rey que tenía tres hijos. Cuando ya era viejo se puso malo y los médicos le dijeron que para sanar tenían que traerle las tres maravillas del mundo.

Y dijo el hijo mayor:

–Padre, déjeme salir en busca de las tres maravillas del mundo.

Y el padre le contestó:

–No, hijo, no puede ser, que tú eres quien ha de heredar la corona.

Pero tanto estuvo insistiendo, que el padre le dijo que bueno, que se marchara en busca de las tres maravillas del mundo.

Se marchó el mayor a buscar las tres maravillas del mundo y caminando dio con una cueva de ladrones, que lo cogieron, lo metieron en su cueva y de allí no pudo salir.

Conque cuando ya pasó mucho tiempo y el hijo mayor no venía, dijo el que le seguía en edad:

–Padre, ya que mi hermano no viene, déme usted licencia para ir a buscarlo y ver si encuentro las tres maravillas del mundo.

Y el padre le dijo:

–No, hijo, no puede ser. Ya que tu hermano no vuelve, tú has de heredar mi corona.

Pero él le estuvo rogando hasta que le permitió marcharse en busca de su hermano y de las tres maravillas del mundo.

Y se marchó, pero le pasó igual que al mayor. Dio con la misma cueva de ladrones, y lo cogieron y lo metieron en la cueva con su hermano.

Pasaron años y años, y cuando ya vieron que los dos mayores no volvían dijo el menor a su padre:

–Padre, mis hermanos mayores no vuelven. Déme usted licencia para ir en busca de ellos y para buscar las tres maravillas del mundo.

Y el padre le contestó:

–No, hijo, eso no puede ser, que, si tus hermanos no vuelven, tú eres ahora quien ha de heredar la corona. Eso no lo puedo consentir.

El hijo menor empezó a llorar y decía que para qué quería él heredar la corona si sus hermanos no volvían y su padre no sanaba de su enfermedad.

El padre consintió y se marchó él a buscar a sus hermanos y las tres maravillas del mundo.

Andando, andando, llegó a una cueva que era la cueva del Aire. Salió una vieja, que era la madre de los aires, y le dice:

–Qué mal te quieren los que por aquí te encaminan.

Y él le contestó.

–Yo ando en busca de las tres maravillas del mundo.

Y le dijo entonces la vieja:

–Pues entra y escóndete aquí, que si viene el Aire, mi hijo, y te ve, te devora.

No acababa de esconderse donde le dijo la vieja, cuando el Aire llegó y dice:

–¡A carne humana me huele! ¿Dónde está, que la devore?

Y la vieja le contesta:

–Hijo, es uno que viene en busca de las tres maravillas del mundo para curar a su padre.

Y dice el Aire:

–Eso no puedo hacerlo yo. ¡Que se vaya! Únicamente mi hermano el Sol, que se extiende por todas partes, puede dárselas. Que se vaya y que le diga a mi hermano, el Sol, que va dirigido por mí para que le ayude a buscar las tres maravillas del mundo.

Conque otro día se marchó el muchacho a buscar la cueva del Sol. Y después de andar varios días con sus noches llegó a la cueva del Sol y pidió posada. La misma vieja salió y le dice:

–Mal te quieren los que por aquí te encaminan.

Y él le contesta:

–Vengo en busca de las tres maravillas del mundo para darle salud a mi padre.

Entonces la vieja le metió en un rincón y le dijo:

–Estáte ahí, porque, cuando llegue mi hijo, el Sol, te abrasará.

Y llegó el Sol y dice:

–¡A carne humana me huele! ¿Dónde está, que la abrase?

–Hijo mío –dice la vieja–, es un pobre muchacho que viene dirigido por tu hermano el Aire a buscar las tres maravillas del mundo para curar a su padre.

Y dice entonces el Sol:

–Pues que salga y se vaya, porque no le puedo ayudar. Mi hermana la Luna es la única que puede dárselas. Que se vaya y le diga que va dirigido por mí.

Conque al otro día se marchó el muchacho a buscar la cueva de la Luna. Anduvo por muchos reinos sin poder llegar, hasta que después de caminar muchos días con sus noches llegó a una cueva y preguntó si era la cueva de la Luna.

Y salió la misma vieja de antes y le dijo:

–Mal te quieren los que por aquí te encaminan.

Y él le dice:

–Vengo en busca de las tres maravillas del mundo para curar a mi padre.

Y le dijo la vieja:

–Bueno, pues escóndete en este rincón, que, si llega mi hija, la Luna, y te ve allí, te devora.

Llegó la Luna brillando por los cielos y dice:

–¡A carne humana me huele! ¿Dónde está, que la devore?

Y la vieja le dice:

–No, hija mía; no es más que un pobre muchacho que viene dirigido por tu hermano el Sol.

Y dice entonces la Luna:

–Si viene en busca de las tres maravillas del mundo para curar a su padre, y es así, que salga, que únicamente mi hermano el rey de las aves, se las puede dar. Él se extiende por todos los mundos. Que se vaya y le diga que va dirigido por mí.

Al otro día se marchó otra vez y después de caminar llegó a una cueva donde vivía el rey de las aves.

Y salió la vieja de siempre y le dijo:

–Mal te quieren los que por aquí te encaminan.

Conque él le dice:

–Vengo en busca de las tres maravillas del mundo para curar a mi padre.

Y la vieja le dice:

–Yo te meteré en este rincón, porque, si llega mi hijo, el rey de las aves, y te ve allí, te devora para la cena.

Fue llegando el rey de las aves y dice:

–¡A carne humana me huele! ¿Dónde está, que la devore para la cena?

–No, no, hijo mío –le dice la vieja–; mira que es un pobre muchacho que viene de parte de tu hermana, la Luna, en busca de las tres maravillas del mundo para curar a su padre.

–Pues que se marche, porque yo no se las podré dar –dijo el rey de las aves–. Únicamente mis aves, que se extienden por todo el mundo, lo sabrán.

Se acostaron todos a dormir y le dieron al muchacho una cama para pasar la noche.

Otro día muy tempranito fueron a despertar al muchacho y le llamó el rey de las aves y le dijo:

–Mire usted: voy a llamar a una pareja de cada clase de aves y usted se pone en medio de ellas y les pregunta si saben dónde están las tres maravillas del mundo. Tiene que decirles: «Avecillas que andáis por el mundo, ¿me daréis noticias de las tres maravillas del mundo?» Y si a las tres veces no responden es que no saben decirlo.

Y llegaron todas las aves del mundo llamadas por el rey de las aves. A cada pareja que llegaba se ponía el joven entre ellas y les preguntaba:

–Avecillas que andáis por el mundo, ¿me daréis noticias de las tres maravillas del mundo?

Pero ninguna podía responder porque no sabían. Y faltaba por venir todavía un águila coja. Cuando llegó, le dijo el rey de las aves:

–Aguilita, ¿cómo has tardado tanto?

Y dice ella:

–Porque estaba comiendo de las tres maravillas del mundo.

Y dice entonces el rey de las aves al muchacho:

–Aquí tiene usted quien le puede enseñar dónde se encuentran las tres maravillas del mundo.

Y le dice al águila coja:

–¿Te atreves a llevar a este joven a donde están las tres maravillas del mundo?

–Sí, señor –dice la aguilita–; pero me tiene que dar carne para el camino.

El muchacho entonces compró mucha carne y mató a su caballo, y con toda la carne encima se montó en las alas del águila, y salió el águila volando para las tierras donde se encontraban las tres maravillas del mundo. De cuando en cuando el águila decía:

–¡Carne, carne! ¡Quiero carne!

Y cada vez que decía eso él le daba un cacho de carne. Y cuando ya iban llegando al mar le dio el último cuarto de carne. Al llegar al medio del mar, dijo el águila:

–¡Carne, carne! ¡Quiero carne!

El muchacho le dijo:

–Ya se ha acabado la carne. Aguárdate un poco que me corte un cacho de mi nalga.

Y el águila le dijo:

–No quiero carne humana. Arráncame una pluma del ala derecha y tírala al mar.

Él se la sacó y la tiró al mar. Y pasaron el mar, y el águila lo puso en una senda y le dijo:

–En aquel castillo que se ve allí están las tres maravillas del mundo.

Entonces se marchó él solo en dirección al castillo y llegó a una casita. Llamó a la puerta y salió una mujer que le preguntó qué buscaba. Cuando el muchacho le dijo que buscaba posada para la noche porque andaba buscando las tres maravillas del mundo, la mujer le dice:

–¡Ay, Dios mío! ¡Buena posada tengo yo!

–¿Qué le pasa? –le preguntó él.

Y entonces la mujer le dice:

–Pues, mire usted, señor, que ya hace tres días que tengo a mi marido de cuerpo presente debajo de la escalera porque no tengo cinco duros para darle entierro.

El muchacho entonces le dice:

–Tenga usted estos doscientos reales para que le dé entierro a su marido.

Le dieron entierro al muerto, y se marchó al otro día por la senda del castillo.

Cuando llegó a la puerta del castillo, le salió una raposa al encuentro y le dice:

–Mira, entra a la sala. Allí hay un pájaro, una jaula, una dama, una cama, y un caballo en una cuadra, que está más allá. De todo eso, escoge sólo una cosa.

Conque entró él muy contento en la sala y vio lo que la raposa había dicho que había. Fue a coger el pájaro y le dijo la jaula:

–¿Te vas a llevar el pájaro sin la jaula?

Iba a salir con las dos cosas cuando le sale al encuentro el gigante que guardaba el castillo y grita:

–¡Traición al castillo, que roban las tres maravillas del mundo!

Salieron los soldados del gigante, lo cogieron y lo metieron en un calabozo, le dieron una buena paliza y metieron con él a unos leones para que lo devoraran. Cuando estaba en el calabozo se le presentó de nuevo la raposa y le dijo:

–¿No te dije que escogieras solamente una cosa? Mira que tres veces te puedo favorecer, nada más.

Lo sacó del calabozo y le dijo que entrara otra vez e hiciera como ella decía. Entró el muchacho y cogió a la dama. Y la dama entonces le dice:

–¿Me llevas a mí sin llevar mis vestidos?

Cogió él también los vestidos; pero, al salir por la puerta, el gigante le salió otra vez al encuentro y gritó como antes:

–¡Traición al castillo, que roban las tres maravillas del mundo!

Y otra vez lo cogieron y le dieron una buena paliza y lo metieron en el calabozo con los leones. Se le presentó otra vez la raposa, lo sacó del calabozo y le dijo:

–Ya sólo una vez más te puedo favorecer. Ahora entras en la cuadra y coges el caballo; pero no la montura.

Entró el muchacho en la cuadra y cogió el caballo, y le dice la silla:

–¿Te llevas el caballo sin llevarme a mí?

Y dice él:

–No, yo no cojo más que una cosa.

Salió con el caballo solo, y al salir de la cuadra ya estaba el caballo aparejado, el pájaro en la jaula y la dama vestida. Montó en su caballo , cogió a la dama y al pájaro y se marchó con caballo, dama y pájaro, que eran las tres maravillas del mundo.

En el camino por donde iba se encontró a sus dos hermanos. Cuando lo vieron con las tres maravillas del mundo se las quitaron y lo dejaron solo en el mundo. Fueron ellos y se las entregaron a su padre, que se curó de su enfermedad. El padre les preguntó si sabían de su hermano menor. Ellos le dijeron que por las noticias que tenían andaba por el mundo robando y matando. El padre entonces mandó partes para que lo trajeran vivo o muerto. Y lo hallaron y lo metieron en un calabozo. Y como los hermanos decían que era ladrón y matador, lo iban a poner en la horca. Pero se presentó entonces la raposa en forma de hombre, le tomaron declaración y dijo que el menor era el que había buscado las tres maravillas del mundo.

Entonces el hijo menor le contó a su padre todo lo que había pasado y cómo los hermanos mayores le habían encontrado en el camino, y le habían quitado las tres maravillas del mundo. Y el muerto dijo que el hijo menor le había dado a su mujer dinero para que lo enterrara, y que por eso le había favorecido y venía ahora otra vez a favorecerle, pero que ya no podía estar más en la tierra, y desapareció.

Entonces el padre le dijo a su hijo menor que iba a desheredar a sus hermanos, por malos y mentirosos, y que él heredaría la corona. Y el hijo menor se casó con la dama y fueron ellos rey y reina.

27. *La flor del lililá*

Pues, señor, esto era un rey que tenía tres hijos. Cierto día, que estaban todos tan felices, le entró al rey una enfermedad en los ojos y empezó a volverse ciego. Los médicos dijeron que sólo había una cosa en el mundo que pudiera curarlo, y esa cosa era la flor del lililá. Pero nadie sabía dónde estaba esa flor. El rey mandó entonces a sus tres hijos a buscar la flor por todas partes y les dijo que aquel que se la trajera heredaría su corona.

Salió primero el hijo mayor en su caballo, y se encontró por el camino a una pobrecita vieja que le pidió pan. Y él le dijo de muy malos modos:

–¡Quítese usted de mi camino, vieja bruja!

Siguió el mayor su camino, pero pronto halló la desgracia. Se cansó de andar de un lado para otro sin llegar a ningún sitio, y cuando quiso volver atrás ya era demasiado tarde.

Al ver que el hermano mayor tardaba en regresar, salió el de en medio en su caballo a buscar la flor. Se encontró también a la pobrecita vieja, que le pidió pan, y él le contestó de la misma manera que el hermano mayor:

–¡Quítese usted de mi camino, vieja bruja! –y siguió adelante, pero también se perdió.

Al ver que sus hermanos no llegaban, cogió el más pequeño su caballo y salió a probar suerte. Se encontró con la pobrecita vieja, que le pidió pan, y el muchacho le dio una hogaza entera. Entonces la vieja le preguntó:

–¿Qué andas buscando, hijo?

–Busco la flor del lililá para curar a mi padre enfermo.

Y le dijo la anciana:

–Pues toma este huevo y lo rompes contra una piedra negra que hallarás en tu camino. La piedra se abrirá y aparecerá un jardín muy hermoso guardado por un león. Si el león tiene los ojos abiertos es que está durmiendo, y podrás pasar; si el león tiene los ojos cerrados es que está despierto.

Un poco más adelante se encontró el príncipe la piedra negra. Le estrelló el huevo y se abrió, apareciendo un jardín muy hermoso, donde estaba la flor del lililá, que era blanca y resplandeciente y olía a gloria. El príncipe se fijó en que el león tenía los ojos abiertos. Pasó por su lado y cogió la flor muy tranquilo.

Cuando ya iba de vuelta se encontró con sus dos hermanos, que se habían sentado a la orilla de un camino, cansados de dar vueltas sin llegar a ningún sitio. Al pronto se pusieron muy contentos de saber que el pequeño llevaba la flor del lililá y se pusieron a cabalgar juntos con él. Pero luego pensaron que si lo mataban y le quitaban la flor, ellos se repartirían el reino. Así que lo mataron, le quitaron la flor y lo enterraron. Pero no se dieron cuenta de que le habían dejado un dedo fuera. El dedo se convirtió en una caña y acertó a pasar por allí un pastor, que cortó la caña y se hizo una flauta. Al tocarla sonó una canción que decía:

> Pastorcito, no me toques,
> ni me dejes de tocar,
> que me han muerto mis hermanos
> por la flor del lililá.

El pastor siguió tocando y llegó al pueblo. Entonces la canción llegó a oídos del rey, que ya había recuperado la vista con la flor, y mandó llamar al pastorcito. Le pidió la flauta para tocarla y decía la canción:

> Padre mío, no me toques,
> que tendré que denunciar
> que me han muerto mis hermanos
> por la flor del lililá.

El rey entonces comprendió lo que había pasado. Fue corriendo al lugar donde el pastor había cortado la caña y desenterró a su hijo, que resucitó. A los dos mayores los mandó al destierro y al más pequeño lo nombró su heredero universal.

28. *Los cuatro oficios*

Cuentan de un matrimonio que tenía cuatro hijos y que los cuatro salieron muy viciosos. No hacían más que gastar dinero hasta que dejaron a la familia arruinada. Lo último que les quedó fue un medio de trigo. El padre lo molió y con la harina hizo cuatro panes. A cada uno de los hijos le dio un pan, y les dijo:

–Esto es lo último que me queda. Vosotros tenéis que buscaros la vida y al año traer un oficio aprendido.

Salieron los cuatro y al final de un camino se encontraron con cuatro sendas. Cada cual se fue por una de ellas.

El mayor tropezó con una cuadrilla de ladrones que le dijeron:

–¿Te gusta el oficio?

Y él contestó:

–No me disgusta.

De manera que se quedó con ellos y aprendió a ser un fino ladrón.

El segundo se encontró con una cuadrilla de cazadores. Le pasó lo mismo que al primero y aprendió a ser un buen tirador.

El tercero pasó por una aldea y vio a un latero trabajando en una choza. Se quedó con él y aprendió a ser un buen latero.

El más chico era ya de noche y todavía no había encontrado trabajo. De pronto vio una luz a lo lejos y era una casa. Llamó y abrió la puerta una anciana que le dijo:

–¿Quién mal te quiere que por aquí te envía?

Y contestó él:

–Mi suerte buena o mala.

–¡Ay, hijo! Aquí me guarda un gigante y se come a todas las personas que vienen de fuera.

–Bueno, abuela –dijo el muchacho–, de todas maneras por ahí me voy a morir de frío y de hambre.

Y entonces dijo la anciana:

–Está bien, entra. Te esconderé donde no te vea.

Pero a esto entró el gigante y dijo:

–¡A carne humana me huele! ¡Si no me la das, te mato!

El muchacho salió, para que el gigante no le hiciera daño a la pobre anciana, y el gigante le dijo:

–¿Qué haces tú aquí?

Entonces el muchacho le contó toda su historia y el otro se compadeció de él y le dijo:

–Come y vete a la cama, que mañana hablaremos.

Cuando llegó la mañana, el gigante le dio un libro y le dijo:

–Toma este libro y estudia. En el hueco del año estudiarás más y serás un gran sabio.

Y así fue.

Llegó el tiempo de volver a su casa y todos los hermanos se encontraron allí de nuevo. Cuando estaban reunidos, le dijo el padre al mayor:

–¿Tú qué oficio has aprendido?

–Yo, ladrón.

–¿Y tú? –preguntó al segundo.

–Yo, tirador.

–¿Y tú? –al tercero.

–Yo, latero.

–¿Y tú? –al menor.

–Yo, sabio.

Entonces el padre le preguntó al sabio:

–¿Qué es lo que hay en el rincón de la casa, que cuando os fuisteis no había?

Y contestó el muchacho:

–Un nido de golondrinas con cuatro huevos.

–Muy bien –dijo el padre–. Ahora te toca a ti –le dijo al ladrón–. Irás a coger un huevo sin que la golondrina lo sienta.

El mayor fue y cogió un huevo sin que la golondrina lo sintiera y se lo entregó al padre. Éste le dijo al tirador:

–Tú pégale un tiro al huevo y lo haces en diez partes.

Y así lo hizo el tirador. Luego le dijo al que quedaba:

–Si eres un buen latero, arregla este huevo sin que se note.

Y el latero lo dejó perfectamente y lo puso otra vez en el nido. Se volvió otra vez al sabio y le dijo:

–A ver si sabes dónde está la hija del rey, que se ha perdido y nadie la encuentra.

–Lo sé –dijo el menor–. Está en el mar y la tiene un bicho volador cautivada.

Al día siguiente fueron los cuatro hermanos a rescatar a la princesa en un barco. El sabio dijo:

–¿Veis aquel bulto que hay allí?

–Sí lo vemos –respondieron.

–Pues ahí está la hija del rey.

El ladrón fue a rescatarla, cuando el bicho estaba dormido, y ya estaba de regreso en el barco, cuando el bicho se despertó y salió volando para devorarlos. Pronto el tirador le dio un tiro y lo mató, pero el bicho cayó sobre el barco y lo hizo trizas. El latero entonces lo arregló, y terminando todo esto fueron los cuatro al castillo del rey para entregar la hija. Al ver el rey a su hija sana y salva, dijo:

–¿Quién va a ser el que se va a casar con ella?

Contestó el ladrón:

–Yo, que la rescaté.

Y el tirador dijo:

–Yo, que, si no es por mí, el bicho nos come a todos.

Y dijo el latero:

–Yo, que si no reparo el barco, nos hundimos.

Entonces dijo el sabio:

–Yo, que, si no es por mí, no sabíais dónde estaba y no podríais haber hecho lo que habéis hecho.

Entonces intervino el rey:

–Que mi hija decida a quien desee.

Y la hija dijo:

–Me casaré con el sabio.

Los otros empezaron a protestar y el rey les dijo:

–A vosotros os daré mucho dinero y os nombraré puestos mayores en el castillo. ¿Aceptáis?

Después de mucho pensarlo dijeron que sí. Se llevaron a sus padres al castillo y desde entonces fueron muy felices.

29. *Las tres prendas de Pedro*

Una vez eran dos hermanos, Pedro y Juan, que un día marcharon por el mundo a ganarse la vida. Llegaron a un sitio donde el camino se dividía en dos, y dijo Pedro a su hermano:

–Vamos a separarnos; tú vas por ese camino y yo por éste. Y el domingo nos reuniremos aquí para ver si hemos encontrado amo.

Se separaron. Pedro, al pasar por un monte, se encontró con un señor que le preguntó si quería ir de criado con él; que si le servía tres días le haría rico para siempre.

Pedro aceptó, y el señor le llevó a una cueva; le enseñó una vela que ardía encima de una piedra y le dijo:

–Cuando la vela se levante y se dirija hacia la cama, tú la sigues y te acuestas.

Y el señor desapareció.

Cuando la vela se dirigió hacia la cama, Pedro la siguió y se acostó. Al poco tiempo comenzó a oír unos ruidos muy grandes y a tener miedo. Y dijo Pedro:

–En cuanto amanezca me marcho de aquí; esto no hay quien lo resista.

Cuando amaneció, se le presentó el señor y le dio una tortilla y una botella de vino. Y dijo Pedro:

–Yo me marcho; los ruidos que aquí sonaron anoche no se pueden resistir.

–Como quieras –dijo el señor–; pero, si te marchas, por la noche que pasaste aquí no te pago nada.

Pedro se comió la tortilla, se bebió el vino y dijo:

–¡Vaya! Comiendo así, y habiendo tranquilidad como ahora, puede estarse en esta cueva.

Llegó la noche, y el señor le dejó a Pedro la vela encendida como la vez anterior. Y en cuanto se acostó comenzó a oír los ruidos y dijo:

–En cuanto amanezca me marcho de aquí; esto no hay quien lo resista.

Amaneció y el señor le dio a Pedro una tortilla y una botella de vino. Y Pedro le dijo:

–Yo me marcho; esto no se puede aguantar.

–Si te marchas, por las dos noches que pasaste aquí no te doy nada. Y ya no hace falta más que pasar una noche para ser rico.

Pedro se puso a comer la tortilla y a beber el vino, y decía:

–Comiendo bien y habiendo tranquilidad, puede uno estar aquí.

Cuando oscureció, le ocurrió lo mismo que las noches anteriores, siguió a la vela y se acostó. Y oyó ruido de cadenas y una voz que decía:

–¡Ay, que caigo!

Y tantas veces iba diciendo «¡ay, que caigo!», que Pedro le dijo:

–¡Cae con mil diablos!

Y cayeron las piernas de un hombre.

–¡Ay, que caigo! –volvió a repetir la voz.

–Cae con San Juan.

Y cayó el cuerpo.

–¡Ay, que caigo!

–Ya, para lo que falta, cae, cae.

Y cayó la cabeza. Estas partes del cuerpo humano se unieron y formaron un señor, que resultó ser el que había llevado allí a Pedro. Y dijo el señor:

–Porque tuviste valor para pasar aquí tres noches me has desencantado; ahora te voy a dar tres prendas que no hay otras como ellas en el mundo. ¡Toma este cinto! De él puedes sacar todo el dinero que quieras, y, por mucho que saques, no se acaba nunca. ¡Toma esta espada! Con ella vencerás a cuantos se peleen contigo. ¡Toma esta colcha! Y no tienes más que decir: «¡Colcha en tal parte!», y apareces en el sitio que quieras.

Pedro se marchó muy contento con sus tres prendas y fue a juntarse con su hermano al sitio convenido, y le preguntó:

–¿Tienes amo, Juan?

–¡Sí! ¿Y tú?

–Yo lo tuve y lo dejé.

Y le enseñó el cinturón con el dinero. Y le preguntó Juan:

–¿A quién se lo robaste?

–No lo robé; lo gané sirviendo a no sé quién.

Y Pedro comenzó a sacar monedas del cinturón y se las dio a su hermano. Y tantas le dio, que Juan se hizo un palacio y compró tierras y muchos ganados.

Pedro andaba en la colcha de pueblo en pueblo, gastando dinero a manos llenas. Y llegó a oídos del rey que Pedro tenía el cinto, la espada y la colcha, y lo mandó llamar a su palacio. Fue allí y le dijo el rey:

–Si me das las tres prendas que tienes, te doy a mi hija por esposa.

Pedro, viendo que el rey no tenía más que una hija, dijo para sí:

–Puedo darle las prendas, porque su hija es quien las ha de heredar, y acá vuelven otra vez, y todos quedamos en casa.

Le entregó las prendas, pero el rey no le dio a su hija. Viéndose burlado, se marchó donde nadie le conocía, y entró de hortelano en casa de un señor. Pedro cumplía muy bien con su oficio. Llegó el tiempo de la fruta y le dijo su amo:

–No comas de estas peras ni de aquellos higos; de las otras frutas come las que quieras.

Y dijo Pedro:

–¿Por qué no querrá mi amo que pruebe estas peras? Pues voy a comer una.

Se la comió y le salió un cuerno. Y viéndose con aquel cuerno, dijo:

–Cuernos ya los tengo; ¿qué cosa mala me puede ocurrir? Para ver qué resulta de todo eso, voy a comerme un higo.

Se lo comió y se le quitó el cuerno. Entonces dijo él:

–¡Ésta es la mía!

Pedro tenía una novia costurera, y le mandó que le hiciera dos sacas pequeñas. En una metió una docena de peras y en otra una docena de higos y pidió la cuenta a su amo. Con el dinero que le dio compró un traje de médico y lo guardó en la maleta.

Y fue al palacio del rey a ver si le compraban la docena de peras. Como eran tan buenas, se las compraron y las pusieron aquel día en la mesa. Los reyes comieron de ellas y les salieron unos cuernos horribles.

Cuando los criados fueron a quitar los manteles, encontraron al rey, a la reina y a la princesa enganchados por los cuernos.

Comenzaron a llegar médicos de una parte y de otra, y ninguno sabía quitar aquellas cosas de la cabeza de los reyes.

Pedro se vistió con el traje de médico, fue al palacio y dijo que él se comprometía a curar a los enfermos que hubiera allí. Lo llevaron ante el rey, le examinó bien la cabeza y dijo:

–¿Cómo los médicos no han quitado estos cuernos el día que nacieron? Ahora están duros y no es fácil quitarlos. Sin embargo, yo me comprometo a quitarlos si usted me da un cinto que tiene.

–Pide cuanto quieras –dijo el rey–; pero el cinto no te lo doy.

–Pues quédese con el cinto y con los cuernos.

Entonces dijo la reina al rey:

–Buen apego tienes al dinero. ¿Quieres más estar hecho un ciervo que quedarte sin el cinto?

El rey le entregó el cinto. Pedro pidió un vaso de agua y echó el higo en él. Con el agua untaba los cuernos, el higo se lo iba dando a comer al rey en trozos pequeños, y los cuernos desaparecieron.

Después reconoció los cuernos de la reina y le dijo:

–Yo se los quito a usted si el rey me da una espada que tiene.

El rey le contestó que no le daba la espada, porque aquélla era su defensa. Y dijo la reina:

–Como tú ya no tienes cuernos, ¿quieres que yo me quede con los míos?

El rey le dio la espada y Pedro le hizo a la reina igual operación que al rey y le quitó los cuernos. En esto salió la princesa llorando y le suplicó a Pedro que por Dios le quitara los cuernos.

–Yo te los quitaré –dijo Pedro–; pero para quitártelos tienes que ponerte en el patio sobre una colcha que tiene tu padre.

La princesa extendió la colcha en el patio y se puso encima de ella. A su lado se puso Pedro, y dijo:

–¡Colcha en Roma!

Y en un santiamén fueron a parar a Roma. Allí le dijo Pedro a la princesa:

–Si te casas conmigo, te quito los cuernos.

Ella aceptó, y un momento antes de casarse Pedro le dio a comer un higo, porque no tuviera cuernos cuando fuera su mujer. Luego se fueron a vivir al palacio de su hermano, donde fueron felices y comieron perdices, y a mí me dieron con los huesos en las narices.

30. *El burro cagaduros*

Éste era un padre que tenía tres hijos. Y eran muy pobres. Un día el mayor dijo que se marchaba a ver si ganaba qué comer. Llegó a un pueblo –muy lejos– y se ajustó con un amo. Quedó en que le daría en tres años un burro que cagaba duros. Nada más decir: «Burro, caga duros», pues cagaba lo que le pedían.

Luego llegaron los tres años, y le dio el amo el burro. El muchacho se marchó con él hacia su pueblo. Llegó a una posada y mandó poner cena, y dio de cenar al burro. Al otro día por la mañana, preguntó a la posadera que cuánto era la posada. Y con eso, según se lo dijo, marchó a la cuadra:

–Burro, caga duros.

Cagó tres. Pero el posadero le estaba mirando. Cogió y, según le estaba dando la cuenta el ama, le cambió el burro y le puso otro igual. Y llega el hijo mayor a casa de su padre y le dice:

–¡Ahora sí que vamos a ser ricos! Traigo un burro que caga duros.

Y se pusieron a cenar. Conque le dice después su padre:

–¡A ver, a ver ese burro que traes tan bueno!

Salen a la cuadra, y se pone:

–Burro, caga duros.

Y como no era el que tenía de antes, pues no los cagaba. Y sus hermanos le hacían rabiar.

–¡Vaya, para traer esto! –decía el de en medio–. ¡Un burro tan malo! ¡Vaya, para estar allá tres años, has traído bastante! Pues ahora me voy a marchar yo.

Y fue y se ajustó por una mesita, que nada más que decía: «Mesita, componte», pues se componía con todo lo que quería comer. Aquél estuvo un año, y al año le dio el amo la mesita. Y se volvió a casa de su padre. Pero en el camino llegó a la misma posada de su hermano. Pidió habitación para él solo. Puso la mesa y estaba cenando él solo. Le miraban por entre la puerta y decían:

–Si tiene de todo en esa mesa.

Y decía el amo al ama:

–¿Se lo has dado tú?

Y decía el ama:

–Yo no.

–Pues él está cenando.

–Pues lo traería él.

Al otro día por la mañana, pidió el muchacho la cuenta de la habitación. Pero fue el amo y le quitó la mesita aquella y le dio otra parecida. Cuando llegó donde el padre, decía:

–Yo he sido mejor que mi hermano, pues traigo una mesita que todo lo que le pido me da.

–A ver, a ver.

Va a abrir la mesa, y le pasa lo que al del burro: no darle nada. Y le dice su hermano:

–¿Te has quedado en tal posada?

–Sí, me he quedado allí.

–Pues entonces ya te la han hecho como a mí.

Y dice el hermano pequeño:

–¡Lo que es que no traíais nada y decís que traíais mucho! Ahora me voy a marchar yo a ver si traigo más o traigo menos.

Se marchó y llegó a un pueblo. Y se ajustó en casa de un amo nada más por una cosa: un palo al que decía: «Palo, sal del saco», y, en saliendo el palo del saco, le pegaba a todo el mundo. Aquél estuvo tres meses. Y después de los tres meses le dio el amo el palo.

Al volver a casa de su padre, se quedó en la misma posada que sus hermanos. Al otro día por la mañana, pidió la cuenta y dice:

–Pues yo no les pago. Es mucho lo que me pide. Yo no he hecho tanto gasto.

–Pues nos tienes que pagar.

El amo coge un palo y le iba a pegar. Y dice él:

–¡Palo, sal del saco! Y si no me dan el «Burro, caga duros» de mi hermano y la «Mesita, componte», termino con todos.

Y se lo tuvieron que dar, después de la paliza que les pegó el palo. Marchando por el camino, decía:

–Yo he tenido más suerte que mis hermanos. Ahora sí que puedo decir que en tres meses he ganado más que en cuatro años mis hermanos.

Llegó a casa de su padre y llama a sus hermanos:

–¿Es esto lo que os habían robado a vosotros?

Sus hermanos contestaron que sí era lo que les habían robado. Y su padre se ponía muy contento y decía:

–A ver si te la ha pegado.

Empezaron:

–¡Burro, caga duros!

Y el burro empezó a echarlos.

–¡Mesita, componte!

Y se compuso una gran mesa para poder comer todos.

–También traigo otra cosa que nada más decir: «Palo, sal del saco», si no lo vuelvo a meter, puedo con todos los del barrio.

–Pues vamos a verlo –dice uno de los hermanos, que no se lo creía, y dice: «Palo, sal del saco», y al primero que le pegó fue al que lo dijo, y si el más pequeño no lo manda parar, se lía también con el otro hermano, y hasta con el padre.

Y aquí se acabó el cuento con pan y pimiento, y por un agujero salgo y por otro entro.

31. *La niña de los tres maridos*

Había un padre que tenía una hija muy hermosa, pero muy voluntariosa y terca. Se presentaron tres novios a cual más apuesto, que le pidieron su hija; él contestó que los tres tenían su beneplácito y que preguntaría a su hija a cuál de ellos prefería.

Así lo hizo, y la niña le contestó que a los tres.

–Pero, hija, si eso no puede ser.

–Elijo a los tres –contestó la niña.

–Habla en razón, mujer –volvió a decir el padre–. ¿A cuál de ellos doy el sí?

–A los tres –volvió a contestar la niña; y no hubo quien la sacase de ahí.

El pobre padre se fue mohíno y les dijo a los tres pretendientes que su hija los quería a los tres; pero que, como eso no era posible, él había determinado que se fuesen por esos mundos de Dios a buscar y traerles una cosa única en su especie, y aquel que trajese la mejor y más rara sería el que se casase con su hija.

Pusiéronse en camino, cada cual por su lado, y al cabo de mucho tiempo se volvieron a reunir allende los mares, en lejanas tierras, sin que ninguno hubiese hallado cosa hermosa y única en su especie. Estando en estas tribulaciones, sin cesar de procurar lo que buscaban, se encontró el primero que había llegado con un viejecito que le dijo si le quería comprar un espejito.

Contestó que no, pues para nada le podía servir aquel espejo tan chico y tan feo.

Entonces el vendedor le dijo que tenía aquel espejo una gran virtud, y era que se veían en él las personas que su dueño deseaba ver; y habiéndose cerciorado de que ello era cierto, se lo compró por lo que le pidió.

El que había llegado el segundo, al pasar por una calle se encontró con el mismo viejecito, que le preguntó si le quería comprar un botecito con bálsamo.

–¿Para qué me ha de servir el bálsamo? –preguntó al viejecito.

–Dios sabe –respondió éste–, pues este bálsamo tiene una gran virtud, que es la de hacer resucitar a los muertos.

En aquel momento acertó a pasar por allí un entierro; se fue a la caja, le echó una gota de bálsamo en la boca al difunto, que se levantó tan bueno y dispuesto, cargó con su ataúd y se fue a su casa, lo que visto por el segundo pretendiente, compró al viejecito el bálsamo por lo que le pidió.

Mientras el tercer pretendiente paseaba metido en sus conflictos por la orilla del mar, vio llegar sobre las olas un arca muy grande, y acercándose a la playa se abrió y salieron saltando a tierra infinidad de pasajeros.

El último, que era un viejecito, se acercó a él y le dijo si le quería comprar aquella arca.

–¿Para qué la quiero yo –respondió el pretendiente–, si no puede servir sino para hacer una hoguera?

–No, señor –repuso el viejecito–, que posee una gran virtud, pues que en pocas horas lleva a su dueño y a los que con él se embarcan a donde apetecen; ello es cierto; puede usted cerciorarse por esos pasajeros, que hace pocas horas se hallaban en las playas de España.

Cercioróse el caballero y compró el arca por lo que le pidió su dueño.

Al día siguiente se reunieron los tres y cada cual contó muy satisfecho que había hallado lo que deseaba, y que iba, pues, a regresar a España.

El primero dijo cómo había comprado un espejo en el que se veía, con sólo desearlo, la persona ausente que se quería ver; y para probarlo presentó su espejo, deseando ver a la niña que todos tres pretendían.

¡Pero cuál sería su asombro cuando la vieron tendida en un ataúd y muerta!

–Yo tengo –exclamó el que había comprado el bote– un bálsamo que la resucitaría; pero de aquí a que lleguemos ya estará enterrada y comida de gusanos.

–Pues yo tengo –dijo a su vez el que había comprado el arca– un arca que en pocas horas nos pondrá en España.

Corrieron entonces a embarcarse en el arca y a las pocas horas saltaron en tierra y se encaminaron al pueblo en que se hallaba el padre de su pretendida.

Hallaron a éste en el mayor desconsuelo por la muerte de su hija, que aún se hallaba de cuerpo presente.

Ellos le pidieron que los llevase a verla y, cuando estuvieron en el cuarto en que se encontraba el féretro, se acercó el que tenía el bálsamo, echó unas gotas sobre los labios de la difunta, la que se levantó tan buena y risueña de su ataúd y, volviéndose a su padre, le dijo:

–¿Lo ve usted, padre, cómo los necesitaba a los tres?

G. La niña perseguida

32. *La niña sin brazos*

Éste era un leñador que todos los días tenía que ir al monte a por leña para mantener a su mujer y a una hija muy guapa que tenían. Un día le salió un hombre de detrás de una encina y le dijo:

–Si me das a tu hija, te haré el hombre más rico del mundo.

Y para demostrárselo le entregó un talego lleno de monedas de oro. El hombre regresó a su casa y le contó a su mujer lo que le había pasado. Ésta se puso muy contenta, cuando vio tanto dinero, y dijo que, aunque se tratara del mismo diablo, le entregarían a su hija.

Al día siguiente el leñador volvió a hablar con el hombre del monte, que era el diablo, y quedaron en que a la hora de la siesta éste iría a recoger a la muchacha. Y así fue. Aprovechando que la niña estaba dormida, el demonio la montó en su caballo y entregó otro talego de monedas de oro a los padres. Luego se marchó a todo correr. Cuando la niña se despertó, al ver que la llevaba un desconocido, hizo la señal de la cruz. Entonces el demonio se enfadó mucho, paró el caballo y con su cuchillo le cortó los brazos a la niña para que no pudiera hacer más la señal de la cruz. Luego la desnudó y la colgó de la rama de una encina, y allí la dejó.

Muy cerca de aquel lugar se hallaba el palacio del rey. Un día se organizó una cacería y los perros del rey encontraron a la niña sin brazos. Desde entonces todos los días le llevaban la comida que a ellos les daban en el palacio, de manera que se iban quedando cada vez más flacos. El hijo del rey decía:

–¿Por qué estarán mis perros cada vez más flacos? ¿Es que los criados no les dan de comer?

Pero los criados dijeron que sí, y entonces el príncipe dijo que había que vigilar a los animales. Él mismo fue detrás de ellos, y así descubrió a la hermosa niña colgada del árbol. En seguida mandó que la bajaran de allí y se la llevó al palacio.

Al poco tiempo el hijo del rey les dijo a sus padres que quería casarse con la niña sin brazos. Los padres dijeron que sería una deshonra casarse con una mujer que no podría criar a sus hijos. Pero el muchacho dijo que eso no importaba, teniendo criados. Y se casó con la niña sin brazos.

Al poco tiempo murió el rey. El príncipe heredó la corona y su mujer fue reina. Pero pronto se declaró una guerra y el nuevo rey tuvo que irse a luchar. Estando en la guerra, su mujer tuvo dos mellizos como dos luceros y se lo mandaron decir al rey en una carta. Pero el diablo se hizo con ella en mitad del camino y puso otra donde decía que la reina había tenido dos monstruos. El rey escribió otra carta donde decía: «Que los críen hasta que yo vuelva». Pero otra vez el demonio se hizo con la carta y escribió otra diciendo: «Coge a los mellizos y degüéllalos inmediatamente».

Cuando la reina leyó la carta, se puso a llorar y pensó que a sus hijos no los mataría por nada del mundo. Le contó a su suegra lo que pasaba y ésta la ayudó a escaparse. Le puso unas alforjas sobre los hombros y metió a los mellizos en ellas, uno a cada lado.

La muchacha se fue camino adelante, venga a andar, venga a andar, hasta que sintió hambre y sed, lo mismo que sus hijos. Se acercó a un pastor y a una pastora que estaban por allí cerca y les pidió que le pusieran a sus hijos a mamar, uno en cada pecho. Y así lo hicieron. Luego se los metieron otra vez en las alforjas. Ella les preguntó que dónde podía beber y los pastores le dijeron que muy cerca había un arroyo y más adelante una casa donde podría quedarse.

La niña llegó al arroyo y se agachó para beber. Por más cuidado que puso, se le cayeron los dos niños al agua, y, al quererlos coger para que no se ahogaran, le salieron los dos brazos y con ellos pudo salvar a sus hijos.

Se puso en camino otra vez y, cuando ya se iba haciendo de noche, divisó una lucecita y se encaminó hacia ella. Llegó a una casa donde no había nadie y allí se quedó a vivir con sus hijos.

Al cabo de unos años, ya el rey había vuelto de la guerra y estaba cazando por aquellos lugares, cuando se hizo de noche. Vio la luz de la casa y se dirigió hacia ella. En cuanto la muchacha le abrió la puerta, le pareció que la conocía de algo, pero no dijo nada. Se sentó a comer con ellos, mientras la mujer le contaba su historia, pero él no decía nada. Los dos niños no hacían más que mirarlo también y él a los dos niños, fijándose en ellos y en su madre. Por fin le dijo a ella:

–Si usted no tuviera brazos...

Y siguió comiendo. Y al rato otra vez se lo dijo:

–Si usted no tuviera brazos...

La mujer había preparado de postre un pastel, y dentro había metido el anillo de bodas, de manera que, cuando él se lo encontró, comprendió de pronto que aquélla era su mujer y aquéllos sus hijos. Los abrazó y todos contentos regresaron al palacio, donde vivieron felices muchos, muchos años.

33. *Los tres trajes*

Esto era un matrimonio que llevaba muchos años sin tener hijos. Por fin tuvieron una hija, pero la madre murió en el

parto. Antes de morir, le dijo a su marido que nunca se volviera a casar si no era con una como ella.

Pasó el tiempo y la niña se fue haciendo cada vez mayor y
poniéndose cada vez más guapa y más parecida a su madre.
De tal manera que el padre se enamoró de la hija y, como su
mujer le había dicho que no se casara sino con una que se pa-
reciese a ella, fue y le dijo a su hija que se tenía que casar con
él.

La niña fue y le contó a una vecina lo que le había dicho su
padre, y la vecina le dijo:

–Dile a tu padre que te casarás con él si te trae tres vestidos: uno de sol, otro de luna y otro de estrellas.

Así lo hizo la niña. El padre quedó conforme y salió de
viaje en busca de los tres trajes. Anduvo por todas partes,
pero sin poder encontrarlos como su hija se los había pedido. Un día se encontró con el diablo por un camino y le contó lo que le pasaba. Entonces dijo el diablo:

–Yo te daré esos trajes, a condición de que tu alma sea mía
cuando mueras.

El hombre aceptó el trato. Recibió los tres trajes y se los
llevó a su hija. Y como ya había cumplido lo que ésta le había
pedido, iban a arreglar la boda. Pero la hija volvió a consultar con la vecina y ésta le aconsejó que huyera al monte y que
ella la acompañaría. Y así, sin que nadie la viera, se escapa-
ron de la casa y se fueron al monte. Pero la vecina dejó sola a
la niña y se volvió a casa.

Después de mucho andar, llegó la niña a la choza de unos
pastores. Les pidió ropa de pastora y rascándose el pecho y
los brazos siguió camino adelante. Un día llegó a un palacio,
llamó a la puerta y pidió por favor que la recogieran como
criada. Como les dio lástima por lo andrajosa que iba, le dijeron que sí, le preguntaron cómo se llamaba y ella dijo que
Juana. Y así entró de criada en el palacio.

Una vez iban a dar una fiesta muy grande, de tres días,
para que el príncipe pudiera escoger novia. Juana pidió per-

miso para ir al baile. Cuando llegó la primera noche, se fue a su habitación, se quitó la ropa de pastora y se puso el traje de sol que le había regalado su padre. Cuando entró en el baile, el hijo del rey se fijó en ella y la sacó a bailar. Estuvo bailando con ella toda la noche sin hacerles caso a las demás, que se morían de envidia. El hijo del rey se enamoró de Juana, la llevó a la mesa a comer y le regaló un anillo de oro. Pero a las tres de la madrugada dijo ella que se tenía que ir y que la esperara un momento en la puerta del palacio. Entonces, como ella vivía en el mismo palacio, se fue por dentro hasta la cocina sin que nadie la viera. Se puso otra vez los andrajos y al día siguiente le dijo a la reina en la cocina:

–¿A que no sabe usted, señora, lo que pasó anoche en la fiesta?

–¿Qué pasó? –preguntó la reina.

–Pues que el príncipe estuvo toda la noche bailando con una princesa muy guapa que vestía un traje de sol, comió con ella y le regaló un anillo.

–¿Y de dónde era esa princesa?

–Nadie lo sabe –contestó Juana–. De madrugada se fue corriendo del baile sin que nadie la viera y nadie sabe nada de ella.

La reina fue y le preguntó a su hijo si era verdad lo que decía Juana, y él contestó que sí.

La segunda noche de la fiesta el príncipe estaba deseando volver a ver a la joven. Por fin apareció Juana, que esta vez se había puesto el traje de luna. Al príncipe le pareció todavía más guapa que la noche anterior y más se enamoró de ella. Otra vez estuvieron bailando toda la noche, pero a las tres de la madrugada Juana desapareció lo mismo que la noche anterior.

Al día siguiente le contó a la reina lo que había pasado y la reina volvió a consultar con su hijo. Éste le dijo que era verdad, pero estaba muy triste.

A la tercera noche Juana se puso el traje de estrellas para ir al baile y volvió a ocurrir como las otras veces. Pero el príncipe la había visto tan guapa y tan enamorado estaba de ella, que al día siguiente cayó enfermo en la cama. No quería ver a nadie y ni comía ni nada. Por fin, después de mucho insistirle su madre, dijo que le apetecía comerse un pastel. La reina bajó corriendo a la cocina para hacérselo, pero Juana le dijo:

–Si usted quiere, señora, yo puedo hacérselo, que los sé hacer muy bien.

–¿Tú, so andrajosa? –contestó la reina–. ¿Cómo vas a hacerle tú un pastel al príncipe?

–Señora, déjeme usted, que no se arrepentirá.

Aceptó la reina y Juana se puso a preparar el pastel. Sin que se diera cuenta, puso dentro de la masa el anillo que el príncipe le había regalado la primera noche. Metió la masa en el horno y, cuando estuvo hecho el pastel, la propia reina se quedó complacida. Pero, mientras subía a la habitación del príncipe, pensó mejor decirle que lo había hecho ella, no fuera a darle asco de Juana.

Nada más cortar el pastel, el príncipe se encontró el anillo de oro y dijo:

–Madre, dígame usted la verdad. ¿Quién ha hecho este pastel?

Y la madre no tuvo más remedio que decírselo:

–Ha sido Juana, hijo mío, la criada de la cocina.

El príncipe mandó que la trajeran inmediatamente, pero ya Juana se había puesto su traje de estrellas y se presentó en la habitación. El príncipe la reconoció y en seguida se puso bueno. Le pidió que se casara con él, y se casaron y fueron felices.

Y colorín *colorao,* este cuento se ha *acabao.*

34. *Estrellita de Oro*

Éste era un viudo que tenía una hija ya mayorcita y muy guapa. Enfrente de ellos vivía una viuda que también tenía una hija, pero que era muy fea. La viuda le estaba diciendo siempre a la hija del viudo:

–Oye, María, ¿por qué no vas y le dices a tu padre que se case conmigo? Así tú y mi hija seréis buenas amigas y yo te daré sopita de miel.

María fue y se lo dijo a su padre:

–Padre, cásese usted con la vecina, que me dará sopita de miel.

–No, hija mía –contestó el padre–. Que primero te dará sopita de miel y después sopita de hiel.

La muchacha no se quedó muy conforme, y tanto insistió, que al fin su padre consintió en casarse con la viuda.

Al poco tiempo de vivir juntos la madrastra empezó a maltratar a María. Le obligaba a hacer todas las cosas: ir por agua, lavar, limpiar, y siempre la tenía en la cenicera, mientras que a su hija no la dejaba hacer nada. María se lo dijo a su padre y su padre le contestó:

–Ya te lo decía yo, que primero te daría sopita de miel y después sopita de hiel.

Conque un día mandó la madrastra a la muchacha a lavar una montaña de ropa toda llena de tizne, y sólo con un trocito de jabón. También le dio un puchero de sopa para que comiera y le dijo:

–Cuando vuelvas, tienes que traer toda la ropa muy limpia, dos libras de jabón y el puchero lleno de sopa.

Se fue María muy triste para el río, pero por el camino se encontró a una viejecita que le preguntó:

–¿Por qué vas tan triste, hija mía?

María se echó a llorar y le contó lo que le pasaba. Entonces la viejecita le dijo:

–Pues tú no te apures. Toma esta cesta y mete en ella la ropa y el jabón. Después te comes la sopa y después miras al cielo. Entonces te concederé tres gracias: que, cuando te peines, caigan perlas; que, cuando te rías, caigan rosas, y que, cuando te metas la mano en el bolsillo, halles siempre dinero.

La muchacha hizo cuanto le había dicho la viejecita. Cuando levantó la cabeza para mirar al cielo, se le puso una estrellita de oro en la frente y, cuando volvió a mirar en la cesta, ya estaba la ropa muy blanca y además había dos libras de jabón. Y cuando se comió el puchero de sopa, éste se volvió a llenar en seguida.

Cogió la niña todas las cosas y se fue a su casa. Cuando la madrastra la vio llegar con todo lo que le había mandado y con una estrellita de oro en la frente, le preguntó que cómo había conseguido aquello. Y María se lo contó todo: desde que se encontró con la viejecita hasta que volvió a la casa. La madrastra, muy envidiosa, llamó a su hija y le dijo:

–Mañana sin falta vas tú con la ropa al río para que vuelvas con una estrellita de oro en la frente.

Al día siguiente, la madrastra le dio a su hija un montón de ropa, pero no sucia, sino limpia, y por eso la viejecita se dio cuenta de lo que pasaba. La hija de la madrastra se encontró con ella, y ella dijo todas las cosas equivocadas; que primero tenía que mirar al cielo, luego comerse el puchero y luego meter la ropa y el jabón en el cesto. Así lo hizo la hija de la madrastra, y en cuanto miró al cielo le cayó un rabo de burro en la frente y allí se le quedó. Cuando fue a comer, el puchero estaba vacío; luego la ropa estaba negra y no había jabón por ninguna parte. Así se tuvo que ir a su casa llorando venga a llorar y cada vez más fea, con aquel rabo de burro en la frente.

Cuando la madre la vio llegar, se puso rabiosa y desde ese momento determinó tratar a María cada vez peor y tenerla siempre en la cenicera para que no la viera nadie. Pero la gente ya le decían «Estrellita de Oro»; a la otra «Rabo de Burro», y se reían de ella.

Una vez tuvo que ir el padre a un viaje muy largo y les preguntó a sus hijas que qué querían que les trajera. Rabo de Burro le pidió que le trajera un traje, unos zapatos y un sombrero de plumas. Estrellita de Oro dijo que sólo quería que le trajera una ramita del primer árbol que encontrara por el camino.

Se marchó el padre, y al primer árbol que vio fue y le cortó una ramita y se la guardó. En la ciudad compró todas las cosas que le había pedido su hijastra. Así, cuando volvió, entregó a sus hijas todo lo que le habían pedido.

Poco tiempo después se empezó a celebrar en el palacio del rey un gran baile que iba a durar tres noches para que el príncipe pudiera elegir una novia para casarse. Entonces la madrastra arregló muy bien a Rabo de Burro con el traje, los zapatos y el sombrero de plumas, mientras que a Estrellita de Oro le echó lentejas en las cenizas, le dijo que no saliera de allí hasta que las limpiara, y además la dejó encerrada. Pero Estrellita de Oro cogió la rama de árbol que le había traído su padre, y que era la varita de las siete virtudes, y dijo:

–Varita de virtud, por el poder que tú tienes, que vengan los pajaritos a ayudarme.

Al instante se presentaron muchos pajaritos y le limpiaron las lentejas en un momento. Luego le pidió a la varita de siete virtudes un vestido de plata con encajes y unos zapatos de oro para ir al baile. Inmediatamente lo tuvo todo allí; se vistió y se fue por la chimenea.

Cuando llegó al palacio, el príncipe se fijó en ella y le pidió un baile. Luego otro, y así todo el tiempo, de manera que estuvo bailando toda la noche con ella sin hacerles caso a las demás. Se enamoró de Estrellita de Oro y le pidió que se casara con él. Pero Estrellita de Oro le dijo que ya le contestaría, porque era muy tarde y tenía que irse. El príncipe quiso acompañarla hasta su casa, pero Estrellita de Oro aprovechó un descuido y desapareció.

Al llegar a casa, le dijo a la varita de siete virtudes:

–Varita de virtud, por el poder que tú tienes, devuélveme a mi anterior estado.

Al momento volvió a quedar con su ropa sucia y todo como antes.

Rabo de Burro y su madre llegaron poco después del baile y venían diciendo:

–¡Ay, qué muchacha más bonita estaba en el baile! ¿Quién será, quién no será?

Y Estrellita de Oro nada decía.

Llegó la segunda noche y volvió a ocurrir todo como la noche anterior, y llegó la tercera y ya el príncipe no quería descuidarse para que Estrellita de Oro no se le escapara. Pero ésta, cuando llegó la hora, echó a correr tan deprisa, que se le cayó un zapato. El príncipe se agachó a cogerlo y, cuando se volvió a levantar, ya no vio a la muchacha. Se puso muy triste y publicó un bando diciendo que se casaría con la que fuera dueña del zapato.

Fueron sus criados por todas partes, probando el zapato a todas las muchachas, pero a ninguna le estaba bien, a pesar de que algunas se cortaban un dedo y otras hasta dos. Por fin llegaron a casa de Rabo de Burro y ésta se cortó medio pie, pero ni así le vino bien el zapato. Preguntó el príncipe si no habrá otra muchacha en la casa, y contestó la madrastra que no, que sólo quedaba la que estaba siempre en la cenicera, pero que era muy fea y muy sucia.

El príncipe dijo que la llamaran y, cuando apareció Estrellita de Oro, ya venía con el traje de plata con encajes, y todos se quedaron maravillados. Se probó el zapato y le quedó bien. Dijo entonces el príncipe que se casaría con ella, pero que lo esperase allí, porque tenía que volver a recogerla con la comitiva para llevarla al palacio.

En cuanto el príncipe se marchó, dijeron la madrastra y su hija:

–A ésta la matamos.

La cogieron y se la llevaron al campo arrastrando y allí, sobre una piedra, la golpearon hasta que la creyeron muerta. Luego le sacaron los ojos y la lengua y la abandonaron.

Poco después pasó por allí un pastor de ovejas, y como se encontró a la niña chorreando sangre, aunque no estaba muerta, la cogió y se la llevó a su choza, con su mujer. Entre los dos la cuidaron y la limpiaron muy bien. Al cabo de algún

tiempo la niña se puso buena, aunque no veía ni podía hablar.
Un día se metió la mano en el bolsillo y la sacó llena de dinero
y se lo entregó al pastor. Como adivinó la cara de sorpresa que
puso el hombre, se echó a reír y al momento cayeron muchas
rosas. Por señas le dijo al pastor que fuera a venderlas, pero
que no las vendiera por dinero, sino por una lengua.

Bajó el pastor al pueblo y se puso a pregonar:

–¡Rosas, vendo rosas!

Rabo de Burro lo oyó desde su casa y dijo:

–¿Rosas en este tiempo? Madre, cómpremelas usted, que
ahora nadie las tiene.

Llamaron al pastor y le preguntaron que cuánto valían las
rosas. Pero el pastor dijo que no quería dinero, sino sólo una
lengua. Rabo de Burro le dijo a su madre:

–¿Por qué no le damos la lengua de Estrellita de Oro, que
la tenemos guardada?

Y la madre respondió:

–No, hija. Que eso puede tener resultado.

Pero tanto insistió la hija, que al fin consintió la madre.
Volvió el pastor a su choza muy contento y le entregó la lengua a la muchacha. Ésta, con ayuda de su varita de virtud, se
la puso y en seguida empezó a hablar. Otro día la mujer del
pastor estaba peinando a la niña y cayeron perlas. Estrellita
de Oro le dijo al hombre que fuera a venderlas, pero que sólo
las entregara a cambio de unos ojos.

Otra vez bajó el pastor al pueblo, se puso a pregonar sus
perlas, y otra vez Rabo de Burro consiguió de su madre que
le comprara las perlas con los ojos de Estrellita de Oro, que
también tenían guardados.

Cuando el pastor regresó a su choza y le entregó los ojos a
la muchacha, ésta dijo:

–Varita de virtud, por la gracia que tú tienes, que me pongas mis ojos como los tenía antes.

Así ocurrió y Estrellita de Oro volvió a ver. Entonces pudo
escribirle una carta al príncipe contándole todo lo que había

pasado y pidiéndole que viniera por ella. El príncipe se alegró y se sorprendió mucho, porque las otras le habían contado que Estrellita de Oro se había escapado de la casa para
no tener que casarse con él. Fue por ella corriendo, se arreglaron las bodas y se casaron. El príncipe le preguntó después a su mujer que qué castigo quería que les pusiera a su
madrastra y a Rabo de Burro. Estrellita de Oro dijo que ninguno, porque ella las perdonaba. Pero el príncipe mandó
que las detuvieran, que las ahorcaran y que echaran sus
cuerpos en una caldera de aceite hirviendo. Y así se hizo.

Y aquí se acabó el cuento con pan y pimiento, y el que levante el culo se encuentra un duro.

35. *Como la vianda quiere la sal*

Había una vez un rey que tenía tres hijas. Un día las llamó a
las tres y les preguntó que cuánto le querían. La mayor le
dijo:

–Yo, más que a mi corazón.

Y la de en medio:

–Yo, más que a la niña de mis ojos.

Por último, la más pequeña contestó:

–Pues yo, más que la vianda quiere la sal.

Al rey le disgustó mucho esta respuesta y mandó a unos
criados que se la llevasen al monte y allí la mataran, le sacaran los ojos y le cortaran el dedo meñique, y se los trajeran.
Los criados se la llevaron, pero les daba compasión de la
niña y sólo le cortaron el dedo meñique. Mataron una perra,
le sacaron los ojos, y se los presentaron al rey, junto con el
dedo, como prueba de que habían cumplido sus órdenes.

La niña, cuando se vio en el monte sola, se puso a andar,
venga a andar, sin saber a dónde dirigirse, hasta que en la
mitad de un camino se encontró con un pastor, que estaba
allí muy mal vestido. Comprendiendo que no podía ir a nin-

guna parte vestida como estaba de princesa, la niña le ofreció al pastor comprarle la ropa que él llevaba. El pastor le
dijo que bueno y entonces la niña se disfrazó de pastor, guardando en un lío sus trajes.

Siguió su marcha y así llegó a un palacio donde buscaban
un pavero. Se ofreció ella para hacer este oficio y se lo dieron.
Le preguntaron que cómo se llamaba y ella dijo que «Juanón», por lo que ya le llamaban «Juanón el de los pavos».
Desde entonces se encargaba todos los días de sacar los pavos al campo, pero, como se aburría de estar siempre sola, se
llegaba a un pozo que había por allí cerca, se quitaba la ropa de
pavero y se ponía sus vestidos de princesa, recreándose en mirar su retrato en el agua del pozo. Los pavos, que la veían tan
hermosa, se le quedaban mirando fijamente y ella les decía:

–Paví, paví, paví, si el hijo del rey me viera, ¿se enamoraba
de mí?

Y todos los pavos contestaban:

–Sí, sí, sí. Sí, sí, sí.

Y como son tan tontos, seguían mirando a la niña fijamente y hasta se olvidaban de comer, de modo que todos los
días se moría uno, el más viejo; y todas las tardes, al volver al
palacio, llevaba el pavero un pavo muerto bajo el brazo, por
lo que le reñían mucho. Pero el rey no parecía darle mucha
importancia.

La niña, temiendo ser reconocida si estaba mucho tiempo
a la luz, cuando volvía del campo y se sentaba cerca de la
lumbre, se rascaba con mucha fuerza y se echaba sal. Luego,
como si los sacase del pecho, echaba a la candela puñados de
sal, que restallaban como si fueran piojos, por lo cual todos
gritaban de asco:

–¡Al rincón, Juanón, al rincón!

Y él se iba al rincón, donde corría menos riesgo de que
descubrieran que era mujer y no hombre.

Pero ocurría que al hijo del rey ya le estaba chocando que
todos los días se muriera un pavo y dio en pensar si el pavero

no les haría alguna cosa. Así que decidió espiarlo y un día se escondió detrás de un árbol para no perder de vista al pastor. La princesa, no recelando de nada, se llegó al pozo y empezó a cambiarse de trajes, como de costumbre, y vio el príncipe todo lo hermosa y deslumbrante que era. Y el príncipe quedó enamorado de ella, hasta el punto de pensar que tenía que casarse con ella inmediatamente. Pero al no saber quién era, y como los príncipes tienen que casarse con princesas, volvió a su casa muy preocupado.

Entonces se metió en su habitación y decidió hacerse el enfermo, diciendo que no tenía ganas de comer y que sólo quería que le trajesen una taza de caldo, pero que se lo tenía que traer Juanón el de los pavos. La madre se escandalizó mucho al enterarse de esto, y le decía al príncipe:

–Pero, hijo, ¿cómo se te ocurre semejante cosa? Ese muchacho, tan torpe, que todos los días se le muere un pavo, y tan piojoso, que hasta los gañanes lo apartan del fuego...

–Nada, nada, tiene que ser él –decía el príncipe–. Si no, no como.

Y la madre no tuvo más remedio que aceptar, creyendo que era un capricho, y mandó llamar a Juanón el de los pavos, que subiera con una taza de caldo. La cocinera le dijo que se arreglase un poco, porque no podía entrar de aquella manera en la cámara de un príncipe.

Cuando Juanón entró en la cámara con la taza de caldo, le temblaban las piernas. El príncipe le mandó que se acercara y se sentase en la cama. Al momento le cogió una mano y le confesó que sabía quién era, porque la había visto desnudarse en el pozo. Entonces ella no tuvo más remedio que contarle su historia, cómo su padre la creía muerta, y que si se enteraba de que vivía seguramente la mandaría matar otra vez.

El príncipe se puso muy contento de saber que era una princesa, porque así sería más fácil que sus padres consintieran en la boda, y aunque ella no pudiera aportar nada a su reino, por lo pobre que era.

Pocos días después se celebró la boda, a la cual convidó el príncipe a todos los reyes de los reinos próximos, entre los cuales estaba el padre de su novia. Llegó éste y no reconoció a su hija, por el tiempo que había pasado.

La princesa lo distinguió más que a los demás convidados, pero hizo que de todo lo que se iba a comer en el banquete hiciesen una parte sin sal, y esto fue lo que le sirvieron a su padre. Éste no comía de nada, y entonces el príncipe le preguntó cuál era la razón de que no probase bocado, a lo que el padre de la princesa contestó:

–Porque nada tiene sal, y ahora comprendo lo mucho que me quería mi hija la más pequeña.

–¿Y cuánto daría usted por recuperar a su hija? –preguntó entonces la princesa.

–Mi reino entero –contestó el rey con lágrimas en los ojos.

A todo esto, la princesa se le había ido acercando y le había puesto sobre un hombro la mano a la que le faltaba el dedo meñique. El rey se quedó mirando la mano y luego a ella, que le dijo:

–Pues ya me estáis nombrando vuestra heredera, porque yo soy vuestra hija.

El rey comprendió que era verdad y de la emoción perdió el conocimiento y se cayó al suelo. Pero cuando se recuperó, cumplió lo prometido, después de hacerse perdonar y de llorar amargamente, y los príncipes vivieron muchos años reinando en los dos reinos, y yo fui y vine y no me dieron ni para unos botines.

36. *El pavero del rey*

Pues, señor, esto era una vez un padre, una madre y una hija. La madre tenía un anillo y, al morirse, le dijo al marido:

–Toma este anillo y te casas con la que le esté bien.

La niña se fue haciendo mayor. Y un día se encontró el anillo en un cajón de la cómoda y le dijo a su padre:

–Papá, me he encontrado este anillo, y mira qué bien me está. Seguramente sería de mamá. Yo me quedo con él.

El padre se quedó mirándola y la niña le dijo:

–¿Qué te pasa, papá, por qué me miras?

El padre le contestó:

–Tú no sabes por qué, hija mía. Tu madre me dijo que me casara con quien le estuviese bien este anillo.

Entonces la niña se puso a llorar y estuvo mucho tiempo llorando. Un día se asomó la niña a la puerta, cuando iba pasando una viejecita, que le preguntó:

–¿Por qué lloras, preciosa?

Y la niña le contó lo que había pasado. La viejecita le dijo:

–Pues no llores. Vas a hacer lo que yo te diga. Le dirás a tu padre que te tiene que comprar tres vestidos: uno del color del cielo, lleno de estrellas y luceros; otro con todas las clases de animales, y otro del color de la sombra del pozo. Después te vas de tu casa vestida de chavalillo, con los tres trajes en un saquito, y te pones a buscar trabajo.

La niña lo hizo todo tal como se lo dijo la viejecita. Le pidió a su padre los tres vestidos y se marchó de su casa sin que la viera nadie. Agarró después y se dirigió a palacio. Le preguntó a uno de los criados que si no necesitaban a un zagalillo para hacer algún trabajo. El criado le dijo que si quería quedarse a guardar pavos, y ella –bueno, él– le dijo que sí.

Se lo llevaron a un campo que estaba cerca del palacio y al día siguiente la niña se puso a llamar a los pavos diciendo:

–¡Paví, paví, paví, acudid todos a mí!

Y uno de los pavos le contestó:

–¡Si el hijo del rey lo supiera, se enamoraba de ti, de ti!

Y ella respondió:

–¡Anda y ojalá te mueras!

Y de repente el pavo se murió.

El hijo del rey, que lo había visto todo desde el mirador del palacio, se quedó admirado, y al día siguiente, cuando el pavero fue a llevar el pavo muerto, le dijo uno de los criados:

–¡Ay, Juanillo –porque así se hacía llamar–, el primer día
y un pavo muerto! Me parece que tú poco vas a durar aquí.

–¡Y yo qué le hago –contestó Juanillo–, si se me ha muerto
un pavo!

–Bueno, pues entra a hablar con el príncipe.

Entró Juanillo a hablar con el príncipe y éste le dijo:

–A mí me dejas de historias y dime por qué dijo el pavo lo
que dijo.

–Yo no sé nada, majestad –contestó el pavero.

Al otro día estaba otra vez cuidando los pavos diciendo:

–¡Paví, paví, paví, acudid todos a mí!

Y le contestó otro pavo:

–¡Si el hijo del rey lo supiera, se enamoraba de ti, de ti!

Y contestó el pavero:

–¡Anda y ojalá que te mueras!

Y al momento se murió el pavo.

El hijo del rey lo había visto todo otra vez y, cuando al día
siguiente el pavero se presentó para rendir cuentas del pavo
muerto, le preguntó otra vez lo mismo y otra vez dijo Juanillo que él no sabía nada. Y al día siguiente hizo la misma faena y el príncipe se enfadó y lo puso a trabajar en las cochi-
neras.

Entonces el rey anunció unos torneos y unos bailes, a ver
si su hijo encontraba novia. Los demás criados le decían a
Juanillo:

–Anda, hombre, arréglate tú también y te vienes a ver el
baile.

–¿Yo? –contestó el pavero–. Tengo que limpiar la cochine-
ra, y además a mí no me gustan esas cosas. Vayan ustedes.

Cuando todos se fueron, se metió en su cuarto y se puso el
vestido color del cielo que le había regalado su padre y se fue
al baile. Desde que el hijo del rey la vio se fue con ella y le
decía:

–¿Usted quién es?

Y ella contestaba:

–Ya se sabrá.

–¿Y usted cómo se llama?

–Ya se sabrá.

El príncipe estuvo toda la noche bailando con ella y le regaló un anillo. Pero ella salió corriendo antes de que terminara el baile. Cuando llegaron los criados, le dijeron:

–¡Huy, Juanillo, si hubieras visto la señorita tan **guapa con** la que el príncipe ha estado bailando toda la noche!

Y dice Juanillo:

–A lo mejor la conozco yo.

–¡Anda, hombre, más quisieras tú!

Al día siguiente se fueron todos al baile también y ella se metió en su cuarto y se puso el vestido con todas las clases de animales. Llegó al baile y el hijo del rey estuvo todo el tiempo con ella y le regaló una pulsera y otra vez le preguntó:

–¿Y usted cómo se llama?

–Ya se sabrá –contestó la niña.

–¿Y usted quién es?

–Ya se sabrá.

–¿Y usted dónde vive?

–Ya se sabrá, ya se sabrá.

Igual que la otra noche, la niña se marchó sin decir nada, antes de que terminara la fiesta. Cuando llegaron los demás criados, le dijeron:

–¡Huy, Juanillo, lo que te estás perdiendo! ¡Si hubieras visto lo guapa que iba esa señorita que estuvo toda la noche bailando con el príncipe! ¡No estaba guapa ni *ná!*

–A lo mejor la conozco yo –dijo Juanillo.

–¡Anda, hombre, más quisieras tú!

Al día siguiente la niña se puso el último vestido, el de la sombra del pozo y pasó lo mismo. El hijo del rey no se separaba de ella. Le entregó una cadena de oro y le hacía las mismas preguntas que las noches anteriores, y ella contestaba lo mismo. El príncipe, al sentarse, le pilló el vestido y, sin que ella se diera cuenta, le cortó un trocito. Pero, cuando estaba más descuidado, se marchó ella.

El príncipe, ya que pasaba el tiempo y no daba con aquella señorita, se puso enfermo y tuvo que meterse en la cama. Ningún médico, por sabio que fuera, daba con la enfermedad que tenía. La reina madre y todos los de la corte estaban muy preocupados, porque el príncipe estaba enfermo de gravedad y se le habían quitado las ganas de comer. Un día Juanillo le dijo a la reina:

–¿Usted quiere que su majestad se ponga bueno? Le voy a hacer una tarta que me hacía a mí mi abuela. Verá cómo se pone bueno.

Y le contesta la reina:

–¡Ay, mi hijo, con lo escrupuloso que es! ¡Para que se encuentre un pelo o algo!

–Usted me deja a mí, verá cómo el príncipe se pone bueno, y, si quiere, le dice que se la ha hecho su tía la monja.

Tanto insistió, que la reina dijo que sí. Entonces Juanillo le hizo no una, sino tres tartas, y en cada una de ellas metió uno de los regalos que el príncipe le había hecho mientras bailaban: el anillo, la pulsera y la cadena de oro.

Nada más partir la primera tarta, vio el príncipe el anillo y se sentó en la cama dando voces y saltos. En seguida acudió la madre y le preguntó que qué le pasaba.

–¡Ahora mismo me traes aquí a la persona que haya hecho esta tarta!

La reina no se atrevía a decirle verdad ni mentira. Pero su hijo partió la segunda y la tercera tarta y se encontró los otros regalos, y cada vez estaba más contento y gritaba más fuerte que le trajeran a la persona que había hecho las tartas. Tanto gritaba, que hasta Juanillo se enteró. Se fue corriendo para su cuarto y se colocó el vestido de sombra de pozo, que, como todos los pozos, ya reflejaba las estrellas y los pájaros del cielo. Y así se presentó en la habitación del príncipe. Éste se quedó al pronto embobado, pero reconoció el vestido por el trocito que le faltaba y que lo tenía debajo de la almohada. La niña entonces le contó su historia y él le pidió que se casara con él. Y se casaron, y fueron felices y comieron perdices, y a mí no me dieron, porque no quisieron.

37. *María y la bichita*

Érase una vez un matrimonio muy pobre, que tenía una hija que se llamaba María. Un día se murió la madre y se quedaron el padre y la niña pasando muchas penas, sin nada que comer ni que beber. El padre iba por leña al monte con un borriquito para hacer carbón y venderlo.

Un día vino una bicha en la leña. María se la encontró, la cogió y la metió en un cántaro. Todos los días la sacaba para darle de comer de lo poco que a ella le tocaba, por lo que se fue quedando cada vez más flaca. Hasta que su padre empezó a darse cuenta y le preguntó que qué le pasaba. Ella dijo que no le pasaba nada, pero aquella misma noche le habló la bicha:

–María –le dijo, y al pronto la niña se asustó–: esta noche va a haber una tormenta muy grande y vendrá una riada. Tú me vas a sacar del cántaro, porque te vas a morir de no comer. Así que en la riada tienes que dejarme ir por la cuneta abajo.

María se puso a llorar de pena, pero la bicha, que ya no cabía en el cántaro, siguió diciéndole:

–Antes de tirarme me metes las manos en la boca y luego la cabeza. Así ya me puedo ir tranquila. Si alguna vez me necesitas, vas al monte y buscas mi ayuda, que yo acudiré, pero no me olvides, porque te ocurrirán muchas desgracias. Y cuando yo no esté, te puedes lavar las manos, que echarán monedas de plata, y cuando te peines, echarás monedas de oro.

María la obedeció, y cuando le metió la cabeza en la boca, la bicha le lamió los ojos. Aquella noche pasó todo como lo había dicho la bicha. Vino una tormenta muy grande y la niña dejó a su amiga con la riada.

A la mañana siguiente le dijo María a su padre:

—No tengas pena, papá, que ya no vas más a por leña.

Entonces se lavó las manos y se peinó y empezó a echar monedas de plata y oro. El padre cogió unas cuantas y se fue contento a la taberna. La gente, cuando lo vieron con tanto dinero, sospecharon de él y dieron parte. Lo acusaron de ladrón y se lo llevaron a la cárcel.

María estaba muy impaciente de ver que su padre no volvía. Entonces una vecina, que se enteró de lo que había pasado, fue a contárselo y María no tuvo más remedio que descubrir su secreto para que soltaran a su padre. Al ver en el pueblo que echaba monedas de plata y de oro cuando se lavaba las manos y se peinaba, se quedaron maravillados y en seguida se corrió la voz por todo el reino. De manera que el príncipe mandó al capitán que tenía en aquel pueblo a comprobar si aquello era verdad, y que si era verdad que le dijeran a la niña que se presentara ante él, con las criadas que ella quisiera llevarse. Como el capitán comprobó que era cierto, le transmitió el deseo del rey y ella escogió a la vecina por haberle ayudado con lo de su padre, y a una hija que aquélla tenía, y se pusieron en camino.

Pero la vecina pensó que mejor sería su hija la que se presentara ante el rey, a ver si se casaba con ella, y cuando iban por medio del monte, pararon un momento, amarraron a María, le sacaron los ojos y luego la dejaron irse. Los ojos se los guardaron en un pañuelo.

Cuando la niña se vio ciega y tirada en el monte, no hacía más que llorar. Al cabo de un rato pasó por allí un pastor, que sintió lástima de ella y se la llevó a su cabaña. Cuando la mujer del pastor la vio entrar, se enfadó mucho con su marido, pero la niña le dijo:

—No se preocupe usted, que le pagaré todo lo bueno que hagan conmigo.

Al día siguiente María le dijo al pastor que la llevara otra vez al monte, donde hubiera mucha leña, y que no se asustara de lo que podía pasar. Entonces llamó a la bicha tres veces, y la bicha, que era ya una serpiente muy grande, se presentó y le dijo:

–Ya sé lo que te pasa, pero tenías que haberte acordado antes de mí. Bueno, te voy a dar tres habichuelas y que el pastor las siembre en cuanto volváis a la cabaña. Mañana mismo habrán salido tres flores muy raras y muy bonitas. El pastor irá a venderlas por las cercanías del castillo y, cuando quieran comprárselas, pedirá por ellas los ojos de una mocita.

Cuando el pastor se puso a pregonar las flores, salió la vecina, que se había convertido en ama de llaves, haciéndole creer al rey que su hija era la que echaba monedas de plata y de oro, aunque no podía demostrárselo hasta más adelante.

Cuando el pastor le pidió los ojos de una mocita, ella se acordó de los ojos de la niña, que tenía en un pañuelo, y se los entregó. Cuando María le llevó los ojos a la bicha, ésta los lamió y le dijo que se los pusiera. Así lo hizo María y en seguida vio estupendamente. Luego le dijo la bicha:

–Ahora me tienes que matar.

María porfió con ella que eso no podía ser, pero la bicha siguió explicándole:

–No tienes más remedio que hacerlo. Cuando me mates, me rajas, y de las siete costillas que tengo, coges la de en medio. A ella le podrás pedir todo lo que tú quieras, porque para esa costilla no hay nada imposible.

María, aunque le daba mucha pena matar a la bicha, obedeció: la mató, la rajó y le sacó la costilla de en medio.

Cuando volvieron a la cabaña, María le dijo a la mujer del leñador:

–Ahora prepáreme usted una palangana y tráigame un espejo y un peine.

Empezó María a lavarse las manos y a peinarse, hasta que tuvo un buen montón de monedas de plata y de oro.

–Esto es para ustedes, por lo bien que se han portado conmigo. Ahora me tengo que ir.

Y se fue.

Cuando María llegó al castillo le dijo a la costilla:

–Costillita, quiero que me hagas un castillo tan grande como ése, justo enfrente y a una distancia que no quepa más que una persona entre los dos.

A la mañana siguiente, cuando se levantaron los del castillo, les pareció estar soñando, de ver aquel otro tan grande y tan cerca. El príncipe mandó a uno de sus criados a averiguar qué magia era aquélla. El criado se puso debajo del balcón donde María se había sentado a bordar, le dio los buenos días y le preguntó:

–¿Puedo pasar un rato con usted?

–Cuando usted quiera –contestó María.

Aquella misma noche subió el criado y le dijo:

–Ya estoy aquí.

–Ea, pues vamos a acostarnos –y empezó la niña a desnudarse, pero le dijo–: antes haga usted el favor de cerrar las puertas –según era lo que le había pedido a la costilla.

El criado se puso a cerrar las puertas, pero una que cerraba, otra que se abría, una que cerraba, otra que se abría, y así estuvo toda la noche, dando portazos para nada.

A la mañana siguiente el príncipe le preguntó que qué tal lo había pasado.

–Estupendamente –dijo el criado.

–Pues esta noche voy a ir yo.

Cuando llegó el príncipe, ella empezó a desnudarse, pero le dijo:

–Haga usted el favor de traerme un poco de agua del pozo –según era lo que le había pedido a la costilla.

El príncipe fue a por agua, pero aunque sentía el cubo llenarse no traía ni gota cuando estaba arriba; lo volvía a echar y volvía a pasar lo mismo, y así estuvo toda la noche. Por la mañana, María le dijo:

–Parece que está usted acostumbrado a bregar con mujeres tontas.

–Está usted equivocada –contestó el príncipe, que estaba bastante enfadado–, pues mañana me voy a casar con una que echa monedas de plata cuando se lava las manos y de oro cuando se peina.

–Eso no puede ser –dijo María.

–Ya lo veremos. Si quiere, está usted invitada.

El rey preparó una comida para todos los invitados, y delante de todos le pidió a la hija de la vecina que hiciera por fin la demostración. Ésta se puso a lavarse, y como si nada, y se puso a peinarse, y peor, porque empezó a soltar tal cantidad de piojos, que todos los invitados salieron corriendo. Entonces María se puso a lavarse y a peinarse y entonces sí que caía gran cantidad de monedas, y todos los invitados volvieron para verlo y para celebrarlo. Pero, cuando ya iban a comer, un loro empezó a gritar:

–¡No comáis ninguno, que falta uno! ¡No comáis ninguno, que falta uno!

Quiso saber el rey por qué decía eso el loro, y entonces le confesaron que habían emparedado a un hombre hacía ya algún tiempo, por orden del ama de llaves. Mandaron abrir la pared, y apareció el padre de María, que se abrazó en seguida con su hija. Ésta le contó al rey todo lo que había pasado, e inmediatamente el rey mandó emparedar a la vecina y a su hija. El príncipe y María se casaron y vivieron felices y por fin todos pudieron comerse las perdices.

38. *La madre envidiosa*

Érase una vez un matrimonio que tenía siete hijos varones y ninguna hija. Por fin la madre dio a luz una niña y tanto ella como el padre y los hermanos se pusieron muy contentos. Pero el padre estaba tan pendiente de la niña, que a los her manos los trataba cada vez peor. Éstos, viendo que en casa ya no tenían nada que hacer, decidieron marcharse. Antes se despidieron de su hermanita y le regalaron un anillo.

Pasó el tiempo y la niña se iba poniendo más guapa conforme se hacía mayor, y su padre más la quería. De manera que la madre empezó a sentir envidia de su propia hija. Tenía un espejito mágico al que le decía:

–Espejo mío, ¿hay en el mundo una mujer más guapa que yo?

Y siempre el espejito le había respondido que no, que ella era la más guapa, hasta que un día le dijo:

–Sí, tu hija es más guapa que tú.

A la madre le entró mucha rabia y empezó a maltratar a su propia hija. A cada momento la mandaba a la fuente a traer agua y si rompía algún cacharro la reñía y la pegaba. Una vez la encerró en una habitación, con el propósito de no dejarla salir nunca más y de nuevo le preguntó al espejito:

–Espejo mío, ¿hay en el mundo una mujer más guapa que yo?

Y el espejo le contestó:

–Sí. La que está encerrada en la habitación es más hermosa que tú.

Como encerrarla no había servido para nada, la madre mandó a los criados que llevaran a su hija al monte y la mataran. Pero los criados sintieron lástima de la niña y la abandonaron en medio del campo. En su lugar mataron una perra, le arrancaron los ojos y la lengua y se los llevaron a la madre, que creyó que eran los ojos y la lengua de su hija.

La niña se puso a andar por el monte hasta que divisó una casa. Se acercó y, como no se sentía a nadie, entró. La chimenea estaba encendida y sobre la mesa había siete platos vacíos. Entonces se puso a hacer la comida y, cuando ya estaba hecha, arregló la casa. Después se salió y se subió a un árbol que había por allí cerca, a esperar a ver quién llegaba.

Por la tarde llegaron siete ladrones, que eran los que vivían en la casa. Cuando entraron, se quedaron muy sorprendidos al ver lo limpia que estaba y que la comida estaba hecha.

–¿Quién habrá venido a arreglar y a limpiar la casa? –preguntó uno.

–¿Y quién nos habrá hecho la comida? –dijo otro.

Como muy cerca de allí vivían el dragón y su mujer, tenían miedo de que hubieran venido y les hubieran hecho una comida envenenada. Entonces uno dijo:

–Vamos a darle primero a la perrita y, si no le hace daño, a nosotros tampoco nos lo hará.

Lo mismo ocurrió otros cuantos días, y siempre los siete ladrones le daban a probar la comida a la perrita y luego comían ellos.

Como no les pasaba nada, decidieron sorprender a la persona que les hacía la comida y les arreglaba la casa. Por la mañana, en vez de salir los siete, salieron seis nada más y el capitán se quedó escondido dentro de la casa. Pero la niña, que todos los días contaba a los siete cuando salían, contó esta vez nada más que seis y no se movió del árbol en todo el día.

Viendo que aquello no daba resultado, los ladrones decidieron regresar a mediodía, en lugar de por la tarde, y así fue cómo sorprendieron a la niña en medio de las faenas. La niña sintió mucho miedo, cuando vio que los ladrones se abalanzaban sobre ella, pero el capitán se fijó en el anillo que llevaba puesto y dijo:

–¡Quietos todos, que ésta es nuestra hermana!

Así se reconocieron y todos se pusieron muy contentos. La niña les contó lo que había pasado y ellos dijeron:

–Pues nada. Te quedas a vivir con nosotros, haciendo la comida y arreglando la casa.

También le dejaron la perrita para que la acompañara. Uno de los hermanos le dijo:

–Tendrás mucho cuidado en darle a la perra de todo lo que comas, porque ya se ha acostumbrado. Si no lo haces, se meará en el fuego y no podrás hacernos la comida.

Y otro le dijo:

–Además, no debes salir de la casa, porque aquí cerca vive el dragón con su mujer.

La niña tuvo mucho cuidado de hacer todo como le habían dicho, pero un día se puso a comer unas avellanas que sus hermanos le habían traído y no se acordó de darle a la perrita. Entonces la perrita se acercó al fuego, se meó y lo apagó.

La niña se quedó muy afligida, pensando que sus hermanos se enfadarían mucho con ella por no tenerles la comida preparada. Así que, como la única casa que había por allí cerca era la del dragón, se armó de valor y fue a ver si le daban unas brasas.

Cuando llegó, estaba la mujer del dragón, que le dijo que sólo le podía dar la mitad de cada brasa, pues, si su marido notaba que faltaba fuego, la mataría. Le dio entonces la mitad de cada brasa y la niña se marchó muy contenta. Cuando el dragón llegó a su casa, dijo:

–¡A carne humana me huele! ¡Si no me la das, te mato!

–Pero, hombre –dijo la mujer–, si es que ha estado aquí la hermanita de los ladrones, que vino por un poco de lumbre.

El dragón se puso muy enfadado. Fue corriendo a la casa de la niña y le exigió que le devolviera las brasas inmediatamente. La niña se echó a llorar, diciendo que entonces cómo podría hacer la comida para sus hermanos.

–Está bien –dijo el dragón–. Te dejaré la lumbre, pero todos los días tendrás que sacar un dedo por la cerradura para que yo te lo chupe.

La niña no tuvo más remedio que decir que sí, y todos los días venía el dragón y chupaba el dedo que ella sacaba por la cerradura. De manera que la niña se fue quedando cada vez más delgada y el dedo que le chupaba el dragón también se fue quedando más delgado que los demás. Sus hermanos le decían:

–¿Pero qué es lo que te pasa? ¿Comes y bebes y estás cada vez más delgada?

Por fin ella les contó todo lo que había pasado, y entonces los hermanos decidieron que había que matar al dragón. Uno le dijo a la niña:

–Mañana no saques el dedo y le dices al dragón que suba por la escalera a llevarse la lumbre.

Debajo de la escalera cavaron un pozo muy hondo y aflojaron unos cuantos peldaños. Así que, al día siguiente, cuando el dragón iba por la mitad de la escalera, se cayó en el pozo y se mató. Los ladrones empezaron a echarle tierra y allí mismo lo dejaron sepultado. Al poco tiempo en la tumba del dragón creció una mata de perejil y los hermanos le dijeron a la niña:

–Por nada del mundo nos pongas ese perejil en la comida, pues, si lo haces, nos convertiremos en bueyes negros.

Al principio la niña puso cuidado en no coger de aquella mata, pero con el tiempo se le fue olvidando y un día cortó unas ramitas y las echó en la comida. Por la tarde llegaron sus hermanos y se pusieron a comer, como todos los días. Y de pronto se convirtieron en siete bueyecitos negros.

Desde entonces, la niña tuvo que llevar a los siete bueyecitos todos los días al prado a pastar. Un día, estando con ellos, pasó por allí el hijo del rey. Al ver a la niña se enamoró de ella y le dijo que si quería casarse con él. Contestó ella que sí, pero que no podía, porque tenía que cuidar de aquellos bueyes, que eran sus hermanos.

–No te preocupes –contestó el príncipe–. Nos los llevaremos al palacio y allí harán la misma vida que nosotros, comiendo en la misma mesa y todo.

Y así lo hicieron. Se celebraron las bodas y los siete bueyecitos eran tratados como personas por todos los criados y la niña estaba muy contenta. Pero un día el príncipe tuvo que marcharse a una guerra y dejó a su mujer y a los bueyes al cuidado de los criados.

Un día iba una criada negra por agua a la fuente, cuando se paró a mirar en el agua y vio la cara de la reina, que estaba asomada a su ventana. Se creyó la negra que aquélla era su cara y se puso muy contenta de verse tan guapa, diciendo:

–¿Cómo yo, tan blanca y tan guapa, vengo por agua a la fuente? Ahora mismo romperé el cántaro y me iré a mi casa.

La reina, que la estaba escuchando, se echó a reír, y entonces la negra se dio cuenta de lo que había pasado. Miró por la ventana y le dijo a la reina que por qué no bajaba a que la peinara. La reina bajó y la negra se puso a peinarla. De pronto, le clavó un alfiler en la cabeza y la convirtió en paloma. Luego la echó a volar. Y se puso sus vestidos. Entró en el palacio haciéndose pasar por la reina y lo primero que hizo fue expulsar a los bueyes, diciendo:

–¡Que trabajen! ¡Que trabajen, que bien gordos están! ¡Fuera de aquí, bichos asquerosos!

Y engancharon a los bueyes a unos carros para traer piedras para un corral que estaban haciendo.

Volvió el rey de la guerra y, cuando se encontró con la reina, le dijo:

–¿Cómo es que estás tan negra?

–Es de tanto tomar el sol esperándote en el jardín –contestó la negra.

El príncipe no quedó conforme y estaba muy triste. Todos los días venía la paloma al palacio, volaba por el jardín, se posaba en la ventana y decía:

> –El rey y la mora sentaditos a la sombra,
> los mis hermanitos acarreando piedra y barro.
> y yo como perdida en estos árboles ando.

Y a los criados les preguntaba:

–¿Qué tal el rey con la reina mora?

Y ellos les respondían:

–A veces canta y a veces llora.

Y luego preguntaba:

–¿Y los bueyecitos?

Y le respondían:

–Acarreando cal y cantos.

Y la palomita lloraba y decía:

–¡Ay de mí, qué quebranto!

Un día la paloma entró en la habitación del rey y, como al rey le gustó lo mansa que era, le permitía que anduviera por el palacio a su gusto. Cuando el rey y la negra se sentaban a comer, la paloma se paseaba por la mesa. Picoteaba en el plato del rey y se cagaba en el de la negra. Éste decía:

–¡Qué bonita es la palomita! ¡Y qué suave!

De pronto le notó el alfiler que tenía clavado en la cabeza. Se lo quitó y al momento la paloma se volvió la reina hermosa que era. El rey la reconoció en seguida y volvió a vivir con ella muy contento. A la negra la mataron y a los bueyecitos les clavaron en el cogote el mismo alfiler y entonces volvieron a cobrar su forma humana. Y todos fueron muy felices en el palacio del rey.

39. *Mariquilla y sus siete hermanitos**

Érase una vez un matrimonio que tenía siete hijos varones y ninguna hija. Por fin la madre dio a luz una niña y tanto ella como el padre y los hermanos se pusieron muy contentos. Pero el padre estaba tan pendiente de la niña, que a los hermanos los trataba cada vez peor. Éstos, viendo que en casa ya no tenían nada que hacer, decidieron marcharse. Antes se despidieron de su hermanita y le regalaron un anillo.

---

* Este cuento es idéntico al anterior en su primera mitad. Puede leerse a partir de «*Pues nada, te quedas a vivir...*».

Pasó el tiempo y la niña se iba poniendo más guapa conforme se hacía mayor, y su padre más la quería. De manera que la madre empezó a sentir envidia de su propia hija. Tenía un espejito mágico al que le decía:

–Espejo mío, ¿hay en el mundo una mujer más guapa que yo?

Y siempre el espejito le había respondido que no, que ella era la más guapa, hasta que un día le dijo:

–Sí, tu hija es más guapa que tú.

A la madre le entró mucha rabia y empezó a maltratar a su propia hija. A cada momento la mandaba a la fuente a traer agua y si rompía algún cacharro la reñía y la pegaba. Una vez la encerró en una habitación, con el propósito de no dejarla salir nunca más y de nuevo le preguntó al espejito:

–Espejo mío, ¿hay en el mundo una mujer más guapa que yo?

Y el espejo le contestó:

–Sí. La que está encerrada en la habitación es más hermosa que tú.

Como encerrarla no había servido para nada, la madre mandó a los criados que llevaran a su hija al monte y la mataran. Pero los criados sintieron lástima de la niña y la abandonaron en medio del campo. En su lugar mataron una perra, le arrancaron los ojos y la lengua y se los llevaron a la madre, que creyó que eran los ojos y la lengua de su hija.

La niña se puso a andar por el monte hasta que divisó una casa. Se acercó y, como no se sentía a nadie, entró. La chimenea estaba encendida y sobre la mesa había siete platos vacíos. Entonces se puso a hacer la comida y, cuando ya estaba hecha, arregló la casa. Después se salió y se subió a un árbol que había por allí cerca, a esperar a ver quién llegaba.

Por la tarde llegaron siete ladrones, que eran los que vivían en la casa. Cuando entraron, se quedaron muy sorprendidos al ver lo limpia que estaba y que la comida estaba hecha.

–¿Quién habrá venido a arreglar y a limpiar la casa? –preguntó uno.

–¿Y quién nos habrá hecho la comida? –dijo otro.

Como muy cerca de allí vivían el dragón y su mujer, tenían miedo de que hubieran venido y les hubieran hecho una comida envenenada. Entonces uno dijo:

–Vamos a darle primero a la perrita y, si no le hace daño, a nosotros tampoco nos lo hará.

Lo mismo ocurrió otros cuantos días, y siempre los siete ladrones le daban a probar la comida a la perrita y luego comían ellos.

Como no les pasaba nada, decidieron sorprender a la persona que les hacía la comida y les arreglaba la casa. Por la mañana, en vez de salir los siete, salieron seis nada más y el capitán se quedó escondido dentro de la casa. Pero la niña, que todos los días contaba a los siete cuando salían, contó esta vez nada más que seis y no se movió del árbol en todo el día.

Viendo que aquello no daba resultado, los ladrones decidieron regresar a mediodía, en lugar de por la tarde, y así fue cómo sorprendieron a la niña en medio de las faenas. La niña sintió mucho miedo, cuando vio que los ladrones se abalanzaban sobre ella, pero el capitán se fijó en el anillo que llevaba puesto y dijo:

–¡Quietos todos, que ésta es nuestra hermana!

Así se reconocieron y todos se pusieron muy contentos. La niña les contó lo que había pasado y ellos dijeron:

–Pues nada. Te quedas a vivir con nosotros, haciendo la comida y arreglando la casa. Pero no le abras a nadie la puerta.

La madre, creyendo que su hija estaba muerta, volvió a preguntarle al espejito:

–Espejo mío, ¿hay en el mundo una mujer más guapa que yo?

Y le contestó el espejo:

–Sí, tu hija, que está con los ladrones en el monte, es más guapa que tú.

La madre se puso furiosa y dijo: «Tengo que matarla como sea».

Entonces fue a consultar con una bruja, y ésta le dijo que visitaría a la niña, llevándole una camisa hechizada.

Cuando llegó a la casa del bosque, llamó a la puerta y la niña preguntó:

–¿Quién es?

Y la bruja contestó:

–Soy yo, tu abuelita, que he venido a traerte un regalo.

Entonces la niña abrió la puerta y la bruja le dijo:

–Mira qué camisa más linda he bordado para ti.

La niña se lo creyó; cogió la camisa, se la puso y al momento se cayó al suelo, como muerta. La bruja se marchó.

Cuando por la tarde llegaron los ladrones y la vieron allí tirada se creyeron que estaba muerta y todos se pusieron a llorar. Luego le hicieron una caja de cristal, la metieron en ella, para que todo el mundo la viera, y la tiraron al mar.

El hijo del rey estaba pescando y encontró la caja. La recogió y vio que dentro estaba aquella niña tan hermosa. Mandó que llevaran la caja al palacio y la pusieran en su habitación. Prohibió terminantemente que entrara nadie a verla, pues se había enamorado tanto de ella, que pensó que, aunque estuviera muerta, se casaría con ella. Andaba todo el día muy triste y se puso enfermo. Sus padres le preguntaron que qué le ocurría, pero él no quiso decirles nada. Hasta que un día el príncipe se dejó abierta la puerta de su habitación y pudo entrar la madre. Allí se encontró la caja de cristal. Corriendo fue a preguntarle al príncipe qué hacía allí aquella caja y el príncipe no tuvo más remedio que decírselo todo y también que quería casarse con la niña. La madre exclamó:

–¡Pero, hijo, si esa muchacha está muerta! No tenemos más remedio que enterrarla.

Vinieron el rey y los demás personajes del palacio y todos decían lo mismo. Por fin el príncipe se convenció de que tenía que ser como ellos decían y consintió en que preparasen el entierro.

Pero en un momento que dejaron la caja sola, entró una criada y, viendo la camisa tan linda que llevaba puesta la niña, pensó: «¿De qué ha de servirle ya una camisa como ésta?» Levantó la tapa de cristal y se puso a quitarle la camisa.

Y entonces la niña, conforme le iban quitando la camisa, fue volviendo en sí. Y cuando la criada terminó de quitarle la camisa, ya estaba completamente despierta, sin saber dónde se encontraba y qué sitio era aquél. La criada salió corriendo dando gritos y acudió el príncipe. Se sorprendió de ver que la niña estaba viva y le preguntó cómo era posible aquello. Los dos se dijeron todo lo que les había ocurrido y se pusieron muy contentos. Rápidamente llamaron a todo el mundo y prepararon las bodas. Y se casaron y fueron muy felices. Y a la madre la echaron a una caldera de aceite hirviendo y a la bruja la quemaron en la hoguera. Luego desparramaron las cenizas por todo el pueblo.

40. *Los siete cuervos*

Éste era un matrimonio que tenía siete hijos y ninguna hija. Por fin la mujer tuvo una hija y todos se pusieron muy contentos. Un día que no había agua en la casa la madre mandó a los hijos a la fuente a que llenaran un cántaro; pero, como todos querían llevarlo y traerlo, se pusieron a reñir, hasta que lo rompieron. Entonces el padre les echó una maldición, diciendo:

–¡Ojalá se vuelvan cuervos!

Y al instante los siete hermanos se volvieron cuervos, y se fueron volando. La madre, desesperada por lo que había pasado, se fue poniendo cada vez más enferma y murió al poco tiempo. Poco antes de morir, le entregó un anillo a su hija. La niña, que ya vivía sola con su padre, lloraba y lloraba sin consuelo.

Un día pasó por allí un enanito, que sintió a la niña llorar. Le preguntó que qué le pasaba y, cuando la niña se lo contó, le dijo:

–Mira, si quieres desencantar a tus hermanos, tienes que ir al monte, donde viven tus hermanos en una casa. ¡Ah, y llévate una calabaza!

La niña iba de camino con su calabaza, y al cabo de un rato se encontró otra vez al enanito. Entonces se dio cuenta de que había perdido la calabaza, pero el enanito se lo perdonó. La niña le preguntó:

–¿Cómo entraré en la casa?

Y el enano le dijo:

–Toma este hueso. Con él podrás abrir la puerta.

Pero cuando la niña llegó a la casa, también había perdido el hueso. «No importa –pensó–. Me cortaré el dedo meñique y abriré con él la puerta». Y así lo hizo. Cuando entró en la casa se encontró otra vez al enanito, que le dijo:

–Ahora, si de verdad quieres desencantar a tus hermanos, tienes que hilar siete camisas para ellos. Pero no tienes que decir ni una palabra a nadie. Si hablas, todo estará perdido.

La niña se puso a hilar, venga a hilar, esperando que se presentaran los siete cuervos.

Al poco tiempo llegaron los siete cuervos, gritando:

–¡A carne humana huele! ¡A carne humana huele!

Cuando ya se iban a echar sobre la niña, uno de ellos vio el anillo que llevaba y exclamó:

–¡Alto! Que ésta es nuestra hermana, que seguramente ha venido a desencantarnos.

Y así pasaron muchos días, esperando que la niña acabara de hilar las siete camisas.

En esto acertó a pasar por allí el hijo del rey, que iba de
caza, con lo que los siete cuervos echaron a volar. El príncipe
se puso a preguntarle a la niña que quién era y qué hacía en
aquel lugar. Viendo que no le contestaba, insistió y entonces
la niña se puso a explicarle por señas que no podía hablar. El
hijo del rey le preguntó que si quería irse con él al palacio, y
la niña le contestó que sí. Se marcharon, y los siete cuervos
iban detrás del séquito, volando.

Pasaron los días, y el hijo del rey iba todos los días a visitar
a la niña a su habitación, a ver si conseguía que hablara. Pero
la niña no hacía más que hilar, venga a hilar. Un día acababa
una camisa, otro día otra, y así esperaba que muy pronto le
podría explicar al príncipe todo lo que había pasado. Desde
su ventana veía todos los días volar a sus hermanos, y el
príncipe no acertaba a comprender.

Vivía también en el palacio una prima del príncipe, que
se quería casar con él, y que estaba muy envidiosa de la
niña. Se puso a hablar mal de ella a los reyes y a decir que se
estaba burlando de su hijo con no querer hablar y que seguramente sería una hechicera, pues tenía tratos con unos
cuervos siniestros que andaban todo el tiempo volando alrededor del castillo. Tanto intrigó que, por fin un día, el rey
decidió encerrar a la niña en un calabozo y prepararle un
patíbulo para quemarla viva. El príncipe estaba desconsolado y veía que la niña no hacía más que tejer y tejer. Ya llevaba tejidas seis camisas, cuando el rey fijó la ejecución
para el día siguiente.

Aquella noche la niña estuvo en el calabozo tejiendo sin
parar y, cuando ya amanecía, estaba terminando la última
camisa. Se la llevaron al patíbulo y allí siguió tejiendo, hasta
que terminó, en el momento en que iban a prenderle fuego.
Entonces bajaron volando los siete cuervos, y el enanito, que
andaba por allí, les puso las camisas. Inmediatamente se
convirtieron en siete mozos muy guapos. Los reyes, el príncipe y todo el pueblo que estaba contemplando la escena no

podían creer lo que estaban viendo. Entonces la niña explicó todo lo que había pasado y cómo aquellos muchachos eran sus hermanos. El rey detuvo la ejecución y en lugar de la niña mandó quemar a la prima del príncipe, y la quemaron. A los siete hermanos de la niña los hizo ministros y a su hijo y a la niña los casó. La boda se celebró durante muchos días y todos vivieron felices.

41. *La peña de los enamorados*

Era una isla que le llamaban «La peña de los enamorados». Allí vivían un conde y una condesa, que era la más guapa de la isla. La condesa tuvo una hija, y cuando los habitantes de la isla iban a verla, todos decían: «Guapa es la madre, pero más guapa es la hija».

La madre le tomó envidia, y mandó a dos criados que se llevaran a la niña a un monte y la mataran. Ninguno de los criados quería matarla. Llevaban un perro y le sacaron los ojos, dejando a la niña viva en el monte. La niña, encontrándose sola en el monte, se refugió en una peña. Subiéndose en un árbol vio que llegaban siete bandidos. El capitán dijo:

–Ábrete, rosa. Ciérrate, clavel.

Al otro día, cuando salieron los siete bandidos, dijo la niña: «Ábrete, rosa. Ciérrate, clavel». Se lo encontró todo muy desordenado. Lo limpió y lo arregló todo, diciendo de nuevo: «Ábrete, rosa» y «Ciérrate, clavel».

Los bandidos, cuando abrieron la peña, se quedaron admirados. Todos los días alguien hacía la misma faena. Pero un día dijo el capitán:

–Hoy, cuando salga, me voy a volver a ver quién es el alma *quemá* que entra aquí.

El capitán se quedó sorprendido, cuando entró y vio a la niña.

–¡Hija mía! ¡Eres más guapa que la condesa de la peña de los enamorados!

Cuando los demás bandidos llegaron, dijo el capitán:

–Ésta es nuestra hermana. Cada uno le tendrá que hacer un regalo.

Unos le dieron pulseras y otros anillos. La miraban como a una hermana propia. Allí estuvo diez años y tenía cuanta riqueza había en la isla.

Un día se enteró la madre de que había una mujer más guapa que ella, pero no sabía el lugar donde estaba. El conde buscaba a su hija desde que se la llevaron, pero nunca la encontró.

La madre, enterada y llena de envidia, llamó a una gitana:

–Te doy una bolsa de oro, siempre que me traigas la cruz que le puse a mi hija en el cuello.

La gitana era una hechicera. Se llevó dos días dando vueltas al sitio con un anillo de oro que estaba encantado con la insignia de la condesa. Un día los bandidos le dijeron a la niña que podía salir un ratito afuera de la peña para distraerse. Y le dijo la gitana:

–¡Hija de mi alma, qué de tiempo llevo buscándote! Toma un anillo de oro, que es más brillante que los que tú tienes.

–No señora, tengo muchos anillos, que me dan mis hermanos.

–Pero éste es mucho mejor. Dime cuál es el secreto de la peña de los enamorados.

La niña contestó:

–No venderé nunca a mis hermanos ni diré nunca el secreto de la peña.

Poniéndole la gitana el anillo de la condesa, en el acto quedó paralizada, como muerta. La gitana cogió la cruz, y dejando a la niña abandonada en la puerta de la peña, le llevó a la condesa la cruz de su hija. Le dijo que la había matado y que le diera la bolsa de oro.

Los bandidos, cuando llegaron y la vieron muerta, llora-
ban, y dijo el capitán que tenían que buscar quién había hecho ese crimen. Salieron aquella noche por un vestido blanco para vestirla. Fueron a la casa de la condesa y robaron un
vestido blanco que tenía la cruz de la niña. Los bandidos la
vistieron y la pusieron en la puerta del conde.

El conde, cuando vio aquello, no sabía si era su hija o no
era. Pero había que enterrarla en el mejor lugar del cemente-
rio de la isla.

El conde, cuando iban a enterrarla, dijo:

–Vamos a ver a quién pertenecieron tantos anillos.

Al sacarle el anillo con la insignia de la condesa, la niña
volvió en sí y dijo:

–Éste es mi padre.

Y dijo el padre:

–Ésta es mi hija. Dime el secreto de donde has estado.

–No lo diré mientras usted no consiga el indulto de mis
hermanos.

Como el conde era el rey de la isla consintió en darle el indulto. Al otro día salieron para la peña, diciéndole la niña al
padre:

–Voy a entrar a ver a mis hermanos.

Al llegar la niña dijo: «Ábrete, rosa», y el conde vio a los
siete bandidos con los trabucos preparados.

–No tiréis, hermanos, estáis indultados –dijo la niña.

Los bandidos abrazaron a la niña, pues se habían creído
que estaba muerta.

Fueron al palacio del conde. El conde llamó a los sirvien-
tes viejos, los cuales declararon que la condesa les había
mandado que matasen a la niña, pero que ellos no la habían
querido matar.

El conde perdonó a los criados. A la mujer la metió en un
subterráneo. Encargó a los bandidos que encontraran a la
gitana y la metió en el mismo subterráneo donde estaba la
condesa, siendo la hija la más guapa de la isla.

42. *El pájaro que habla, el árbol que canta y el agua amarilla*

Vivían una vez en un pueblo tres hermanas costureras, huér-
fanas de un sastre que, al morir, no les había dejado más que
el oficio. Las tres hermanas pasaban muchas necesidades.
Un día que estaban las tres cosiendo con la ventana abierta,
dio la mayor un suspiro y dijo:

–Me gustaría casarme con el hijo del rey para hartarme de
pasteles y de cosas ricas.

Y la de en medio, dando otro suspiro, dijo:

–Pues a mí me gustaría casarme con el hijo del rey para ir
en carroza a todas partes y no tener que fregar suelos ni
nada.

Entonces la pequeña dijo:

–Pues yo quisiera casarme con él para darle dos hijos: un
varón muy guapo y una niña con una estrellita en la frente.

El hijo del rey, que pasaba por allí y se había quedado escuchando al pie de la ventana, se fue a su palacio y las mandó
llamar. Al pronto, las tres hermanas se asustaron, pensando
que algo malo les iba a ocurrir, pero el príncipe les contó que
se había enterado de su conversación y que escogía a la más
pequeña para casarse. Las dos mayores podrían quedarse en
palacio, ayudando y acompañando a su hermana. Éstas
sintieron una gran envidia de la pequeña, pero aceptaron.

Se celebraron las bodas y al poco tiempo la princesa se
quedó encinta. En esto se declaró una guerra y el hijo del rey
tuvo que marcharse, dejando a su mujer a cargo de las dos
hermanas. Estando el príncipe en la guerra, dio a luz su mujer dos mellizos: un varón muy guapo y una niña que tenía
una estrellita en la frente. La madre estaba todavía inconsciente, cuando sus dos hermanas decidieron meter a los dos
niños en un cajón y tirarlos al río para que se ahogasen.
También mataron un perro y un gato, los desollaron y se los
presentaron a la princesa y a la corte como frutos de ella;

también escribieron al príncipe, diciéndole que su mujer había tenido dos monstruos.

El príncipe, muy afligido, contestó que mataran a los monstruos y que a su mujer la emparedaran viva.

Un molinero, que vivía con su familia río abajo, se encontró el cajón flotando en las aguas, lo recogió y, al ver que eran dos niños, se los llevó a su casa. A su mujer, al pronto, no le hizo mucha gracia, pues ya tenían otras cuatro bocas que alimentar y eran muy pobres; pero al fin sintió lástima y aceptó que se quedaran con ellos, criándolos como a sus otros hijos.

Pasaron los años, y un día, estando los chicos en la escuela, hubo una pelea entre uno de los hijos del molinero y el que había sido salvado de las aguas. El primero le dijo al otro:

–Pues tú y tu hermana sois unos mal nacidos, porque no tenéis más padre ni madre que el río, como los sapos y las ranas.

El niño se quedó muy triste y fue a preguntarle al molinero. Éste entonces le contó la verdad, de cómo él mismo los había sacado del río metidos en un cajón.

Los hermanos pensaron que lo mejor sería marcharse, y a la mañana siguiente, muy temprano y sin decirle nada a nadie, cogieron lo imprescindible y se fueron al bosque. Allí se construyeron una cabaña, y vivieron de lo que él cazaba y la niña vendía, bajando al pueblo para ello y volviéndose a la cabaña.

Un día se acercó por allí una pobre vieja pidiendo limosna. La niña le dio algo de comer y entonces la viejecita le dijo:

–¡Qué cabaña más linda tenéis! Lástima que no tengáis el pájaro que habla, el árbol que canta y el agua amarilla. Con eso lo tendríais todo.

Y sin decir nada más, se fue.

La niña se quedó pensando qué querría decir aquello y, cuando llegó su hermano, se lo contó. El muchacho dijo:

–Sea lo que sea, hay que encontrar esas tres cosas. Así que me voy por el mundo a buscarlas. Te dejo mi espada. El día que veas correr sangre por ella, es que estoy en peligro.

Se despidió de su hermana y se marchó. Caminando, caminando, se encontró a un ermitaño subido en lo alto de una peña y con una barba blanca que le llegaba hasta el suelo.

–¿Adónde vas, muchacho? –le preguntó.

–Voy a buscar el pájaro que habla, el árbol que canta y el agua amarilla.

–¡Vuélvete! ¡Vuélvete, que muchos fueron a buscarlos y ninguno regresó!

El muchacho entonces insistió, dándose cuenta de que aquel hombre sabía lo que a él le interesaba.

–Está bien –dijo el ermitaño–. Pues tú lo quieres, súbete aquí arriba y tápate bien los oídos para no oír nada. Toma esta bola, échala a rodar y síguela hasta que se detenga. Pero por más voces, ruidos, insultos y alaridos que oigas no mires más que hacia adelante. Si no, te convertirás en piedra negra.

El muchacho siguió sus instrucciones; se subió a la peña, tiró la bola y echó a correr tras ella. Pero los gritos, los ruidos y los insultos eran tan fuertes, que no pudo resistir la tentación de mirar hacia atrás, y se quedó convertido en una piedra negra, como muchas que había por allí.

La niña vio en seguida correr la sangre por la espada y se puso en camino. Después de mucho andar se encontró con el ermitaño, que le dijo:

–¿Adónde vas, muchacha?

–Voy a buscar a mi hermano, que salió a buscar el pájaro que habla, el árbol que canta y el agua amarilla –contestó ella.

El viejo le advirtió lo mismo que a su hermano, pero también le explicó lo que tenía que hacer, si quería. La niña echó a rodar la bola, se fue tras ella y por mucho que le gritaron y le insultaron por la espalda siguió mirando hacia adelante hasta que la bola se detuvo.

De este modo se encontró en el jardín donde estaban el pájaro que habla, el árbol que canta y el agua amarilla. Lo primero que vio fue al pájaro, que le dijo:

–¿Vienes a buscarme?

–Sí, ¿qué tengo que hacer? –preguntó la niña.

–Mira, ése que ves ahí es el árbol que canta. Coge una rama. Allí tienes el manantial de agua amarilla, con siete caños. Llena una jarra, pero cuida hacerlo del caño que menos mana. Después ve echando agua a las piedras negras, hasta que encuentres a tu hermano.

Todo lo hizo la niña tal como había dicho el pájaro. Fue echando gotas de agua a las piedras negras, que al momento se convertían en príncipes y otros personajes, hasta que dio con la piedra de su hermano, que también se desencantó y se abrazó a su hermana.

Volvieron los dos a su cabaña, y, cuando llegaron, le preguntó la niña al pájaro:

–¿Y ahora qué hacemos con la rama y la jarra?

–La rama la plantáis delante de la casa y a su lado vertéis la jarra de agua –dijo el pájaro.

Así lo hicieron y en seguida la rama se convirtió en un árbol igual que el que había encontrado la niña, y a su lado se formó un manantial de agua amarilla. El pájaro echó a volar y se subió al árbol, del que brotaron melodías muy hermosas.

Otro día salió el hermano a cazar y coincidió que el hijo del rey también estaba cazando, aunque no había podido coger ninguna pieza. En cambio el muchacho había cazado varias liebres y le regaló una al príncipe. Éste, agradecido, le invitó a ir al palacio, pero el otro dijo que tenía que consultar.

Cuando volvió a la cabaña, le explicó a la hermana el encuentro con el príncipe, y ésta le preguntó al pájaro:

–¿Conviene que mi hermano vaya al palacio del príncipe?

–Conviene que el príncipe venga a esta cabaña –contestó el pájaro.

Así que el hermano fue a decirle al príncipe que él y su hermana tenían el gusto en invitarle a su cabaña porque querían enseñarle algunas cosas que seguramente el príncipe no había visto en su vida. El príncipe sintió curiosidad y aceptó la invitación. Cuando llegó a la cabaña, empezó a cantar el árbol de una forma muy melodiosa, que dejó al príncipe embelesado. Se fijó también en el manantial de agua amarilla y vio que los hermanos hablaban con el pájaro como si tal cosa. Entonces dijo:

–¿Cómo es que yo, siendo ya rey, no tengo estas tres maravillas? Tenéis que venir al palacio con vuestro pájaro, porque, si no, no se lo creerán.

Fijaron la fecha de la visita y, cuando llegó el día, el pájaro les dijo a los dos hermanos:

–Hoy vais a comer en casa de vuestro padre.

Los dos hermanos se quedaron mudos de asombro. Entonces el pájaro les contó su verdadera historia y añadió:

–Cuando estéis allí, no probéis nada de ningún plato, mientras no me veáis que yo doy con el pico en el mío, porque vuestras tías os han de reconocer y tratarán de envenenaros.

En efecto, llegaron al palacio y el rey los recibió muy bien. Cuando los vieron sus tías, una de ellas le dijo a la otra:

–Fíjate la estrellita que ella tiene en la frente. Ésos son nuestros sobrinos. Además, son casi iguales, porque son mellizos.

Se inició la comida y los platos ya venían servidos de la cocina para los dos hermanos. Ellos miraban al pájaro y, como veían que no tocaba con el pico su plato, no comían de nada y dejaban pasar todo lo que les traían. El rey se dio cuenta y les preguntó:

–¿Por qué no coméis?

Y entonces el pájaro contestó por ellos:

–Porque son vuestros hijos y no quieren morir envenenados.

El rey quedó muy sorprendido al oír aquello y le pidió al pájaro que se explicara mejor. Y el pájaro contó toda la historia. El rey, muy conmovido, se fue para sus hijos y los besó. Mandó que inmediatamente sacaran de la pared a aquella pobre que fue su mujer, la cual salió muy debilitada, pues sólo había comido pan y agua durante todos aquellos años. Pero sus hijos le dieron agua amarilla y se fortaleció muy pronto. Plantaron en el jardín otro árbol, que acompañó siempre con sus bellas canciones a todos los que vivían en el palacio, y formaron otra fuente de agua amarilla para curar toda clase de enfermedades, por lo que siempre fueron felices. Y a las tías envidiosas las emparedaron vivas hasta que se murieron.

43. *Mariquilla la ministra*

Érase un mercader viudo que tenía una niña; todos los años hacía un viaje para ganar en su negocio y tardaba tiempo en volver. Un año, cuando ya la niña era mocita, no sabía el padre dónde dejarla, para que estuviese bien y que nada le faltase mientras él volvía. Entonces le dijo la niña:

–Papá, estoy pensando que me formes un castillo en nuestras tierras; allí metemos todo lo nuestro y cuanto me pueda hacer falta para no salir de él hasta que tú no vengas. Y también me llevas once muchachas para que me den compaña y entre ellas que venga *Mariquilla la ministra,* para que nos divierta y entretenga con sus cosas.

El padre hizo cuanto su hija le dijo, y cuando todo lo tenía arreglado fue a casa de las jóvenes a por ellas. Cuando todos los padres se convencieron de que era muy fuerte el castillo, accedieron a la pretensión y fueron todas arregladas por la hija del mercader. Cuando éste se marchó para el viaje, se llevó la llave y las doce quedaron muy alegres y contentas, porque dentro del castillo tenían cuanto necesitaban y desea-

ban. Tenían la costumbre de asomarse al balcón y veían muy
lejos una luz muy opaca. Entró Mariquilla en curiosidad y
dijo a las otras que quería ver lo que era la luz; pero se reían,
porque no había llave para salir, y entonces sacó ella una y
abrieron y salieron las doce saltando y corriendo para el sitio donde estaba la luz.

Era una casita de ladrones y al llegar vieron a un viejo que
estaba guisando. Entraron y él dijo:

–¡Hola, qué doce rosas! Entrad...

Mariquilla, que era la más pobre, pero la más bonita de
todas y siempre tenía salidas para todo, miró por todos lados
y vio en un caldero un pie y una mano de niño; indignada de
aquello, tiró al suelo el caldero y cuanto allí había, y echaron
todas a correr, mientras el viejo gritaba:

–¡No son rosas, que son demonios!

Se metieron en el castillo y lo cerraron todo muy bien. En
esto llegaron los ladrones a la casa y el viejo les contó todo lo
sucedido, y dejaron uno de guardia para que cogiera a las niñas; pero Mariquilla dijo que no debían ir en unos días y lo
dejaron para otra noche. A los dos días fueron otra vez juntas, por más que llevaban miedo, y, al entrar en la casa, el viejecito empezó a decir que, por favor, no le hicieran nada.
Pero ellas empezaron a tirarlo todo y armar mucho ruido,
cuando llegaron los ladrones y las vieron correr y meterse en
el castillo. Pasaron unos pocos días y fueron la tercera vez, y
al entrar estaba el ladrón de guardia y salió convidándolas a
comer. Todas quisieron marcharse y María dijo que no; que
se quedaban a comer. Cuando los demás ladrones llegaron,
se les hicieron los dientes agua al verlas tan bonitas, por más
que ellas estaban muertas de miedo. Llegó la hora de la cena
y Mariquilla dijo:

–Vamos a cenar y luego ya veremos qué pasa.

Cuando se fueron a acostar, aquélla dijo que se usaba
acostarse primero los hombres y después las mujeres. Los ladrones dijeron que sí y Mariquilla pidió un lebrillo de agua

para espulgarse. Aquéllos oían hablar mucho a las muchachas y a la más bonita, que decía de cuando en cuando:
«Ahora tú», y creían que era el tocar a cada una espulgarse,
cuando lo que Mariquilla decía era que se escapasen una a
una. Así que se quedó ella sola, cogió una gallina y la echó al
agua medio muerta para que zangolotease el agua con las
alas mientras ella se iba. Cansados de esperar los ladrones, se
asomaron y vieron que no había nadie; y acordaron que el
capitán, disfrazado de vieja, fuese a llevar al castillo un canasto de higos de sueño.

Cuando se acercó el capitán a la puerta del castillo, empezó a llorar y a quejarse; salió Mariquilla y le dijo:

–Buena vieja, ¿qué lleva usted?

–Voy muy lejos de camino y no sé qué será de mí; ¡si qui-
sieran ustedes hacer la caridad de recogerme!

–Pues entre usted.

Las demás compañeras se oponían, temiendo que fuese
una asechanza de los ladrones y que, cuando volviese el mercader, les riñera. Pero Mariquilla la sentó junto a la candela
y le preguntó qué llevaba en el canasto.

–Hijas mías –contestó la viejecita–, llevo un canasto de higos para el cura.

–Pues nosotras queremos que nos dé para probarlos.

–No puede ser, niña, porque el cura va a conocer que fal-
tan.

Y al fin tanto dijo Mariquilla, que la vieja regaló dos higos
a cada una. Mariquilla hizo como que se los comía y vio que
todas sus compañeras se dormían; entonces fingió él dormirse también; pero antes ayudó a Mariquilla a llevar a cada
una a su cama, porque ninguna daba cuenta de sí. Mariquilla, haciéndose la dormida, vio que la viejecita encendió una
vela y a cada una les fue echando una gota de cera en la cara
para convencerse; ella sufrió el dolor y salió de puntillas detrás de la vieja, que se puso en el balcón y tocó un pito. Mariquilla entonces la cogió por detrás y la tiró al campo.

Vinieron los ladrones, y al ver a su capitán en aquel estado, se lo llevaron a la casa y juraron vengarse.

Cuando llegó de vuelta el mercader y vio a todas buenas y contentas, dio muchos regalos y cada una se marchó a su casa. Todas las noches iban las amigas a ver a la señorita y en una de ellas Mariquilla les pidió una ropa de hombre, un bastón y un cuchillo y una libra de sal. Fue derecha a la casa de los ladrones y se fingió médico, para curar al capitán, que seguía en la cama. Los ladrones la dejaron entrar y ella les dijo que la encerrasen sola con el enfermo, pues tenía que hacer la cura secreta y que, aunque oyesen gritar mucho, no hicieran caso, porque iba a ponerle los huesos en su sitio.

Entró Mariquilla en la habitación y cerró por dentro. Cuando el enfermo la conoció, le pidió perdón y que no le hiciese nada; ella le amenazó con el cuchillo y empezó a meterle sal por las heridas y luego lo vendó. Al salir, encargó que no se le viera hasta dentro de un par de horas y tomó el camino del pueblo para contar a sus amigas lo que había hecho. Los ladrones, viendo que el capitán gritaba tanto, entraron y se enteraron de todo lo ocurrido.

Al cabo de algunos meses, cuando ya nadie se acordaba de lo pasado, vio Mariquilla pasar por la calle a un caballero muy compuesto, que le echó muchos requiebros y la pretendió para casarse con ella. Admitió muy alegre el partido y no quiso decir a nadie que había conocido en aquel caballero tan bien vestido y tan guapo al capitán de los ladrones que había salado.

Hubo mucha alegría en el pueblo, todas sus amigas le hicieron regalos y se preparó todo con mucho lujo y fiestas para la noche de la boda. El día antes Mariquilla encargó al confitero que le hiciera una muñeca de dulce, de tamaño natural y con un resorte para moverle la cabeza.

Se casaron y, estando todavía la gente en la fiesta, Mariquilla fue a su cuarto, acostó en la cama a la muñeca y amarró una cinta al resorte para que llegase al suelo por un agujero que hizo en los colchones. A la madrugada le dijo al capitán que se iba a acostar primero y se metió debajo de la cama. Al poco tiempo entró él, dándole empellones a la muñeca, y le dijo que ya había llegado la hora en que las pagara todas juntas. Mariquilla tiraba de la cuerda y la muñeca movía la cabeza, como estando conforme con todo lo que decía el capitán. Éste sacó un cuchillo y le dio una puñalada en el corazón, salió un chorro de miel y le dio en los labios.

Entonces el capitán se arrepintió, diciendo:

–¡Qué lástima de Mariquilla, hasta su sangre era dulce!

Y le daba muchos abrazos y besos a la muñeca. Y cuando le pareció a Mariquilla que ya había llorado bastante el capitán y viendo que era tan hermoso y tan guapo, salió de debajo de la cama y le dijo:

–Pues tu Mariquilla está viva.

Entonces se abrazaron los dos, fueron muy felices y yo fui y vine y no me dieron nada.

H. Los niños valientes

44. *Miguelín el valiente*

Hace ya mucho tiempo había un matrimonio muy pobre que tenía tres hijos. El menor se llamaba Miguelín, y aunque era muy pequeño, muy pequeño, tenía fama de listo y de valiente. Sus hermanos se burlaban de él, pero también le tenían envidia. Un día el padre les dijo que él no podía seguir manteniéndolos y que se tenían que buscar la vida como fuera. Así que los tres hermanos decidieron marcharse.

Andando, andando por el camino adelante, los cogió la noche en medio del campo. No sabían qué hacer ni dónde meterse, hasta que vieron a lo lejos la luz de una casa. Se acercaron y llamaron a la puerta. Cuando ésta se abrió, pareció una giganta horrible, que les preguntó muy amablemente quiénes eran y a dónde se dirigían. Los dos hermanos mayores no podían ni abrir la boca, de miedo que tenían, pero Miguelín contestó:

–Es que nos hemos perdido y no sabemos dónde pasar la noche.

–Está bien, muchachos, está bien. Podéis quedaros aquí.

Cenaréis y mañana por la mañana podréis seguir vuestro camino.

Cuando entraron en la casa vieron también al gigante, que estaba sentado a la mesa, chupando un montón de huesos de su comida. El gigante los recibió muy bien y les dijo que no tenían más que una cama donde dormían sus tres hijas, pero que se acostarían con ellas. Total por una noche...

Y así lo hicieron. El gigante arrimó a sus tres hijas a la pared y puso a los tres hermanos a la orilla. Luego apagó todas las luces y se fue a acostar. Pero Miguelín, que le escamaba tanta amabilidad, no se durmió y escuchó que el gigante le decía a la giganta:

–Ya tenemos para mañana. En cuanto estén dormidos, los degüello.

Entonces Miguelín despertó muy callandito a sus hermanos y les hizo que se cambiaran poco a poco de sitio con las tres hijas del gigante, que se quedaron de esta forma a la orilla y ellos del lado de la pared.

Al poco rato, Miguelín sintió cómo el gigante venía de puntillas, se acercaba a la cama, y tocaba del lado de la orilla, dejando entonces caer su hacha por tres veces, con lo que mató a sus hijas, y en seguida se retiró a su habitación. Miguelín despertó otra vez a sus hermanos y les mandó que se vistieran sin hacer ruido. Abrió una ventana que había en la alcoba y por ella se tiraron al campo, echando a correr con las claritas del día.

Y sin parar de correr llegaron al castillo del rey. Allí contaron lo que les había pasado, y el rey, que tenía peleas con el gigante desde hacía mucho tiempo a cuenta de la leña del bosque, los acogió en su castillo y les dio trabajo. Al poco tiempo se dio cuenta de que el más listo era Miguelín y lo nombró su consejero, dejando a los hermanos en las faenas más duras. Éstos le tomaron una gran envidia a su hermano y determinaron buscarle una ruina. Un día le dijeron al rey:

–¿Sabe usted que el gigante tiene el caballo más hermoso del mundo?

–No, no lo sabía.

–¿Y sabe usted lo que dice Miguelín?

–¿Qué dice?

–Que él es capaz de ir y robarlo para usted.

Al rey se le metió en la cabeza la idea de hacerse con aquel caballo y le preguntó a Miguelín que si era verdad que él había dicho tal cosa. Miguelín dijo que no, pero, como el rey tenía tantas ganas de poseer aquel caballo, le forzó a que fuera a la casa del gigante y se lo trajera. Miguelín no quiso disgustar al rey y emprendió la marcha, muy preocupado, pensando cómo se las arreglaría.

En esto se encontró con un viejecito, que, en viendo su cara de preocupación, le preguntó que qué le pasaba. Miguelín se lo contó y el viejecito le dijo:

–Mira, tienes que aprovechar la hora de las diez, que es cuando el caballo sale a comer el verde. Si no, tendrás que enfrentarte con el gigante. Pero si no tienes más remedio, escóndete bien.

Miguelín apretó el paso para llegar antes de las diez, pero como era tan pequeño, sus pasos no le adelantaban todo lo que él quería y, cuando llegó a la casa del gigante, ya el caballo había comido y estaba amarrado en la cuadra. Miguelín entró en la cuadra y con un palo que había por allí hizo en el suelo un hoyo suficiente para poderse esconder. Luego se puso a desatar el caballo, pero éste empezó a dar coces y bocados y a relinchar con tal fuerza que atronó la casa, hasta que acudió el gigante. Cuando Miguelín oyó los pasos tan fuertes del gigante, se metió en su escondite. El gigante registró toda la cuadra, aplacó a su caballo y, no viendo nada extraordinario por allí, se volvió a la casa muy disgustado de que el caballo le hubiera hecho ir hasta allí para nada. Al poco rato, volvió Miguelín a salir de su escondite y a intentar otra vez desatar el caballo, pero el caballo volvió a encabritarse y a relinchar, haciendo que el gigante volviera a acudir, echando sapos y culebras por la boca. En cuanto lo sintió acercarse, Miguelín se metió en su agujero, y cuando el gigante entró no vio nada. Pensó que eran locuras del caballo, y para curarlo de ellas empezó a darle una paliza tan espantosa con un palo, que lo dejó medio baldado. Luego se retiró, diciéndole al caballo terribles amenazas.

Salió de nuevo Miguelín, pero esta vez el caballo ya no se atrevió a moverse ni a relinchar, y siguió dócilmente al muchacho.

Cuando llegó al castillo, tan pequeño y montado en aquel caballo tan grande y bonito, el rey lo recibió muy contento y le prometió un rebaño de ovejas. En cambio los hermanos de Miguelín, que no daban crédito a lo que había pasado, le tomaron todavía más envidia y empezaron a maquinar una nueva perdición para él.

Un día empezaron a decirle a la reina que había en la casa del gigante un loro precioso, que hablaba la mar de bien, y que daba conversación a todas las mujeres.

–¿Y sabe usted lo que dice Miguelín?

–¿Qué dice?

–Pues que no le costaría nada ir a robarlo para usted.

–¿Es cierto eso? –le preguntó la reina al muchacho.

Miguelín no se atrevió a disgustar a la reina y, aunque no dijo ni que sí ni que no, ella lo tomó como cierto. Ya iba Miguelín otra vez camino de la casa del gigante, muy apesadumbrado por lo expuesto que le parecía aquella aventura, cuando se encontró al viejecito. Éste, viéndolo tan preocupado, le preguntó que qué le pasaba. Miguelín le contó que ahora tenía que robar el loro del gigante, y teniendo en cuenta que el loro hablaba.

–A ver, déjame pensar –dijo el viejecito–. Ya lo tengo; vas y entras por la puerta falsa, cuando el gigante y la giganta ya estén dormidos. Te acercas al loro muy despacito, y lo agarras bien por el pico, para que no diga nada. Si no, tendrás que enfrentarte con el gigante. Pero si no tienes más remedio, escóndete bien.

Miguelín lo hizo todo como se lo habían dicho, pero no acertó a la primera a cogerle el pico al loro, y éste se puso a escandalizar, gritando: «¡Amo, que me roban; amo, que me roban!», con lo que el gigante se despertó y empezó a buscar por toda la habitación. Pero Miguelín, como era tan pequeño, se escondió en un pliegue de la cortina, y el gigante no dio con él. Se volvió a acostar, y el muchacho esperó a que se durmiera. Salió de la cortina y se acercó otra vez al loro, pero el loro, que estaba avisado, se le escurrió de las manos y empezó a gritar: «¡Amo, que me roban; amo, que me roban!» Se despertó el gigante y se puso a buscar, pero Miguelín se había metido en el pliegue de la cortina y el gigante, cansado de mirar por todas partes, pensó que era una locura del loro. Se fue para él y le pegó tal manotazo, que lo dejó sin ganas de gritar para una temporada. Entonces Miguelín lo cogió como si tal cosa y se presentó con él en el palacio.

Cuando la reina vio al loro, se puso muy contenta y le prometió un rebaño de vacas. También le decía:

–¡Qué valiente eres Miguelín!

Y éste respondía:

–Yo qué voy a ser valiente...

Sus hermanos tramaron entonces una nueva estratagema. Como la hija del rey estaba para casarse, fueron y le dijeron:

–¿Sabe usted dónde está la manta más bonita del mundo, la que una princesa debe lucir en su cama la noche de bodas?

–No, ¿dónde? –dijo la princesa.

–Pues en casa del gigante, sobre la cama del gigante y de la giganta. ¿Y sabe usted lo que dice Miguelín?

–No, ¿qué dice?

–Pues dice que con gusto él se la traería para regalo de bodas.

La princesa buscó a Miguelín y le preguntó si aquello que decían sus hermanos era cierto. Y Miguelín, viendo que no tendría más remedio que ir en busca de la manta, por no disgustar a la princesa, no dijo ni que sí ni que no, pero se puso en camino. Se encontró otra vez al viejecillo, el cual le dijo:

–Pues esta vez sí que es difícil, porque con el frío que hace... Bueno, tendrás que esperar a que estén bien dormidos, y si no tienes más remedio que enfrentarte con el gigante, escóndete bien.

Miguelín se metió debajo de la cama de los gigantes y esperó a que los dos roncasen a base de bien, con lo que hasta los cimientos de la casa se removían. Entonces se puso a tirar suavemente de un lado de la manta, pero el gigante se despertó diciendo:

–¡Giganta, no tires de la manta!

Miguelín se quedó quieto y esperó a que roncaran otra vez. Volvió a tirar suavemente, pero también se despertó el gigante, gritando más fuerte:

–¡Giganta, no tires de la manta!

Por tercera vez ocurrió lo mismo y ya el gigante se puso a pelear con la giganta. Pero ésta encendió la luz y dijo que ella no estaba haciendo nada. Entonces el gigante sospechó y miró debajo de la cama.

–¡Ya te tengo, maldito! –dijo agarrándolo con una mano–. ¡Conque tú eres el que me ha robado el caballo y el loro! ¡Ahora me las pagarás todas juntas!

Lo amarró a una silla en la cocina, encargándole a su mujer que fuera preparando el guiso, mientras él iba a por dos compadres para invitarlos a comer.

Entonces Miguelín se puso a llorar y le dijo a la giganta:

–Déme usted el cuchillo que se lo afile, mientras usted prepara las cosas, porque, si no, voy a sentir mucho la muerte.

–¿Y cómo vas a afilarlo si estás amarrado?

–Con una mano que me suelte usted tengo bastante.

Y la giganta consintió. Cuando estaba más descuidada pelando ajos y patatas para el guiso, Miguelín se cortó las sogas y se fue hacia ella por detrás, clavándole el cuchillo y dejándola allí muerta. Luego la hizo pedazos y los metió en la olla, menos la cabeza, que la puso en la cama muy bien puesta, como si estuviera dormida. Cogió la manta y salió corriendo.

Cuando llegó el gigante con sus compadres, empezaron a llamar:

–¡Comadre, comadre, que ya estamos aquí!

Pero vieron su cabeza en la cama y se creyeron que estaba dormida.

–Estará cansada. Bueno, comeremos nosotros.

Y se pusieron a comer, venga a comer, y cuando ya se habían hartado, dice el gigante:

–Yo ya la voy a despertar.

Fue a la cama y, al decirle «despierta», la empujó y salió la cabeza rodando por el suelo.

–¡Compadres –empezó a decir el gigante–, que ese maldito muchacho nos ha engañado y nos hemos comido a la giganta! ¡Ya me parecía a mí mucha carne!

Cuando Miguelín llegó al palacio, la princesa se puso muy contenta con aquella manta tan bonita. Pero el rey se preocupó con la historia que le había contado el muchacho, pensando que ahora el gigante atacaría hecho una furia, con todos sus compadres.

Entonces Miguelín ideó que mejor sería ir a su terreno con algún engaño. Le pidió al rey que le diera tres carros, tres hombres y tres hachas, y se fue al bosque, de donde siempre habían surgido las disputas con el gigante, que decía que toda la leña que allí se cortara le pertenecía. Mandó a los tres hombres que se pusieran a cortar árboles y en seguida acudió el gigante hecho una furia, pero le dijeron:

–No se preocupe, que esta leña es para quemar al rey. Si quiere usted verlo, no tiene más que venir con nosotros. Y si no es verdad, usted hace lo que quiera.

El gigante se puso muy contento de pensar que aquello le ahorraría tener que realizar su venganza y aceptó. Pero le di-

jeron que tenía que entrar en el castillo sin que lo vieran,
porque, si no, la gente se pondría otra vez de parte del rey, y
que le harían una caja muy grande donde él pudiera meterse
y que así lo llevarían entre los tres carros. El gigante dijo que
bueno, pero, cuando ya estaba dentro de la caja, los hombres
empezaron a echarle troncos encima, y por más que golpeó
no pudo salir de la trampa. Y Miguelín le decía:

–Gigante, gigante, que Miguelín te lleva por delante.

Y así se presentó con él en el castillo, donde en seguida
prepararon una hoguera para quemar al gigante, con lo que
el rey se puso muy contento y le prometió la mano de su hija.

–¿Y con tus hermanos qué hacemos? –le preguntó.

–Pues ellos dicen que son capaces de meterse en un pajar,
prenderse fuego y salir tan campantes.

–¡Ah, sí! –dijo el rey, que se lo creyó, por mucho que dijeron los otros que eso era mentira, puesto que las otras veces
se había creído lo que habían dicho ellos de Miguelín. De
modo que los metieron en un pajar, les prendieron fuego y,
claro, se quemaron como dos chicharrones.

Miguelín y la princesa se casaron y luego fueron y les llevaron a los padres de él todas las ovejas y todas las vacas que
el rey y la reina le habían prometido. Y todos fueron felices, y
colorín *colorao,* este cuento se ha *acabao.*

45. *Los dos hermanos*

Pues, señor, esta vez era un matrimonio que tenía dos hijos;
uno se llamaba Perico, y otro, María. Y eran tan pobres, que no
tenían para darles de comer; así es que los niños siempre estaban llorando y dándoles ruido, porque querían pan y no tenían
para dárselo. Un día, ya aburrido el padre, le dijo a su mujer:

–Mira, esto no se puede sufrir; estos niños, si seguimos
así, se van a morir de hambre; yo voy al campo y me los llevaré; así que estemos en el monte, en terreno que ellos no co-

nozcan, los dejo allí y me vengo; malo sea que luego no encuentren ellos un alma caritativa que los recoja y les dé de comer.

La madre no estaba conforme con el plan de su marido, pero, como conocía que no le faltaba razón, se conformó y lo dejó hacer.

Sucedió que Perico había estado escuchando la conversación, y, cuando su padre le dijo por la mañana que iban a ir a por leña, lo primero que hizo fue llenarse los bolsillos de salvados y, sin que lo viera su padre, los fue regando por todo el camino.

Cuando llegaron al monte, el padre se puso a cortar leña y a los niños los mandó a coger nidos. Cuando los vio más entretenidos, cogió su leña y se marchó, dejándolos allí abandonados. Vinieron ellos a enseñar a su padre un nido que habían encontrado y, por más que buscaron y dieron voces, no pudieron encontrarlo, por lo que María se puso a llorar con mucho desconsuelo, y Perico le dijo:

–No llores, que ahora nos iremos a casa nosotros.

–Es que nosotros no sabemos el camino.

–Sí lo sabemos; ya verás como lo encontramos.

Buscó entonces el reguero de los salvados y, así que lo encontró, lo fue siguiendo, siguiendo, hasta que llegaron a su casa.

Llegaron a buena hora, porque la leña que había llevado el padre la vendió, y la madre había comprado una buena cena y echaba de menos a sus hijos; así que, cuando los vio llegar, se puso tan contenta. Pero pasaron unos días y volvieron a las andadas; el padre los llevó otra vez al monte; sólo que Perico, que siempre andaba oliendo dónde guisaban, se enteró del plan, y antes de irse, como no encontró salvados, vio unos pocos garbanzos y se llenó los bolsillos. Todo el camino los fue regando sin que lo advirtiera su padre, y así, cuando éste se volvió, dejándolos abandonados, buscó el reguero de garbanzos y se fueron a casa los dos hermanos.

La madre se alegró de verlos, pero el padre decía:

–Yo no sé cómo estos demonios de muchachos han podido dar con el camino, pues hoy los llevé a otro sitio mucho más intrincado que la otra vez.

Le preguntaban a Perico cómo había podido llegar a casa sin perderse; pero él se guardó muy bien de decir lo que había hecho, pues estaba seguro de que su padre había de llevarlos otra vez, y, si se lo decía, estaban perdidos.

Pues, señor, que a los pocos días el padre trató de llevarlos otra vez, y le decía a la madre:

–Ya verás cómo ahora no vuelven, pues los llevaré a un sitio que no puedan ellos conocer.

Pero no contó con que Perico, que no se le escapaba nada, lo había escuchado, y así que se levantó, como no había salvados ni garbanzos, encontró unos higos secos que tenía guardados su madre y se los metió en el bolsillo. Así que salieron, Perico iba detrás de su padre, y sin que lo notara iba sacando los higos, y a medida que andaban los iba tirando a un lado del camino. Cuando llegaron a un sitio muy montuoso que ellos no conocían, como al fin eran niños, se pusieron a jugar, y su padre, aprovechando un momento en que estaban distraídos, desapareció de pronto y los dejó solos. Cuando lo echaron de menos, empezaron a buscarlo y, viendo que no aparecía, María se puso a llorar.

–No llores –le dijo su hermano–, que yo buscaré el camino y nos iremos a casa como otras veces.

Se puso a buscar el sitio por donde había tirado los higos, y por más que buscaba no encontraba ninguno; así que estaba desesperado. Entonces le preguntó María:

–¿Qué buscas, Perico?

–Busco unos higos que vine tirando por el camino y que eran los que habían de conducirnos a casa.

María entonces redobló su llanto y su hermano quería consolarla diciéndole que no llorase, que ya encontrarían los higos y volverían a casa. Pero María le dijo:

–Es que los higos no los encontrarás, porque yo venía por el camino detrás de ti, cuando tirabas los higos, y, como tenía hambre, conforme tú los ibas tirando, yo los cogía y me los iba comiendo.

–Pues nos has perdido –dijo Perico–, porque yo no conozco este terreno y no podemos volver a casa. Pero aquí no podemos pasar la noche; saldremos del monte y veremos si encontramos alguna casa donde quieran recogernos.

Se pusieron en camino y andar, andar, ya estaban cansados y se iba acercando la noche, cuando vieron allá a lo lejos una lucecita; se dirigieron hacia ella y encontraron una casa. Como estaba abierto y no veían a nadie, entraron y, cuando llegaron a la cocina, vieron a una vieja que estaba friendo buñuelos. Como los pobres estaban sin comer, tenían mucha hambre, y María le dijo a su hermano:

–Perico, yo querría buñuelos, a ver si puedes coger uno.

Llegó Perico por detrás de la vieja y cogió uno y, como vio que no le decía nada, siguió cogiendo más y entre los dos se los comían. Tantos cogió, que la vieja los echó de menos y se puso a gruñir diciendo:

–Estos buñuelos parece que se evaporan: mientras más frío menos hay, ¿qué es esto?

La vieja no había visto a Perico coger los buñuelos, porque era tuerta, precisamente del lado por donde el niño los cogía; ellos, al ver que no los veía, se reían de la vieja y Perico volvió a coger otros dos y se los comieron.

–Ahora voy yo –dijo María.

Se acercó a cogerlos por el lado contrario y, como aquel era el del ojo bueno, la vio la vieja. Entonces soltó los hierros y se volvió a mirar quiénes eran, y dijo:

–¡Hola, buenas piezas! ¿Sois vosotros los que os estabais comiendo los buñuelos? Ya decía yo que cada vez había menos. Vamos a ver, ¿de dónde venís?

Ellos entonces le contaron quiénes eran y de dónde venían, y entonces la vieja les dijo:

–Bueno, quedaos aquí conmigo, que no os faltará nada.

Los niños se pusieron muy contentos, estuvieron cenando y luego se acostaron, durmiendo a pierna suelta.

Pero aquella vieja era una bruja muy mala, que se comía todos los niños que llegaban a su casa, así que se puso muy contenta al ver que tenía allí dos. Quiso empezar por Perico y fue a verlos, cuando estaban dormidos, pero los encontró tan delgados, que dijo para sí:

–No, ahora no, que no tienen más que huesos; yo les daré de comer y, así que estén gordos, entonces.

Cogió a Perico y bajó con él a una cueva muy oscura. Allí lo metió en una tinaja para que no pudiera escaparse, y todos los días le llevaba de comer cosas buenas para que se pusiera gordo. Como no tenía que hacer nada allí metido, entró una vez un ratón en la tinaja y lo cogió para entretenerse. Cuando pasaron algunas semanas, un día que bajó la vieja a darle de comer le dijo:

–Perico, saca un dedo por este agujerito.

Pero el niño que se olió lo que la vieja quería, en vez del dedo asomó por el agujero el rabo del ratón, y como estaba oscuro y no se veía, la vieja al tentar el rabo creyó que era el dedo, y dijo:

–Todavía está muy delgado, lo dejaremos unos días.

A los pocos días entró también el gato y, oliendo el ratón, saltó a la tinaja y se lo comió, con lo que Perico se quedó disgustado por no tener qué asomar por el agujero cuando la vieja viniera.

Efectivamente, pareciéndole ya bastante tiempo a la vieja, bajó un día con la comida y le dijo que asomara el dedo y, como ya no tenía el ratón, no tuvo más remedio que asomar el dedo.

–Ya estás bien gordito –dijo la vieja al tentarlo– y voy a sacarte de la tinaja para que vivas conmigo.

Sacó a Perico y lo mandó por una carga de leña. Le dio un barril lleno de agua muy tapado y un pan, diciéndole que por la noche había de traer el pan entero y el barril lleno. Si no, lo mataría.

Pues, señor, salió Perico, llegó al monte, se puso a cortar leña y, cuando acabó, tenía mucha hambre; pero, como la vieja le había dicho que trajera el pan entero, no se atrevía a tocarlo y se puso a llorar. En esto se le apareció un viejecito y le dijo:

–¿Por qué lloras, niño?

Perico le contó lo que le sucedía, y el viejo le dijo:

–No llores, come y bebe lo que quieras, que no te pasará nada, porque, cuando llegues a casa, el pan estará entero y el barril lleno; pero mira, aquella vieja es muy mala y esta leña es para caldear el horno y tostarte en él. Así que el horno esté caliente, te dirá ella que te pongas a danzar en la pala; pero tú le dices que no sabes, que lo haga ella para verlo y luego lo harás tú. Cuando ella se ponga a danzar, le das un empujón y la metes en el horno, y luego con el hurgonero y la pala le dais para que no pueda salir, diciendo: «Aquí San Juan, aquí San Pedro, tú con la pala y yo con el hurgonero». Luego, cuando se queme la vieja, saldrán del horno dos lebreles, los acaricias, y con ellos, que son muy cazadores, te ganarás la vida.

Pues, señor, Perico hizo caso de lo que le dijo el viejo, y, cuando llegó a casa, vio que el pan, a pesar de haberse comido la mitad, estaba entero y el barril lleno. Se lo contó a su hermana, mientras la vieja caldeaba el horno. Entonces los llamó y ellos fueron corriendo.

–Perico –le dijo la vieja–, antes de cenar, quiero que dances un poquito sobre la pala.

–Yo no sé danzar –contestó Perico–, si usted quiere decirme cómo se hace, yo lo aprenderé para hacerlo.

–Eso es muy fácil –dijo la vieja, ya verás.

Y subiéndose en la pala, se puso a danzar sobre un pie.

Perico, que estaba al cuidado, le dio tal empujón, que la metió de cabeza en el horno. La vieja dio un grito e intentó salir, pero María con la pala y Perico con el hurgonero la metieron dentro diciendo:

–Aquí San Juan, aquí San Pedro, tú con la pala y yo con el hurgonero.

La vieja no dejó de gritar, hasta que se oyó un estampido que apagó el horno y salieron dos lebreles preciosos, que se pusieron a acariciar los dos hermanos.

Pues, señor, que ya, libres de la bruja, se quedaron allí viviendo, y los perros eran tan cazadores, que todos los días traían caza para comer y vender, así que nada les hacía falta; pero había por allí dos cazadores que tenían envidia a Perico, porque veían que él siempre mataba y ellos no cazaban nada. Entonces determinaron matarlo, pero, como los perros eran muy valientes y siempre lo acompañaban, pensaron primero quitarle los perros, y se llegaron a su casa y le dijeron a María que, como al día siguiente no les tuviera allí los perros, mataban a su hermano.

La pobre María se asustó, y al día siguiente le rogó a su hermano que le dejase los perros, porque tenía miedo de quedarse sola. Perico le dejó los perros y se fue solo a cazar.

Cuando llegaron los cazadores, María les dio los lebreles a cambio de que no le hicieran daño a su hermano. Ellos se llevaron a los perros y los encerraron, tapándoles los oídos con algodones para, si los llamaba su amo, que no le oyeran. Luego salieron y sorprendieron a Perico, diciéndole que se preparara para morir.

Perico les pidió por favor que le dejaran dar tres voces; ellos creyeron que era para llamar a los perros, y, como les habían tapado los oídos, no les preocupó concedérselo, y le dijeron que bueno.

Entonces él dijo:

–Aquí San Juan, aquí San Pedro, tú con la pala y yo con el hurgonero.

Los cazadores se echaron a reír, pero en aquel momento aparecieron los dos perros, se abalanzaron sobre los dos cazadores y los mataron. Perico quedó libre.

El niño fue a casa y se quejó a su hermana, pero María le contó lo que había pasado y, viendo que ella no tenía culpa de nada, la abrazó y vivieron contentos y dichosos por toda su vida.

46. *El aprendiz de brujo*

Una vez era una madre que tenía un hijo que se llamaba Periquín, niño muy aplicado al estudio. Y un día le dijo su madre:

—Hijo mío, deseo que estudies una carrera para que seas un hombre útil. ¿Qué carrera quieres estudiar?

—La magia negra.

Entonces la madre preguntó a un maestro de magia si quería enseñar a su hijo.

—Sí —contestó el maestro—, pero con una condición.

—¿Cuál es?

—Que al cabo de un año tiene que venir a ver a su hijo, y si no lo reconoce, me quedo con él para siempre.

—Conforme.

Cuando se iba acercando la fecha convenida, Periquín se convirtió en un palomo, salió de casa del maestro sin que nadie lo viera, y fue a decirle a su madre:

—Ya está próximo el día en que usted tiene que ir a reconocerme. Ese día el maestro nos va a transformar a todos los estudiantes en palomos. Después echará maíz en el suelo para que lo comamos; pero yo, en vez de comer, me entretendré en saltar por encima de mis compañeros. Y cuando el maestro le pregunte a usted que si me conoce, diga que sí, que soy el que está dando saltos.

Fue la madre a casa del maestro y éste le llevó adonde estaban los palomos y dijo:

—Uno de estos palomos es el hijo de usted, ¿lo conoce?

—Sí, es aquel que tanto salta. Y digo que es aquél, porque

cuando era rapaz todo su afán era saltar por encima de sus iguales.

–Acertó usted, señora. Puede usted llevarse a su hijo, que ya sabe más magia que yo.

Periquín, al marcharse con su madre, se llevó consigo el mejor libro de magia que tenía el maestro. Y cuando Periquín se vio en su casa, dijo:

–Madre, desde hoy en adelante tendremos dinero a manos llenas. Mañana es día de feria y yo me voy a convertir en una vaca pinta; llévela usted a vender y pida por ella ciento cincuenta ducados; pero en la venta, que no entre la esquila, porque en la esquila estoy yo.

La madre llevó la vaca a la feria y en seguida se le presentó un comprador, y le dijo:

–¿Cuánto pide usted por esa vaca?

–Ciento cincuenta ducados, pero en la venta no entra la esquila.

–Está bien.

Marchó el comprador con la vaca para su pueblo y la metió en la cuadra. Al día siguiente, cuando fue a darle de comer, se encontró con que había desaparecido.

Y Periquín dijo a su madre:

–Ahora voy a convertirme en un caballo; lléveme usted a la feria, y pida por él trescientos ducados; pero que no entre el freno en la venta, porque en el freno estoy yo.

Entretanto, el maestro encantador echó de menos el libro, y dijo para sí:

–Nadie me pudo quitar el libro más que Periquín. Mañana es día de feria en tal parte, y puede que esté allí ejerciendo la magia; voy a ver si lo cojo.

Se presentó el maestro en la feria y vio que la madre de Periquín tenía un caballo puesto a la venta.

–¿Cuánto pide usted por este caballo? –le preguntó el maestro.

–Trescientos ducados.

–Está bien.

–Pero en la venta del caballo no entra el freno –dijo la madre.

–Yo lo compré con el freno.

–Que no.

–Que sí.

En esto llegó la justicia y le dio la razón al maestro, el cual montó sobre el caballo, le dio un latigazo y dijo:

–¡Ah, Periquín! Ahora me vas a pagar el libro que te llevaste.

El maestro mandó a sus hijos que metieran el caballo en la cuadra, y que no le dieran de comer ni le quitaran el freno. El caballo no hacía más que mover la cabeza y abrir la boca, y entonces dijeron los rapaces:

–¡Pobre caballo! Le hace daño el freno, vamos a quitárselo.

Se lo quitaron, y el caballo se convirtió en una trucha y desapareció río abajo.

Entonces el maestro se convirtió en una culebra y comenzó a perseguir a la trucha. Ésta se metía por entre las piedras y se dejaba caer de lo alto de las cascadas, y cuando iba llegando a la presa de un molino, vio que la culebra se le echaba encima y, para librarse de ella, se transformó en paloma.

Inmediatamente, la culebra tomó forma de águila; pero la paloma se hizo un mosquito y por una rendija entró en la habitación de una princesa, a la cual dijo, después de haber vuelto a su primitivo ser:

–Me voy a convertir en un anillo y a colocarme en tu dedo. Dentro de pocos minutos vendrá por aquí un caballero y te pedirá el anillo; dáselo; pero cuando vaya a recogerlo, lo dejas caer al suelo y se romperá en varios pedazos. Entonces pisa el pedazo más grande, y cuando sientas que empuja hacia arriba, levanta el pie.

Periquín se convirtió en un anillo y se colocó en el dedo de la princesa. Y llegó el caballero y le pidió el anillo. La princesa lo dejó caer al suelo y se rompió en varios pedazos, y puso el pie sobre el más grande de ellos.

El caballero se transformó en una gallina y comenzó a comerse los pedazos del anillo. Y en esto el pedazo que estaba debajo del pie de la princesa empujó hacia arriba, salió convertido en una raposa y se comió la gallina.

Después se hizo hombre y se casó con la princesa y vivieron felices.

47. *La Fuente del Arenal*

Esto era un rey y una reina que tenían un hijo, llamado Tomasito, que tenía catorce años; todas las tardes iban a pasear a un sitio llamado la *Fuente del Arenal*. En el paseo había tres capullos blancos, y una de las tardes, en que no quiso ir la reina, estaban los capullos abiertos, y el rey cogió una rosa para llevársela a la reina. Ésta la guardó en una caja de guantes que había sobre un velador, en un cuarto antes del dormitorio.

A eso de la media noche oyó el rey, por tres o cuatro veces, que decían:

–Rey, ábreme.

–¿Me llamas, Isabel? –preguntó a la reina.

–Yo no.

–Pues si me están llamando.

–Yo no; déjame dormir.

Tanto le llamó la atención al rey, que preguntó a la reina dónde había guardado la rosa y se lo dijo. Se levantó él, cuando ella se quedó dormida, abrió la caja y salió una princesa que le llamaban la *Reina Rosa* y le dijo que ella quería ser su esposa, pues bastante tiempo lo había sido la otra, y que la matara. Pero el rey no quería.

–Pues lo harás sin remedio o, si no, morirás tú.

–¿Y cómo la vamos a matar?

–Yo la agarraré por los pies y tú por la cabeza.

Dándole lástima al rey, lo que hizo fue sacarle los ojos a su esposa, guardárselos en el bolsillo y echarla a ella en un sótano. Se metieron el rey y la *Reina Rosa* en la cama y, al llegar Tomasito por la mañana, fue a dar los buenos días a su madre; pero se quedó parado y pensativo.

–Ésta no es mi madre –dijo.

–Yo soy tu madre y tienes que respetarme lo mismo que a la otra; pues, si no, te mato.

Cuando ella salió del cuarto, dijo a todos los criados que era la *Reina Rosa* y tenían que respetarla, pues, si no, morirían. Tomasito, mientras tanto, no hacía más que llorar por su madre. Uno de los días en que estaba muy triste en un salón oía muchos lamentos debajo de tierra. Se acercó y vio por la reja del sótano que su madre lo llamaba y decía:

–¡Hijo mío! ¿Dónde estás que no te veo? Tráeme un poquito de pan, aunque sea duro, para no desmayarme. Manda que me lo echen por aquí.

Cuando la *Reina Rosa* supo que le daban de comer a la otra, se puso echa un demonio y castigó a la doncella que lo hacía. Todos le tenían mucho miedo a la *Reina Rosa,* incluso el rey. Un día, llena de coraje, le dijo a Tomasito:

–Mira, niño, me estoy muriendo y tienes que traerme agua de la *Fuente del Arenal.*

Cogió el niño un caballo y un jarro y salió andando. En el camino salió un anciano y le dijo:

–Tomasito, ¿dónde vas?

–Por agua de la *Fuente del Arenal.*

–Pues mira, la coges a la carrera del caballo, sin pararte ni volver la cara atrás, aunque te llamen o te cojan o te echen la soga al cuello.

Así que llegó corriendo. Salieron unas mujeres y dijeron:

–Tomasito, mira esto, toma –y le querían echar la soga al cuello.

Pero él puso un pie en la pila, cogió el agua a la carrera y, sin hacer caso de lo que le decían, llegó sin pararse al palacio.

La *Reina Rosa,* que ya no lo esperaba, se puso como un demonio, y llena de coraje le dijo:

—Tienes que traerme tres limones de la *Fuente del Arenal*.

Tomasito fue a por ellos y le sucedió lo mismo que la primera vez. La reina volvió a ponerse como una fiera, porque ella lo mandaba para que se quedase allí encantado, y no sucedía así. Lo mandó por tercera vez por tres naranjas, y Tomasito, por si no volvía más, fue a ver a su madre antes de irse.

Salió del palacio, volvió a encontrar al anciano y le sucedió lo mismo que las dos veces anteriores. Entonces la *Reina Rosa* le echó del palacio y Tomasito, llorando, dejó encargado a una doncella que cuidase de su madre.

Andando, andando, se encontró al anciano, que le dijo:

—Tomasito, ya sé todo lo que te pasa. Mira.

Le pasó la mano por la cara y lo disfrazó, vistiéndolo de ángel. Y después le encargó:

—Ahora vamos a pasar por un castillo y habrá dos mujeres que me dirán: «Deje usted ese niño para enseñarle el castillo». Ésas son las dos hermanas de la *Reina Rosa*. Tú dirás: «Ande usted, papá, déjeme». Y yo te dejaré como unas dos horas. Te lo enseñarán todo, menos una habitación que está cerrada. Porfía tú por verla y, cuando estés dentro, haz lo que quieras.

Sucedió todo tal como le había dicho el viejecito y, así que las mujeres le estaban enseñando el jardín, le dijeron:

—Aquí estamos esperando a un niño que se llama Tomasito, para matarlo y colgarlo por un palo. ¿Tú lo quieres ver?

—Yo sí.

Por fin, llegaron a la habitación cerrada y tanto porfió, que le dejaron entrar. Estaba toda llena de paños negros con tres velas encendidas. Y preguntó Tomasito a las mujeres que estaban en la puerta qué era aquello. Y una respondió:

—Esas velas son nuestras vidas; ésta es la mía, ésta la de mi hermana y aquella última la de la *Reina Rosa*. Cuando las velas se apaguen, concluyen nuestras vidas.

Entonces el niño cogió las dos velas que tenía más cerca y dijo:

–Pues yo soy Tomasito –y dándoles un soplo las apagó, muriéndose las dos mujeres.

Luego cogió la tercera vela, que estaba encendida, y salió fuera, encontrándose al anciano.

–Vamos ahora al palacio de tu padre, hijo mío. Yo he hecho todo esto para ver lo que hacías tú.

Llegaron al palacio y Tomasito mandó llamar a su padre a la portería y le dijo:

–¿Qué vida quiere usted, la de mi madre o la de esa mujer?

–Quiero la de tu madre.

–Pues déle usted un soplo a esta vela.

Al hacerlo, la *Reina Rosa* pegó un estallido y desapareció. Entonces el anciano fue con ellos al sótano, pidió al rey los ojos, pasó la mano por la reina ciega y ésta quedó buena. El rey pidió perdón de rodillas a la reina y dijo que él no había tenido la culpa de lo que había pasado. Subieron al palacio, gratificaron muy bien a la doncella que la había cuidado, el viejecito se despidió de todos y todos quedaron felices y contentos.

48. *Los tres pelos del diablo*

Érase un matrimonio que tenía un hijo. El rey mandó a buscarlo, porque lo quería para él, pero la madre no quiso entregarlo y prefirió meterlo en un cesto de mimbre y lo echó al río. El cesto se detuvo en una rama a la orilla de un molino, y los molineros, que lo vieron, cogieron el cesto. Lo abrieron y vieron que era un niño y lo criaron ellos.

El rey se enteró y les dijo que, cuando el niño tuviera quince años, tenía que llevar una carta a la hija del rey. Cuando tuvo quince años, el rey le dio la carta, y el muchacho se marchó a dársela a la hija del rey, que vivía muy lejos. A la

noche estaba muy cansado y vio una casa en un monte, que
era de unos ladrones. Llamó a la puerta, y salió una vieja y le
dijo que qué quería. Dijo que iba a llevar una carta a la hija
del rey y que estaba muy cansado; que si le dejaban dormir
allí aquella noche. Ella le dijo que era una casa de ladrones,
que, si le veían, que lo matarían. Él dijo que lo mismo le
daba, que estaba muy cansado, y se tumbó a dormir en un
banco.

Cuando llegaron los ladrones, preguntaron a la vieja que
quién era. Y ella les respondió que era un muchacho que se
había perdido, que iba a llevar una carta a la hija del rey. Los
ladrones le quitaron la carta, la abrieron y vieron que ponía
que, en cuanto llegara, le dieran muerte. Los ladrones tuvieron compasión y le cambiaron la carta: le decían que, en
cuanto llegara, se casase con la hija del rey.

En cuanto la princesa vio la carta, se pusieron a preparar
la boda. Pero el padre, que lo supo, fue y le dijo al joven que,
si no le llevaba tres pelos de la cabeza del diablo, no se casaría con su hija.

El chico se marchó a por los pelos y se encontró en un
pueblo un centinela que le preguntó que qué sabía. Él dijo
que todo. Entonces le dijo el otro que cómo un árbol que antes daba mucha fruta ahora no daba nada. Él dijo que a la
vuelta se lo diría, y se fue andando a otro pueblo. En este
pueblo otro centinela le preguntó que qué sabía. Él le contestó que todo. Y le dijo el centinela que cómo una fuente que
antes daba vino ahora no daba nada. Él respondió que a la
vuelta se lo diría.

Luego fue y llegó a un río. Y le preguntó el barquero que
qué sabía. Él le contestó que todo. El barquero le dijo que
cómo podría él dejar el oficio de barquero, y él le respondió
que a la vuelta se lo diría.

A otra orilla del río estaba la boca del Infierno. Estaba sola
el ama. Y le dijo que qué quería. Él dijo que quería tres pelos
de oro de la cabeza del diablo y también le contó lo que le ha-

bían preguntado los centinelas y el barquero. Ella le dijo que
el diablo no estaba; pero que esperase un poco. Entonces lo
convirtió en hormiga y se lo metió entre los pliegues del vestido.

Cuando llegó el diablo, dijo:

–¡A carne humana me huele! ¡Si no me la das, te mato!

Y ella le dijo que había estado un joven, pero que se había
ido ya. Pidió después que se acostaran. Y mientras dormían,
le arrancó un pelo. Él le preguntó que por qué se lo había
arrancado. Y dijo ella que sin darse cuenta y que había estado soñando. Le preguntó que qué soñaba. Y le dice:

–En que un árbol que antes daba mucha fruta ahora no da
nada.

–¡Qué tontos! ¡Si lo supieran!

Dice:

–¿Qué es?

–Es que hay una lombriz que roe las raíces.

Otra vez se durmieron y le arrancó otro pelo.

–Pero ¿qué estás haciendo?

Ella dijo otra vez que había estado soñando. Le preguntó
él que qué había soñado. Y dijo ella que en una fuente que
antes daba vino y ahora no daba ni agua. Y dice el diablo:

–¡Ah, qué tontos! ¡Si lo supieran!

Dice ella:

–Pues ¿qué tenían que hacer?

Dice:

–Mirar bien, que hay un ratón en el caño. Y como me
arranques otro pelo, te doy un puñetazo.

Pero le arrancó otro pelo, y el diablo la pegó. Ella dijo que
había estado soñando otra vez. Dice el diablo:

–¿Qué soñabas ahora?

–Soñaba que un barquero, que lleva ya muchos años en el
río, que cómo podría dejar de serlo.

–¡Ay, qué tontos! ¡Si lo supieran!

–¿Qué tenía que hacer?

–Dejarle el remo al primero que vaya a pasar el río.

Luego el diablo se quedó dormido. Y sacó el ama la hormiga de dentro de su vestido y la convirtió otra vez en un hombre. Se lo dijo todo –lo que le había dicho el diablo– y le dio los tres pelos. Luego fue el joven a pasar el río, y le dijo el barquero que qué tenía que hacer. Y le contestó que dejar el remo al primero que pasara el río. Y el barquero le dio mucho oro.

Pasó por donde estaba el centinela del primer pueblo, que también le preguntó que qué tenía que hacer. Y le dijo que tenían que mirar bien, que había un ratón que impedía salir al vino. También el otro le dio mucho dinero.

Cuando pasó por el otro pueblo, el centinela también le preguntó que qué tenía que hacer, y le contestó que tenían que matar la lombriz que roía las raíces. El centinela también le dio mucho dinero.

Después fue al palacio del rey y le dio los tres pelos del diablo. El rey le preguntó que de dónde había cogido tanto dinero, y él le dijo que la orilla del río estaba llena. Entonces el rey quiso ir también a por dinero y cogió muchos sacos. Pero al pasar el río, el barquero le dejó el remo y se quedó de barquero para siempre. Y el muchacho y la princesa se casaron y vivieron felices.

I. El muerto agradecido

49. *Juan Soldado*

Érase un mozo solariego, sin casa ni canastilla, al que tocó la suerte de soldado. Cumplió su tiempo, que fue ocho años, y se volvió a reenganchar por otros ocho, y después por otros tantos.

Cuando hubo cumplido estos últimos, ya era viejo y no servía ni para ranchero, por lo que lo licenciaron, dándole una libra de pan y seis maravedís que alcanzaba de su haber.

«¡Pues dígole a usted –pensó Juan Soldado cogiendo la vereda– que me ha lucido el pelo! ¡Después de veinticuatro años que he servido al rey, lo que vengo a sacar es una libra de pan y seis maravedís! Pero anda con Dios; nada adelanto con desesperarme sino criar mala sangre».

Y siguió su camino cantando:

> La boca me huele a rancho
> Y el pescuezo a corbatín,
> Las espaldas a mochila
> Y las manos a fusil.

En esos tiempos andaba Nuestro Padre Jesús por el mundo y traía de lazarillo a San Pedro. Encontróse con ellos Juan Soldado, y San Pedro, que era el encargado, le pidió una limosna.

–¿Qué he de dar yo –le dijo Juan Soldado–, yo que, después de veinticuatro años de servir al rey, lo que he agenciado no es más que una libra de pan y seis maravedís?

Pero San Pedro, que es porfiado, insistió.

–Vaya –dijo Juan Soldado–, aunque después de servir al rey veinticuatro años sólo tengo por junto una libra de pan y seis maravedís, partiré el pan con ustedes.

Cogió una navaja, hizo tres partes de pan, les dio dos y se quedó con una.

A las dos leguas se halló otra vez con el Señor y San Pedro, el que le volvió a pedir limosna.

–Quiéreme parecer –dijo Juan Soldado– que les he dado *nantes* a ustedes y que ya conozco esa calva; pero, ¡anda con Dios!, aunque después de veinticuatro años de servir al rey sólo tengo una libra de pan y seis maravedís, y que de la libra de pan no me queda sino este pedazo, lo partiré con ustedes.

Lo que hizo, y en seguida se comió su parte para que no se la volvieran a pedir.

Al ponerse el sol, se halló por tercera vez con el Señor y San Pedro, que le pidieron limosna.

–Sobre qué juraría que ya les he dado a ustedes –dijo Juan Soldado–, pero, ¡anda con Dios!, aunque después de servir al rey veinticuatro años sólo me he hallado con una libra de pan y seis maravedís, repartiré éstos como repartí el pan.

Cogió cuatro maravedís, que le dio a San Pedro, y se quedó con dos.

–¿Dónde voy yo con un ochavo? –dijo para sí Juan Soldado–. No me queda más que ponerme al trabajo y echar el alma, si he de comer.

–Maestro –le dijo San Pedro al Señor–; haga su Majestad algo por ese desdichado que ha servido veinticuatro años al

rey y no ha sacado más que una libra de pan y seis maravedís
que ha repartido con nosotros.

–Bien está, llámalo y pregúntale lo que quiere –contestó el
Señor.

Hízolo así San Pedro, y Juan Soldado, después de pensarlo, le respondió que lo que quería era que en el morral que
llevaba vacío se le metiese aquello que él quisiese meter en él.
Lo que le fue concedido.

Al llegar a un pueblo, vio Juan Soldado en una tienda unas
hogazas de pan más blancas que jazmines, y unas longanizas
que decían comedme.

–¡Al morral! –gritó Juan Soldado en tono de mando.

Y cáteme usted las hogazas dando vueltas como ruedas
de carretas, y las longanizas arrastrándose más súpitas que
culebras, encaminándose hacia el morral sin perder dere-
chura.

El montañés dueño de la tienda y el montañuco su hijo
corrían dando cada trancazo, que un pie perdía de vista al
otro; pero ¿quién los atajaba, si las hogazas rodaban desati-
nadas como chinas cuesta abajo y las longanizas se les escu-
rrían entre los dedos como anguilas?

Juan Soldado, que comía más que un cáncer, y aquel día
tenía más hambre que Dios paciencia, se dio un hartagón de
los cumplidos, de los de no puedo más.

Al anochecer llegó a un pueblo; como era licenciado del
ejército, tenía alojamiento, por lo cual se encaminó al Ayun-
tamiento para que le diesen boleta.

–Soy un pobre soldado, señor –le dijo al alcalde–, que,
después de veinticuatro años de servir al rey, sólo me hallé
con una libra de pan y seis maravedís que se gastaron por el
camino.

El alcalde le dijo que, si quería, le alojaría en una hacienda cercana, a la que nadie quería ir, porque había muerto en
ella un condenado, y que desde entonces había asombro;
pero que, si él era valiente y no le temía al asombro, podía ir,

que allí hallaría de cuanto Dios crió, pues el condenado había sido riquísimo.

–Señor, Juan Soldado ni debe ni teme –contestó éste–, y allá voy a encamparme en un decir tilín.

En aquella posesión se halló Juan Soldado el centro de la abundancia: la bodega era de las famosas; la despensa, de las bien provistas, y los sobrados estaban atestados de frutas.

Lo primero que hizo a prevención, por lo que pudiera tronar, fue llenar un jarro de vino, porque consideró que a los borrachos se les tapa la vena del miedo; en seguida encendió candela y se sentó a ella para hacer unas migas de tocino.

Apenas estaba sentado, cuando oyó una voz que bajaba por la chimenea y decía:

–¿Caigo?

–Cae, si te da gana –respondió Juan Soldado, que ya estaba pintón con los lapos de aquel rico vino que se echaba entre pecho y espalda–; que el que ha servido veinticuatro años al rey sin sacar más que una libra de pan y seis maravedís ni teme ni debe.

No bien lo hubo dicho, cuando cayó a la mismita vera suya la pierna de un hombre: a Juan Soldado le dio un espeluzno que se le erizaron los vellos como el pelo a un gato acosado; cogió el jarro y le dio un testarazo.

–¿Quieres que te entierre? –le preguntó Juan Soldado.

La pierna dijo con el dedo del pie que no.

–Pues púdrete ahí –dijo Juan Soldado.

De allí a nada volvió a decir la misma voz de antes:

–¿Caigo?

–Cae, si te da la gana –respondió Juan Soldado dándole un testarazo al jarro–, que quien ha servido veinticuatro años al rey ni teme ni debe.

Cayó entonces al lado de la pierna su compañera. Para acabar presto, de esta manera fueron cayendo los cuatro cuartos de un hombre y, por último, la cabeza, que se apegó a los cuartos, y entonces se puso en pie en una pieza no un cristiano, sino un espectro, como que era el mismísimo condenado en cuerpo y alma.

–Juan Soldado –dijo con un vocejón que helaba la sangre en las venas–, ya veo que eres un valiente.

–Sí, señor –respondió éste–; lo soy, no hay que decir, ni hartura ni miedo ha conocido Juan Soldado en su vida, pues, a pesar de eso, ha de saber su merced que en veinticuatro años que he servido al rey lo que he venido a sacar ha sido una libra de pan y seis maravedís.

–No te apesadumbres por eso –dijo el espectro–, pues, si haces lo que te voy a decir, salvarás mi alma y serás feliz. ¿Quieres hacerlo?

–Sí, señor; sí, señor; mas que sea lañarle a su merced los cuartos para que no se le vuelvan a desperdigar.

–Lo malo que tiene –dijo el espectro– es que me parece que estás borracho.

–No, señor; no, señor; no estoy sino calomelano, pues ha de saber su merced que hay tres clases de borracheras: la primera, es de escucha y perdona; la segunda, es de capa arrastrando, y la tercera, de medir el suelo; yo no he pasado de escucha y perdona, señor espectro.

–Pues sígueme –dijo el espectro.

Juan Soldado, que estaba peneque, se levantó haciendo su cuerpo para aquí para allá como santo en andas, y cogió el candil; pero el espectro alargó un brazo como una garrocha y apagó la luz.

No se necesitaba, porque sus ojos alumbraban como dos hornos de fragua.

Cuando llegaron a la bodega, dijo el espectro:

–Juan Soldado, toma una azada y abre aquí un hoyo.

–Ábralo usted con toda su alma, si le da gana –respondió Juan Soldado–, que yo no he servido veinticuatro años al rey sin sacar más provecho que una libra de pan y seis maravedís para ponerme ahora a servir a otro amo que puede que ni eso me dé.

El espectro cogió la azada, cavó y sacó tres tinajas, y le dijo a Juan Soldado:

–Esta tinaja está llena de cuartos, que repartirás a los pobres; esta otra está llena de plata, que emplearás en sufragios para mi alma, y esta última está llena de oro, que será para ti, si me prometes emplear el contenido de las otras según lo he dispuesto.

–Pierda su merced cuidado –respondió Juan Soldado–; veinticuatro años he estado cumpliendo con puntualidad lo mandado, sin sacar más premio que una libra de pan y seis maravedís, con que ya ve su merced si lo haré ahora que tan buena recompensa me prometen.

Juan Soldado cumplió con todo lo que le encomendó el espectro, y se quedó hecho un usía considerable, con tanto oro como había en su tinaja.

Pero a quien le supo todo lo acaecido a cuerno quemado fue a Lucifer, que se quedó sin el alma del condenado por lo mucho que por ella rezaron la Iglesia y los pobres, y no sabía cómo vengarse de Juan Soldado.

Había en el infierno un Satanasillo más ladino y más astuto que ninguno, que le dijo a Lucifer que él se determinaba a traerle a Juan Soldado.

Tuvo de esto tanta alegría el diablo mayor, que le prometió al chico, si le cumplía lo ofrecido, regalarle una jarapada de moños y de dijes para tentar y pervertir a las hijas de Eva, y una multitud de barajas y de pellejos de vino para seducir y perder a los hijos de Adán.

Está Juan Soldado sentado en su corral, cuando vio llegar muy diligente al Satanasillo, que le dijo:

–Buenos días, señor don Juan.

–Me alegro de verte, monicaquillo. ¡Qué feo eres! ¿Quieres tabaquear?

–No fumo, don Juan, sino pajuelas.

–¿Quieres echar un trago?

–No bebo sino agua fuerte.

–Pues, entonces, ¿a qué vienes, alma de Caín?

–A llevarme a su merced.

–Sea en buena hora. No tengo dificultad en ir contigo. No he servido yo veinticuatro años al rey para tocar retirada ante un enemiguillo de mala muerte como tú. Juan Soldado ni teme ni debe, ¿estás? Mira, súbete en esa higuera que tiene brevas tamañas como hogazas de pan, mientras yo voy por las alforjas, porque se me antoja que la vereda que vamos a andar es larga.

Satanasillo, que era goloso, se subió en la higuera y se puso a engullir brevas, entre tanto que Juan Soldado fue por su morral, que se colgó, y volvió al corral gritando al Satanasillo:

–¡Al morral!

El diablo chico, pegando cada hipío que asombraba, y haciendo cada contorsión que metía miedo, no tuvo más remedio que colarse en el morral.

Juan Soldado cogió un dique de herrero y empezó a sacudir trancazos sobre Satanasillo hasta que le dejó los huesos hechos harina.

Dejo a la consideración del noble auditorio el coraje que tendría Lucifer, cuando vio llegar a su presencia a su Benjamín, a su ojito derecho, todo derrengado y sin un hueso que bien lo quisiese en su cuerpo.

–¡Por los cuernos de la luna! –gritó–. Aseguro que este descarado hampón de Juan Soldado me las ha de pagar todas juntas; allá voy yo por él en propia persona.

Juan Soldado, que se aguardaba esta visita, estaba prevenido y tenía colgado su morral. Así fue que apenas se presentó Lucifer, echando fuego por los ojos y cohetes por la boca, plantósele Juan Soldado delante con muchísima serenidad y le dijo:

–Compadre Lucifer, Juan Soldado no teme ni debe, para que lo sepas.

–Lo que has de saber tú, fanfarrón tragaldabas, es que te voy a meter en el infierno en un decir Satán –dijo bufando Lucifer.

–¿Tú a mí? ¿Tú a Juan Soldado? ¡Fácil era! Lo que tú no sabes, compadre soberbio, es que quien te va a meter el resuello para dentro soy yo.

–¡Tú, vil gusano terrestre!

–Yo a ti, gran fantasmón, en un morral te voy a meter a ti, a tu rabo y a tus cuernos.

–Basta de jactancias –dijo Lucifer alargando su gran brazo y sacando sus tremendas uñas.

–¡Al morral! –exclamó en voz de mando Juan Soldado.

Y por más que Lucifer se repercutó; por más que se repeló, se defendió y se hizo un ovillo; por más que bramó, bufó y aulló, al morral fue de cabeza sin que hubiese tu tía.

Juan Soldado trajo un mazo y empezó a descargar sobre el morral cada mazazo que hacía hoyo, hasta que dejó a Lucifer más aplastado que un pliego de papel.

Cuando se le cansaron los brazos, dejó ir al preso y le dijo:

–Mira que ahora me contento con esto; pero, si te atreves a volver a ponérteme delante, gran sinvergonzón, tan cierto como que he servido al rey veinticuatro años sin haber sacado más que una libra de pan y seis maravedís, que te arranco la cola, los cuernos y las uñas, y veremos entonces a quién metes miedo. Estás prevenido.

Cuando su corte infernal vio llegar al diablo mayor, lisiado, tullido, más transparente que tela de tamiz y con el rabo entre piernas, como perro despedido a palos, se pusieron todos aquellos ferósticos a echar sapos y culebras.

–¿Y ahora qué hacemos, señor? –preguntaron a una voz.

–Mandar venir cerrajeros para que hagan cerrojos para las puertas, albañiles para que tapen bien todas las rajas y boquetes del infierno, a fin de que no entre, no cuele ni aporte por aquí el gran insolentón de Juan Soldado –les respondió Lucifer.

Lo que al punto se hizo.

Cuando Juan Soldado conoció que se le acercaba la hora de la muerte, cogió su morral y se encaminó para el cielo.

A la puerta se halló con San Pedro, que le dijo:

–¡Hola! Bienvenido: ¿dónde se va, amigo?

–Toma –respondió muy fantasioso Juan Soldado–, a entrar.

–¡Eh, párese usted, compadre, que no entra cada quisque en el cielo como Pedro por su casa! Veamos qué méritos trae usted.

–Pues no es nada –respondió Juan Soldado muy sobre sí–, he servido veinticuatro años al rey sin sacar más recompensa que una libra de pan y seis maravedís. ¿Le parece a su merced poco?

–No basta, amigo –dijo San Pedro.

–¿Que no basta? –repuso Juan Soldado dando un paso adelante–. Veremos.

San Pedro le atajó el paso.

–¡Al morral! –mandó Juan Soldado.

–Juan, hombre, cristiano, ten respeto, ten consideración.

–¡Al morral! Que Juan Soldado ni teme ni debe.

Y San Pedro, que quiso que no, se tuvo que colocar en el morral.

–Suéltame, Juan Soldado –le dijo–; considera que las puertas del cielo están abiertas y sin custodia, y que puede colarse allí cualquier alma de cántaro.

–Eso era cabalmente lo que yo quería –dijo Juan Soldado entrándose adentro muy pechisacado y cuellierguido–; pues diga usted, señor don Pedro, ¿le parece a su merced regular que después de veinticuatro años de servir al rey allá abajo, sin haber sacado más que una libra de pan y seis maravedís, no halle yo por acá arriba mi cuartel de inválidos?

50. *El caballo verde*

Esto era una mujer que tenía deseos de tener un hijo, y como no lo tenía se lo pidió al demonio. El demonio le contestó que se lo daba con la condición de que a los veinte años tenía que quitárselo, y que, si no se lo mandaba a su castillo, él vendría a por él.

Desde pequeño ella le ocultó a su hijo la verdad, hasta que cuando fue a cumplir los veinte años, la madre se puso a llorar, venga a llorar. El hijo le preguntó que qué le pasaba y ella le confesó toda la verdad. Entonces el muchacho le dijo que no se preocupara, que él se iría al castillo cuando llegara la hora y que, con un poco de suerte, volverían a verse.

Llegó el día de irse. Cuando iba a pasar por un pueblo, se encontró a una mujer que lloraba desconsoladamente:

–¿Qué le pasa a usted? –le preguntó.

–Que se me ha muerto mi marido y no tengo dinero para enterrarlo.

El muchacho se compadeció de ella y le dio dinero para que enterrara a su marido. Siguió su camino y al poco tiempo le salió un caballo verde, que le dijo:

–Móntate encima de mí y, cuando te veas en apuros, dices: ¿Qué será de mi caballo verde?

El muchacho se montó en aquel caballo y, al pasar junto a un árbol, vio una paloma enredada en las ramas. Entonces se bajó del caballo y le dijo:

–Espérate, que voy a salvar a esta pobre paloma.

La cogió, la echó a volar y siguió su camino adelante. Al pasar por un río, vio un pez fuera del agua, que se estaba muriendo. Paró y le dijo lo mismo a su caballo. Cogió el pez, lo echó al agua y siguió su camino adelante. Llegó a un arroyo donde había muchas hormigas que no podían cruzarlo. Entonces él las cogió y las pasó al otro lado.

Por fin llegó al castillo del demonio, que le dijo:

–Te someteré a tres pruebas. Si las superas, podrás volver a tu casa.

–Está bien, ¿y qué pruebas son?

–La primera es que en una noche tienes que juntar plumas para llenar siete colchones.

Entonces el muchacho, muy disgustado, dijo: «¿Qué será
de mi caballo verde?», y se le presentó el caballo a la puerta
del castillo. Le contó lo que le pasaba y el caballo le dijo:

–No te apures; móntate en mí.

Y lo llevó corriendo, corriendo adonde se habían encontrado a la paloma enredada entre las ramas. Estaba la paloma en el mismo árbol; le contaron lo que pasaba y dijo:

–No te apures. Tú me salvaste a mí la vida, y yo te la salva-
ré a ti.

Llamó a los pájaros y les dijo:

–Haced todos como yo.

Empezó a moverse y empezaron todos a largar plumas
hasta que hubo para llenar los siete colchones.

Cuando el demonio vio superada la primera prueba, le
dijo:

–Mañana por la mañana me tienes que traer un anillo que
perdió mi bisabuela en el río.

Entonces el muchacho dijo: «¿Qué será de mi caballo verde?», y se le presentó en seguida a la puerta y lo llevó corriendo adonde habían encontrado al pez que se estaba muriendo fuera del agua. Se asomó el pez y le contaron lo que
pasaba. El pez dijo:

–No te apures. Vete a la otra parte de la orilla y me esperas.

Y por allí salió el pez con el anillo en la boca.

Cuando se presentó con él al demonio, éste le dijo:

–Tengo un granero lleno de toda clase de granos mezclados. Por la mañana me los tienes que tener separados en distintos montones.

«¿Qué será de mi caballo verde?», dijo el muchacho otra
vez, y el caballo se le apareció y lo llevó corriendo adonde se
habían encontrado a las hormigas. Les contaron lo que pasaba y ellas acudieron todas al castillo. En una noche separaron los granos de trigo, de maíz, de avena, de cebada, y los
hicieron distintos montones. Cuando por la mañana los vio
el demonio dijo:

–Está bien. Puedes marcharte con tu madre.

Salió él muy contento, corriendo a todo galope con su caballo verde, y cuando llegó a su casa, entró, se abrazó a su madre y lloraron de alegría. Luego salieron a darle las gracias al caballo, pero se encontraron a un hombre que les dijo:

–Yo soy el alma de aquel a quien mi mujer pudo enterrar, cuando nadie quería darle dinero para mi entierro, gracias al dinero que usted le dio.

Y al instante desapareció.

51. *Juan de Calais*

Pues, señor, éste era un padre que tenía un hijo que se llamaba Juan de Calais y era muy pobre, tanto que, cuando el chico llegó a mozo y quiso ir por el mundo a probar fortuna, su padre no pudo darle más que buenos consejos y una peseta para el bolsillo. Pero él no se apuraba, y consolaba a su padre, que no hacía sino sentir el no tener más dinero que darle. Le prometió que volvería pronto y le abrazó muchas veces. Un día salió de su casa y echó a andar por el camino adelante, sin cuidarse de los peligros que le podían sobrevenir ni de los apuros que le podían pasar.

Andando, andando, muy alegre y muy contento, llegó a un pueblo, y al salir de él sin detenerse, porque llevaba mucha prisa, vio en mitad de la carretera un muerto atravesado, que, a juzgar por las señales de descomposición que daba, llevaba muchos días de muerto, y estaba pidiendo sepultura. Como cerca del cadáver había mucha gente, Juan de Calais les preguntó cómo era que aquel hombre estaba así, insepulto, y uno de los que le oían le dijo que porque era muy pobre y no había dejado dinero para pagarse el entierro; que entre unos cuantos habían recogido limosnas para pagárselo, pero que les faltaba una peseta y, mientras no la tuvieran, no le podían enterrar. Juan de Calais, en cuanto oyó aquello, metió la mano en su bolsillo y sacó la peseta, que era el único dinero que llevaba, y sintiéndose más alegre todavía después de esta buena acción, siguió adelante su camino sin acordarse más del muerto que, gracias a su limosna, descansaría en la tierra, sin estar expuesto a la burla de los demás.

Muchos trabajos pasó en su viaje Juan de Calais, pero, como era joven y dispuesto, de todos ellos salió con bien. Un día llegó a un reino que nunca había oído nombrar, pero en el que se vivía muy bien y todos eran felices. En aquel país gobernaba un rey que tenía una hija ya casadera, y que salía todos los días a pasear. Como Juan de Calais no tenía nada que hacer, siempre que salían de paseo las reales personas se ponía él al paso, porque la princesa era muy guapa y a él le gustaba mucho. Pues, señor, ocurrió que la princesa se fijó también en aquel forastero, y empezó a mirarle con mejores ojos que a los demás señores de su corte. Y así estuvieron mucho tiempo, hasta que un día el rey lo notó, llamó a su hija y ésta le dijo que le gustaba mucho Juan de Calais y quería casarse con él. En un principio el rey se opuso al matrimonio, pero la princesa empezó a ponerse mala, mala, tanto que el médico dijo que tenía que ser pasión de ánimo, y el rey, que la quería mucho y que además era muy bueno, mandó llamar a Juan de Calais, y cuando se convenció de que éste quería también mucho a la princesa y que era tan listo como era, lo casó con su hija, que se puso buena así que supo que el matrimonio era con el forastero. Y así fue; Juan de Calais entró ya en el palacio, y a los pocos días se casó con la princesa.

Al poco tiempo, y pasados los primeros días después del casamiento, Juan de Calais dijo que quería llevar a su mujer a que la viera su padre y les diera la bendición. El rey, aunque sintiendo mucho separarse de su hija, consintió en ello, después de hacerles prometer que volverían en seguida. Se dispuso un barco muy lujoso para los príncipes, y fue con ellos, acompañándolos hasta allí, un primo de la princesa. Este primo, que era príncipe también y muy malo, había sido prometido de su prima y quería casarse con ella para luego heredar el reino de su padre; así que estaba muy furioso contra Juan de Calais, que le había quitado la novia, y no hacía más que buscar la ocasión para perderlo, aunque disimulaba su mala voluntad. Por fin creyó hallar ese medio que buscaba, y un día que estaba sobre cubierta gritó:

–Juan de Calais, ven a ver una cosa muy bonita que se ve en el mar.

Y Juan de Calais, como era tan sencillo y no sospechaba mal de nadie, fue, pero no vio nada, y así se lo dijo al primo:

–No veo nada.

–Acércate más, hombre –le dijo éste, y fue Juan de Calais y se arrimó más a la borda del buque, y entonces fue el primo y le dio un empujón, con lo que el pobre Juan de Calais se cayó al mar; el malvado esperó que pasase un poco de tiempo y, cuando creyó que ya se había ahogado su víctima, empezó a gritar:

–¡Venid, venid aquí, que mi primo se ha caído al agua!

Pero por más que echaron lanchas y le estuvieron buscando, Juan de Calais no apareció y, como ya no tenía motivo el viaje, el buque dio la vuelta y volvió la princesa viuda acompañada de su primo al reino de su padre, que sintió mucho la muerte de su yerno, porque le había llegado a tomar verdadero cariño. Desde este día el primo empezó otra vez a hacerle la corte a su prima, la cual al pronto no quería oírle, pero acabó por hacerle caso, y al cabo de dos años ya iba a casarse con él.

Entre tanto, Juan de Calais no había muerto. Cuando cayó al agua, notó como si unas manos invisibles le sostuvieran para que no perdiese el sentido y le daban ánimos para vencer el empuje de las olas. Sacando fuerzas de flaqueza empezó a nadar, a nadar, y así llegó a una isla desierta en donde se estableció muy triste, muy triste, acordándose mucho de la princesa y de su padre, que pensaría en él y le creería un hijo ingrato, porque no le había dado noticias suyas desde que se fue de su casa.

Un día que estaba de lo más triste se le apareció un duende, que le dijo:

–Has de saber, Juan de Calais, que tu mujer se va a casar esta noche con el mismo que te tiró al mar. ¿Qué me das si ahora mismo te llevo allí para que impidas que se case?

–Pues yo –le contestó Juan de Calais– no puedo darte nada, porque nada tengo, pero te lo agradecería mucho.

–¿Me das la mitad de tus gananciales?

–Pero si no son míos, ¿cómo quieres que te los dé? –volvió a decir Juan de Calais.

–¿Tú me los das?

–Bueno –dijo por fin Juan de Calais–, llévatelos, pero no ganarás mucho.

En seguida Juan de Calais sintió que se dormía, que se dormía sin poderlo remediar, y cuando despertó y abrió los ojos, se encontró a la puerta del palacio de su mujer; la princesa se iba a casar y ya estaban reunidos los convidados para la boda. Entre todos los jóvenes que había a la puerta Juan de Calais llamaba la atención, porque era el más guapo; una criada antigua le conoció, y fue a avisar al rey de que allí había un hombre que se parecía mucho a su difunto amo. El rey lo hizo subir y lo reconoció, y Juan de Calais le contó lo que había sucedido. Entonces el rey le dijo que se escondiese por un rato, y yendo al salón donde estaban los convidados les dijo:

–Yo tenía una llave, se me perdió y mandé hacer otra; ahora ha aparecido la vieja: ¿con cuál me quedo?

–Con la vieja –le respondieron todos.

–Soy de la misma opinión –dijo el rey, y yendo a buscar a Juan de Calais lo presentó a la princesa y a los convidados, que le recibieron muy bien, poniéndose la princesa tan contenta. El primo, temeroso del castigo que le esperaba, salió corriendo del salón y no se ha vuelto a saber de él.

En cuanto se calmó un poco la alegría general la princesa fue por allá dentro y volvió trayendo un niño como de año y medio, que había tenido en ausencia de Juan de Calais, pues, cuando a éste le echaron al agua, estaba ella embarazada. Juan de Calais lo abrazó mucho y lo besó, pero a poco empezó a pensar en que aquel hijo eran bienes gananciales y que, sin él saberlo, lo había prometido al duende, por lo cual apenas pegó ojo aquella noche. A la noche siguiente se le apareció el duende y le dijo:

–Juan de Calais, yo he cumplido mi promesa y vengo a que tú cumplas la tuya. ¿Estás dispuesto?

Juan de Calais, que era muy formal en sus tratos, se echó a llorar al pensar que iba a quedarse sin hijo, pero le respondió que sí.

Entonces el duende le dijo:

–Estaba seguro de ti, pero he querido convencerme. No tengas miedo, que no te pasará nada malo. Yo soy el alma de aquel pobre hombre a quien no querían enterrar y que al fin recibió sepultura, gracias a la peseta que tú diste de limosna, y a pesar de ser aquella la única moneda que llevabas. Desde entonces estoy gozando y te sigo para servirte y ayudarte en las cosas que tengas necesidad, como pago de tu buena acción. Yo te guié a este reino, yo hice que el rey te concediera la mano de su hija, yo te saqué de las aguas cuando el primo de la princesa te tiró al mar, y yo soy quien te ha traído aquí anoche para que te reunieras con tu mujer y con tu hijo. Ahora vive bien y sé feliz.

Y el duende desapareció, dejando a Juan de Calais tan consolado y satisfecho. A los pocos días mandó por su padre, que ya le creía muerto, y le tuvo siempre a su lado hasta que el pobre viejo murió. A la muerte del rey su suegro heredó la corona y fue muy feliz con su mujer y los hijos que tuvo.

Yo estuve allí, los vi y me dieron unos zapatitos de manteca, pero se me derritieron en el camino.

52. *Bella-Flor*

Había una vez un padre que tenía dos hijos; al mayor le tocó
la suerte de soldado y fue a América, donde estuvo muchos
años. Cuando volvió, su padre había muerto y su hermano
disfrutaba del caudal y se había puesto muy rico. Fuese a
casa de éste y le encontró bajando la escalera.

–¿No me conoces? –le preguntó.

El hermano le contestó de mala manera que no.

Entonces se dio a conocer y su hermano le dijo que se fuese al granero y que allí hallaría un arca, que era la herencia
que le había dejado su padre, y siguió su camino sin hacerle
más caso.

Subió al granero y halló un arca muy vieja y dijo para sí:

«¿Para qué me puede a mí servir este desvencijado arcón?
¡Pero anda con Dios! Me servirá para hacer una hoguera y
calentarme, que hace mucho frío».

Cargó con él y se fue a su mesón, donde cogió un hacha y
se puso a hacer pedazos el arcón, y de un secreto que tenía
cayó un papel. Cogiólo y vio que era la escritura de una cre-
cida cantidad que adeudaban a su padre. La cobró y se puso
muy rico.

Un día que iba por la calle encontró a una mujer que estaba llorando amargamente; le preguntó qué tenía y ella le
contestó que su marido estaba muy malo y que no sólo no tenía para curarlo, sino que se lo quería llevar a la cárcel un
acreedor, al que no podía pagar lo que le debía.

–No se apure usted –le dijo José–; no llevarán a su marido
a la cárcel ni venderán lo que tienen, que yo salgo a todo; le
pagaré sus deudas, le costearé su enfermedad y su entierro si
se muere.

Y así lo hizo todo; pero se encontró que, cuando el pobre hubo muerto, después de pagado el entierro, no le
quedaba un real, habiendo gastado su herencia en esa buena obra.

«¿Y ahora, qué hago? –se preguntó–. ¿Ahora que no tengo qué comer? Me iré a una corte y me pondré a servir».

Así lo hizo, y entró de mozo en el palacio del rey.

Se portó tan bien y el rey lo quería tanto, que lo fue ascendiendo hasta que lo hizo primer gentilhombre.

Entre tanto su descastado hermano había empobrecido y le escribió pidiéndole que lo amparase y, como José era tan bueno, lo amparó, pidiéndole al rey que le diese a su hermano un empleo en el palacio, y el rey se lo concedió.

Vino, pues, pero en lugar de sentir gratitud hacia su buen hermano, lo que sentía era envidia al verlo privado del rey, y se propuso perderlo. Para eso se puso a inquirir lo que para su intento importaba averiguar y supo que el rey estaba enamorado de la princesa Bella-Flor, y que ésta, como que era el rey viejo y feo, no le quería y se había ocultado en un palacio escondido por esos breñales, nadie sabía dónde. El hermano fue y le dijo al rey que José sabía dónde estaba Bella-Flor y correspondía con ella. Entonces el rey, muy airado, mandó venir a José y le dijo que fuese al momento a traerle la princesa Bella-Flor y que, si se venía sin ella, lo mandaba ahorcar.

El pobre, desconsolado, se fue a la cuadra para coger un caballo e irse por esos mundos, sin saber por dónde tirar para encontrar a Bella-Flor. Vio entonces un caballo blanco, muy viejo y flaco, que le dijo:

–Tómame a mí y no tengas cuidado.

José se quedó asombrado de oír hablar a un caballo; pero montó en él y echaron a andar, llevando tres panes de munición que le dijo el caballo que cogiese.

Después que hubieron andado un buen trecho, se encontraron con un hormigal y el caballo le dijo:

–Tira ahí esos tres panes para que coman las hormiguitas.

–Pero ¿para qué –dijo José–, si nosotros los necesitamos?

–Tíraselos –repuso el caballo–, y no te canses nunca de hacer el bien.

Anduvieron otro trecho y encontraron un águila que se había enredado en las redes de un cazador.

–Apéate –le dijo el caballo– y corta las mallas de esa red y libra a ese pobre animal.

–Pero ¿vamos a perder el tiempo en eso? –respondió José.

–Haz lo que te digo y no te canses nunca de hacer el bien.

Anduvieron otro trecho y llegaron a un río, y vieron a un pececito que se había quedado seco en la orilla, y por más que se movía, con ansias de muerte, no podía volver a la corriente.

–Apéate –dijo a José el caballo blanco–, coge ese pobre pececito y échalo al agua.

–Pero si no tenemos tiempo de entretenernos –contestó José.

–Siempre hay tiempo para hacer una buena obra –respondió el caballo blanco–, y nunca te canses de hacer el bien.

A poco llegaron a un castillo, metido en una selva sombría, y vieron a la princesa Bella-Flor, que estaba echando afrecho a sus gallinas.

–Atiende –le dijo a José el caballo blanco–; ahora voy a dar muchos saltitos y a hacer piruetas, y esto le hará gracia a Bella-Flor; te dirá que quiere montar un rato, y tú la dejarás que monte; entonces yo me pondré a dar coces y relinchos; se asustará y tú le dirás entonces que eso es porque no estoy hecho a que me monten las mujeres, y montándote tú me amansaré; te montarás y saldré a escape hasta llegar al palacio del rey.

Todo sucedió tal cual había dicho el caballo, y sólo, cuando salieron a escape, conoció Bella-Flor la intención de robarla que había traído aquel jinete.

Entonces dejó caer el afrecho que llevaba al suelo, donde se desperdigó, y le dijo a su compañero que se le había derramado y que lo recogiese.

–Allí donde vamos –respondió José– hay mucho afrecho.

Entonces, al pasar bajo un árbol, tiró por alto su pañuelo,

que se prendió en una de las ramas más altas, y le dijo a José que se apease y se subiese al árbol para cogérselo.

–Allí donde vamos –dijo José– hay muchos pañuelos.

Pasaron entonces por un río y ella dejó caer en él una sortija y le pidió a José que se apease para cogérsela; pero José le respondió que allí donde iban había muchas sortijas.

Llegaron, por fin, al palacio del rey, que se puso muy contento al ver a su amada Bella-Flor; pero ésta se metió en un aposento, en que se encerró, sin querer abrir a nadie. El rey le suplicó que abriese, pero ella dijo que no abriría hasta que le trajesen las tres cosas que había perdido por el camino.

–No hay más remedio, José –le dijo el rey–, que tú, que sabes las que son, vayas a por ellas; y si no las traes, te mando ahorcar.

El pobre José se fue muy afligido a contárselo al caballito blanco, el que le dijo:

–No te apures; monta sobre mí y vamos a buscarlas.

Pusiéronse en camino y llegaron al hormigal.

–¿Quisieras tener el afrecho? –preguntó el caballo.

–¿No había de querer? –contestó José.

–Pues llama a las hormiguitas y diles que te lo traigan, que, si aquél se ha desperdigado, te traerán el que han sacado de los panes de munición, que no habrá sido poco.

Y así sucedió; las hormiguitas, agradecidas a él, acudieron y le pusieron delante de un montón de afrecho.

–¿Lo ves –dijo el caballito– cómo el que hace bien tarde o temprano recoge su fruto?

Llegaron al árbol al que había echado Bella-Flor su pañuelo, el que ondeaba como un banderín en una rama de las más altas.

–¡Cómo he de coger yo ese pañuelo –dijo José–, si para eso se necesitaría la escala de Jacob!

–No te apures –respondió el caballito–; llama al águila que libraste de las redes del cazador y ella te lo cogerá.

Y así sucedió. Llegó el águila, cogió con su pico el pañuelo y se lo entregó a José.

Llegaron al río, que venía muy turbio.

—¿Cómo he de sacar esa sortija del fondo de este río hondo, si no se ve ni se sabe el sitio en que Bella-Flor la echó? —dijo José.

—No te apures —respondió el caballito—; llama al pececito que salvaste, que él te la sacará.

Y así sucedió, y el pececito se zambulló y salió tan contento moviendo la cola con el anillo en la boca.

Volvióse, pues, José muy contento al palacio; pero, cuando le llevaron las prendas a Bella-Flor, dijo que no abriría ni saldría de su encierro mientras no friesen en aceite al pícaro que la había robado de su palacio.

El rey fue tan cruel, que se lo prometió, y dijo a José que no tenía más remedio que morir frito en aceite.

José se fue muy afligido a la cuadra y contó al caballo blanco lo que le pasaba.

—No te apures —le dijo el caballito—; móntate sobre mí, correré mucho y sudaré; úntate tu cuerpo con mi sudor y déjate confiado echar en la caldera, que no te sucederá nada.

Y así sucedió todo; y cuando salió de la caldera, salió hecho un mancebo tan bello y gallardo, que todos quedaron asombrados, y más que nadie Bella-Flor, que se enamoró de él.

Entonces el rey, que era viejo y feo, al ver lo que había sucedido a José, queriendo que a él le sucediese otro tanto y que entonces se enamoraría de él Bella-Flor, se echó en la caldera y se hizo un chicharrón.

Todos entonces proclamaron por rey al chambelán, que se casó con Bella-Flor.

Cuando fue a darle las gracias por sus buenos servicios al que todo se lo debía, al caballito blanco, éste le dijo:

—Yo soy el alma de aquel infeliz, en cuya ayuda, enfermedad y entierro gastaste cuanto tenías, y al verte tan apurado y en peligro he pedido a Dios permiso para poder a mi vez acudir en tu ayuda y pagarte tus beneficios. Por eso te he dicho y te lo vuelvo a decir que nunca te canses de hacer el bien.

J. Seres mitológicos

53. *El ojáncano*

Un día perdió una anjana un alfiletero que tenía cuatro alfileres con un brillante cada uno y tres agujas de plata con el ojo de oro.

El alfiletero se lo encontró una pobre que andaba pidiendo limosna de pueblo en pueblo, y no se atrevía a venderlo, por miedo a que creyeran que lo había robado. Esta pobre mujer vivía con un hijo suyo, y no tenía necesidad de pedir limosna, porque su hijo la mantenía, pero un día fue su hijo al monte y no volvió, porque lo había cogido un ojáncano.

Con su alfiletero en el bolsillo siguió pidiendo limosna y vio a una vieja que estaba cosiendo. Al pasar la pobre, se le rompió la aguja y dijo la vieja a la pobre.

–¿No llevará usted una aguja, por casualidad?

La pobre se quedó dudando un momento y le dijo:

–Pues mire usted, me acabo de encontrar un alfiletero que tienes tres, tome usted una.

Siguió la pobre su camino y pasó junto a una moza muy guapa que estaba cosiendo. Al pasar se le rompió la aguja y preguntó a la pobre si llevaba alguna aguja. La pobre le contó que se había encontrado un alfiletero y le dio una aguja.

Poco después pasó la pobre junto a una niña que estaba cosiendo y ocurrió lo mismo; a la niña se le partió la aguja, preguntó a la pobre si tenía alguna y la pobre le dio la tercera aguja.

A los pocos pasos, vio una muchacha sentada en el suelo mirándose una espina que se le había clavado en un pie y preguntó la muchacha a la pobre:

–¿Tendría usted por casualidad un alfiler, para sacarme una espina?

Y la pobre le dio uno de los alfileres.

Un poco más adelante encontró una chiquilla que estaba llorando con gran desconsuelo, porque se le había roto el delantal. La pobre le dijo que no llorara, y con los tres alfileres que le quedaban le sujetó el desgarrón que se había hecho. Y siguió andando con el alfiletero vacío.

Iba por un camino y se encontró con un río, pero que no había puente para atravesarlo. La pobre pensó en seguir la orilla del río, hasta ver si encontraba un puente, cuando oyó que el alfiletero hablaba como una persona y decía:

–Estrújame como si fuera un limón, a la orilla del río. Y siempre que quieras algo o que necesites ayuda, estrújame fuerte.

Conque la pobre estrujó el alfiletero y empezó a salir un madero gordo y ancho que alcanzaba la otra orilla del río.

Pasó la pobre el río y siguió caminando.

Llevaba cuatro o cinco horas de camino, sin llegar a ningún pueblo, ni encontrar casa viviente, y pensó: «Si el alfiletero me diera algo de comer... Voy a probar».

Estrujó el alfiletero y salió un pan tierno y caliente como recién salido del horno. Se lo comió sin parar de andar y a media tarde llegó a un pueblo.

En la primera casa que encontró, llamó para pedir limosna y salió una mujer llorando. En lugar de pedirle limosna, le preguntó por qué lloraba y la mujer dijo que el ojáncano que andaba por el monte le había robado su única hija.

–Pues no se apure usted, señora, que voy a ver si la encuentro.

Y la pobre sacó el alfiletero, lo estrujó y salió una corza muy bonita, con una mancha blanca en la frente. Echó a andar la corza y la pobre detrás, y así anduvieron hasta llegar a una peña, donde se paró la corza.

La pobre, que no sabía qué hacer, estrujó el alfiletero y salió un martillo. Dio un martillazo en la peña y apareció la cueva del ojáncano. Era una cueva dentro de las peñas, de modo que el suelo, las paredes y el techo eran todos de piedra. La cueva estaba muy oscura, pero la mancha blanca de la frente de la corza alumbraba como un farol. La corza y la pobre detrás llegaron hasta un rincón de la cueva y la pobre de pronto dio un grito de sorpresa y alegría, porque en aquel rincón había un muchacho dormido que era el hijo que el ojáncano le había robado hacía un año.

Despertó a su hijo, se abrazaron y besaron, lloraron de alegría, y salieron de la cueva, guiados por la corza, que los llevó a la casa donde habían visto a la mujer llorando.

La mujer, que ya no lloraba, era una anjana, que le dijo a la pobre:

–Quédate a vivir en esta casa, que yo te regalo. No consientas que tu hijo vuelva al monte. Vete al corral y estruja por última vez el alfiletero.

Se fueron la pobre y su hijo al corral. Estrujó el alfiletero y salieron cincuenta ovejas, cincuenta cabras y seis vacas.

Volvieron a la casa, y la corza y la anjana habían desaparecido.

Y este cuento se ha *acabao*, y como me lo contaron te lo he *contao*.

54. *El ojanco*

Éstos eran un padre y una madre que tenían dos hijos, un hijo y una hija. Y murieron cuando los hijos eran muy jóvenes.

Los dos hermanos, cuando quedaron huérfanos, pusieron una tienda con el poco dinero que les dejaron sus padres, y así vivían pobremente.

El hermano un día le dijo a su hermana que estaba aburrido de estar en la tienda y que se iba a correr fortuna por los mares.

Bueno, pues fue y preparó su comida, compró un barco de vela y se echó a correr fortuna por los mares.

Después de navegar muchos días se cansó de ir por mar y se tiró a tierra a un monte que se veía.

Dejó su barco y se puso a caminar por el monte, y vio que era una isla muy grande. Venga a caminar y venga a caminar, hasta que llegó a una cueva donde vivía un viejecito que salió y le dijo cuando lo vio:

–Muy mal te quieren los que te envían aquí.

Él le dijo que era un caminante y que le hiciera el favor de darle posada por esa noche. El viejo le dijo que sí, que allí podía descansar esa noche y que al otro día le daría una carta para su hermano, que vivía en otra cueva, a un día de viaje de allí.

Durmió y descansó en la cueva del viejo esa noche y al otro día muy tempranito se levantó, desayunó, y el viejo le dio una carta para su hermano y se marchó.

Ya muy tarde, cuando oscurecía, vio una luz muy lejos y se encaminó hacia ella. Llegó y salió el viejo, que le dijo:

–Muy mal te quieren los que te envían aquí. ¿Qué quieres?

Y le dijo aquél que era un caminante y que traía una carta de su hermano para que le dieran posada allí por una noche. El viejo leyó la carta y le dijo que entrara. Le dio de cenar y una cama para que pasara la noche.

Al otro día por la mañana desayunó el joven y lo llamó el viejecito y le dijo:

–Mire usted estos dos perros. Se llaman Quebrantahierros y Buenosaires. Le ayudarán y le socorrerán a usted siempre. Cuando se encuentre en algún peligro los llama por sus nombres, les dice lo que quiere y siempre le favorecerán.

Y salieron los perros camino adelante y él se marchó con ellos.

Venga a caminar y venga a caminar, hasta que ya muy tarde llegaron a donde se veía un castillo muy grande, muy grande, en cuyo castillo vivía un ojanco, que era el amo de todas aquellas tierras y pertenencias. Llegó aquél y llamó en la puerta. Salió un mozo del ojanco y le dijo que qué se le ofrecía. Dijo el joven que pedía posada por la noche. Y fue el mozo y le dijo al ojanco que había un muchacho con dos perros que pedía posada por una noche, y el ojanco le dijo que le dijera que entrara. Entró y el ojanco lo recibió muy contento y le dijo que podía estarse allí con él no una noche sino todo el tiempo que quisiera.

Estuvo allí un mes, viviendo con el ojanco, y lo trataban muy bien y les daban muy bien de comer a él y a sus dos perros. Todos los días iba él de caza con sus dos perros y volvía al castillo con muchos conejos y perdices.

Bueno, pues después de estar allí más de un mes, le dijo un día al ojanco:

–Yo tengo una hermanita que dejé en mi pueblo sola y quiero mandar por ella para que venga aquí a vivir conmigo.

Y el ojanco le dijo:

–Muy bien me parece que mandes por ella, pero, ¿quién va a ir?

–No tenga usted cuidado –le contestó el joven–, que mandaré a mis dos perros por ella.

Y llamó a sus dos perros y les dijo:

–¡Quebrantahierros, Buenosaires, quiero que vayáis a traerme a mi hermana!

Los dos perros echaron a correr como el viento y en unos momentos ya habían pasado el mar y estaban donde vivía la hermana. Se montó ella en Quebrantahierros, y Buenosaires salió corriendo como el viento, y el otro detrás con la hermana. Y pasaron los mares en un momento y llegaron al castillo del ojanco. Y cuando el ojanco vio que en un momento habían vuelto con la muchacha, se sorprendió mucho. Pero no le dijo nada al joven, porque en seguida le llamó la atención la hermanita y pronto empezó a enamorarla.

Pasaron muchos días y ya el ojanco había hechizado a la hermanita y le dijo que iban a matar al hermano para quedarse ellos solos en el castillo.

Ella, como estaba hechizada, consintió en ayudarle a matar al hermano.

Un día que salió el joven de caza con sus dos perros, le dijo el ojanco a la muchacha:

–Vamos ahora a envenenarle la comida para cuando vuelva.

Pusieron la mesa y le echaron veneno en su plato.

Volvió aquél de cazar con muchas perdices y conejos y le dijo a su hermana:

–¡Mira, hermanita, qué perdices más gordas y qué conejitos más ricos! ¿Quieres guisarlos para la cena?

Y ella le dijo:

–Los dejaremos para mañana, hermanito, que ahora está todo preparado.

Bueno, pues se sentaron a comer y el ojanco muy contento porque ya el hermano iba a morir envenenado. Apenas se habían sentado a la mesa, cuando llegan los perros y se suben a la mesa y vuelven el trasero y se ensucian en todos los platos y en toda la comida. Y el ojanco muy enfadado dijo:

–¡Ay, qué perros más sucios! ¡Echadlos fuera!

Y con eso ya no pudieron envenenar al hermano y tuvieron que guisar las perdices y los conejos para la cena.

Otro día, cuando fue el hermano de caza, habló el ojanco con la muchacha y le dijo:

–Mira lo que vamos a hacer ahora. Como tu hermano todavía no conoce todo el palacio, voy a decirle que le vamos a enseñar todas las habitaciones y patios y salas, y lo llevamos a donde tengo un patio de lanzas envenenadas y allí lo tiramos para que muera ensartado en las lanzas.

Llegó aquél de caza otra vez, cargado de perdices y conejos. Lo llamaron a cenar y después de la cena le dijo el ojanco:

–Vamos a visitar ahora todos los patios y salas del castillo, que usted por andar todos los días cazando todavía no ha visto todo lo que hay en mi castillo.

El otro dijo que bueno y que irían a verlo todo.

Pero el ojanco había atado a los perros para que no fueran a ayudarle.

Fueron y anduvieron paseándose por todas las salas y todos los patios, cuando lo llevan al patio donde estaban las lanzas envenenadas y lo tiran abajo. Y al momento que cayó se fueron y lo dejaron allí solo para que muriera. El ojanco le decía a la muchacha:

–Ahora sí que lo hemos matado. Y como los perros están atados ahora no lo podrán salvar.

Y estaban los dos muy contentos de ver que ya lo iban a quitar de en medio.

Pero los perros todo lo sabían y, cuando cayó su amo en el patio de las lanzas envenenadas, se pusieron rabiosos y rompieron sus cadenas y se fueron a buscar al amo. Pero como el ojanco había cerrado todas las puertas del castillo, no podían entrar a socorrerlo. Y anduvieron los perros quince días por encima de la tierra y quince días por debajo de la tierra, hasta que por fin encontraron al amo y lo sacaron del patio y se lo llevaron y lo lamieron y le curaron las heridas.

Llegó en presencia del ojanco y de su hermana con sus dos perros. El ojanco, como les tenía miedo a los perros, no se atrevió a decirle nada. Y le dijo el muchacho a su hermana:

–Ya habrás logrado tu gusto.

Y ella callada, sin decir palabra.

Y otra vez le decía:

–Ya habrás logrado tu gusto y estarás muy contenta con este ojanco malvado.

Y ella callada.

Entonces llamó a sus dos perros y les dijo:

–¡Quebrantahierros, Buenosaires, que la tajada más grande de mi hermana que pese una onza!

Y la despedazaron los dos perros en un momento.

Y entonces les dijo:

–¡Quebrantahierros, Buenosaires, si la tajada más grande de mi hermana pesa una onza, que la tajada más grande del ojanco no pese ni un adarme!

El ojanco ya se había escapado y se había metido en sus habitaciones subterráneas y había cerrado siete puertas de hierro. Pero los perros echaron a correr escaleras abajo y le daban un empujón a una puerta y otro empujón a otra, hasta que las tiraron abajo todas y dieron con el ojanco y lo despedazaron también.

55. El oricuerno

Érase una vez una mocita que tenía un novio. Y en el pueblo donde vivía había otro mozo que estaba enamorado de ella y siempre la andaba persiguiendo. Una vez que estaba hablando con su novio por la reja de su casa se acercó el otro y lo mató. Como ella sabía bien quién era el asesino, salió otro día por la noche a burlarlo para vengarse. Al volver una esquina, se encontró con él y le dio un trabucazo. Pero en vez de matarlo sólo a él, mató a dos, a él y a un compañero suyo.

Viendo que ya no podía escaparse de la justicia, se marchó aquella misma noche de su casa. Y caminando, caminando por los montes, llegó a una cabaña de pastores y les contó lo que le había pasado y les dijo que le hicieran el favor de darle ropas de pastor para no ser reconocida. Y se vistió de hombre y se cortó el pelo y se marchó por los mundos.

Llegó a un pueblo y se puso a servir en una casa de comercio, y dijo que se llamaba Carlos. La hija del amo se enamoró de Carlos y le dijo a su padre que se quería casar con él. Y el padre le dijo:

–Pero, hija, él es el que te ha de declarar que te quiere. Las mujeres nunca hablan primero.

Pero ella estuvo insistiendo tanto, que el padre fue y le dijo a Carlos que su hija estaba enamorada de él y se quería casar con él. La pobre muchacha ya no sabía qué hacer. Pero no hubo más remedio que casarse.

Y ya fueron a acostarse. Siempre el novio se acuesta primero. Pero Carlos no se acostaba, y por fin se acostó primero la novia. Pero Carlos no se quería acostar. Entonces la novia, ya cansada de esperar, le dijo:

–Carlos, ¿qué? ¿No vienes a acostarte?

Por fin fue Carlos a acostarse. Se acercó a la cama muy triste.

Entonces Carlos le dijo la verdad. Le dijo que no era hombre, sino mujer. Y la novia le dijo:

–Pues, mira, no te dé pena, que no vamos a decir nada y vamos a seguir lo mismo que si fueras hombre.

Así estuvieron viviendo muchos años. Pero como no tenían familia, comenzaron todos a sospechar que Carlos era mujer. Y empezaron a decir todos que Carlos era mujer. Y dijo el padre:

–Vamos a dar un banquete y ponemos sillas altas y sillas bajas, que, si Carlos es mujer, se sentará en una silla baja.

Y fueron al banquete. Carlos llegó y se sentó en la silla más alta que había. Conque de eso no sacaron nada.

Entonces dijo el padre:

–Ahora vamos a cazar y luego a los baños del río, que, si Carlos es mujer, no se ha de querer bañar.

Salieron todos a la caza y después fueron a comer. Y después de comer dijo el padre a los caballeros:

–Ahora a los baños, a bañarnos al río.

Entonces dijo Carlos:

–Espérenme un poco, que yo tengo que ir a hacer mi necesidad.

Conque se fue solo y se sentó en un canto muy triste,
cuando vio venir un bicho con unas astas muy largas. Y se
acercó y le dijo que se desnudara. Y se desnudó, y el bicho,
que era el oricuerno, le hizo una cruz con el cuerno sobre el
empeine y al momento la moza se volvió hombre. Y desapareció el oricuerno, y Carlos volvió al río donde estaban los
hombres y se desnudó y entró a bañarse, y todos vieron que
era hombre.

K. La ambición castigada

56. *El pájaro de los diamantes*

Pues, señor, esta vez eran dos amigos que tenían el oficio de plateros y eran ricos, pero a uno de ellos le vino la suerte contraria y se quedó arruinado. Acudió al otro, pero éste era muy egoísta y le dijo que no podía favorecerle, porque tenía dos hijos y necesitaba para ellos lo poco que tenía.

De modo que el pobre, viéndose sin recursos, solicitó la guardería de una dehesa y, habiéndola conseguido, se fue a vivir a ella. Como era cazador, aprovechaba su escopeta en matar algunas piezas de comida, que era lo que su amo le permitía. Un día vio un pájaro de unos colores tan bonitos, que deseó cogerlo y, cargando la escopeta con pólvora sola, le tiró, teniendo la suerte de cogerlo casi sin hacerle daño. Lo metió en una jaula y, cuando al día siguiente fue a echarle de comer, se encontró que en el nido que le había puesto había una piedra muy brillante, que, como él era platero, conoció enseguida que era un diamante. No sabía darse cuenta de cómo había sido aquello, pero al día siguiente encontró otro igual, y después otro, hasta que comprendió que el pájaro los ponía todos los días en lugar de huevos. Los llevó al otro platero, que se los compró, dándole por cada uno seis mil reales.

Viéndose con dinero, renunció a la guardería y se vino al pueblo y, como el pájaro seguía dándole diamantes, se puso rico. El otro platero, que era muy ambicioso, quiso saber de dónde sacaba aquellos diamantes, pero, como su amigo no quiso decírselo, le dijo que los habría robado, y le amenazó con denunciarlo a la justicia como ladrón. El otro, indignado, para probarle que no eran robados, le contó lo que le había pasado.

Entonces el platero le propuso comprarle el pájaro y el amigo le dijo que no; pero, temiendo que el platero hiciera con él alguna trastada, como ya él estaba rico, dijo que se lo cambiaba si le cedía la casa y el establecimiento tal como estaba.

El platero, esperando ponerse pronto más rico que el otro con los diamantes del pájaro, dijo que bueno; cerró el trato, le cedió la casa y la platería, y él se llevó el pájaro.

Los primeros diamantes que encontró en la jaula los vendió y compró una casa, haciendo en el jardín una gran pajarera para el pájaro. Un día fue a verlo y, como el pájaro se estaba revolcando y levantó las alas, el platero vio un letrero debajo de una. Cogió el pájaro para ver lo que decía y leyó: «El que se coma mi cabeza será rey». Levantó la otra ala y tenía otro letrero que decía: «El que se trague entero mi corazón sin mascarlo tendrá todos los días, al levantarse, un bolsillo lleno de oro bajo la almohada».

El platero, que como he dicho era muy ambicioso, se volvió loco de alegría y dijo para sí:

«Esto vale más que los diamantes, de modo que lo mejor será matar el pájaro y comerme yo la cabeza y el corazón, y así seré rey y rico como ningún otro pueda serlo».

Y dicho y hecho, cogió el pájaro y lo mató, entregándolo a la cocinera para que lo friera, diciéndole:

–Ten entendido que, como lo quemes o le falte alguna cosa, te desuello viva.

Pues, señor, que la cocinera frió su pájaro y lo tenía allí apartado para cuando llegara la hora de comer. En esto tuvo que salir de la cocina, a tiempo que los hijos del platero llegaban del campo. Como llevaban ganas de comer, fueron a la cocina y, viendo el pájaro frito, el mayor empalmó la cabeza y se la comió, y el chico cogió el corazón para comérselo, pero, como la criada llegó en aquel momento, se lo tragó entero para que no le viera mascar y se lo dijera a su padre.

La cocinera no lo echó de ver y, cuando su amo le pidió el pájaro, cogió el plato y lo llevó. Lo primero que buscó el platero fue el corazón y la cabeza, pero por más vueltas que le daba no los encontró. Lleno de rabia llamó a la cocinera y le preguntó por la cabeza y el corazón, pero la pobre mujer dijo que ella no se los había comido.

–¿No te dije que, si le faltaba algo, te iba a desollar viva? Eso es que tú te los has comido, y vas ahora a echarlos o a reventar.

Cogió un palo y empezó a pegar a la pobre mujer, que ponía el grito en el cielo, jurando y perjurando que no los había comido.

A los gritos de la criada acudieron los hijos, que, al ver a su padre, se pusieron en medio preguntándole qué era lo que había pasado para pegarle de aquel modo.

–Es que la voy a matar por golosa –decía el padre, que veía que se le escapaba el reino y el dinero–, le di el pájaro para freírlo y le encargué que no le faltara nada, y se ha comido la cabeza y el corazón.

Al oír esto los hijos, no queriendo que la pobre mujer pagase las culpas de ellos, le dijeron:

–Pues, si es por eso, no tiene usted razón para pegarle, porque no ha sido ella, sino nosotros, que a un descuido suyo entramos en la cocina y nos comimos la cabeza y el corazón.

–Del mal el menos –dijo el padre, que se quedó más tranquilo, viendo que la cosa no tenía remedio y que ya que él no fuera rey lo sería uno de sus hijos, y al otro ya tendría él cuidado de no decirle nada y de coger todas las mañanas el bolsillo de oro de debajo de la almohada. Se informó cuál era el que se había tragado el corazón, y supo que era el más chico.

Así fue; no les dijo nada a los hijos, y a la mañana siguiente fue a la cama del menor y encontró debajo de la almohada un bolsillo lleno de oro. Desde entonces todos los días hacía la misma operación sin que el hijo se enterara de ello.

Pues, señor, que a los hijos, que ya eran hombres y les gustaba mucho la caza, los convidó un amigo suyo para ir a cazar a una hacienda que tenía donde había muchos conejos.

El padre no quería, pero el amigo insistió tanto, que no tuvo más remedio que dejarlos ir, pero encargándoles que no tardaran mucho.

Se fueron a la hacienda, y por la mañana temprano salieron de caza, y, cuando volvieron por la tarde, la criada se acercó al más chico de los hermanos y le dio un bolsillo diciéndole:

–Tome usted este bolsillo que se dejó esta mañana debajo de la almohada.

–Ese bolsillo no es mío –dijo el joven.

–Sí, señor –insistió la criada–, yo al hacer la cama lo he encontrado, y es de usted.

El joven creyó que era una broma que querían darle, y dijo:

–Bueno, pues si es mío quédate con él, que yo te lo regalo.

La criada se puso más contenta que unas Pascuas, y si le hubieran preguntado quién era Dios, dice que aquel señorito.

El joven se acostó; después de acostado se puso a hacer un cigarro, y por no levantarse puso la petaca debajo de la almohada. Al levantarse por la mañana y coger la petaca, vio el bolsillo con el dinero; creyó que seguía la broma y lo recogió hasta ver si lo reclamaban, pero nadie le dijo nada, y como al día siguiente encontró otro exactamente igual, se figuró que era el mismo y fue a ver si se lo habían quitado, pero vio que lo tenía, y esto ya le puso en cuidado. Como el bolsillo se renovaba todos los días, ya esto llamó su atención, porque no podía ser broma de nadie.

«¡Hola! –dijo para sí–. Esto ya es otra cosa. Sin duda por esto es por lo que mi padre entraba todos los días en mi cuarto a arreglar mis almohadas antes de levantarme y no quería que me viniera a la hacienda. Debo averiguar qué es lo que hay de esto».

Así que llegaron, el hijo menor reunió a su padre y a su hermano y le dijo al primero:

–Padre, he notado que todas las mañanas al levantarme hay debajo de la almohada de mi cama un bolsillo lleno de oro; usted debe saber esto y deseo que diga la causa.

Entonces el padre no tuvo más remedio que contarle todo lo que había pasado con el pájaro, y que por haberse él tragado el corazón era por lo que todos los días tenía aquel bolsillo, así como su hermano estaba destinado a ser rey por haberse comido la cabeza.

Los dos hermanos se pusieron tan alegres con el descubrimiento, y el chico le dijo al padre, entregándole todo el dinero que tenía:

–Con esto y lo que usted tiene ya no le hace falta nada para vivir toda su vida; yo quiero irme a recorrer mundo y ver todos los países que pueda.

El padre trató de disuadirlo, pero él dijo que no, que se iba y que volvería, cuando se cansara de viajar. El hermano le dijo que quería acompañarlo, y él se alegró de ello, pues así no iba solo.

El padre se arrepintió de haberles dicho lo del pájaro, pero, como no tenía ya remedio, tuvo que conformarse y dejarlos ir, dándoles su bendición y rogándoles que volviesen pronto, pues no quería morirse sin volverlos a ver.

Se pusieron en camino, y ya llevaban andado muchas leguas, cuando una mañana vieron avanzar por el camino una nube de polvo y el reflejo de muchas armas. Poco a poco se fue distinguiendo lo que era y vieron que era un regimiento de soldados, que, al llegar a ellos, hicieron alto, y acercándose unos cuantos pajes al hermano mayor le presentaron una batea con una corona y todas las insignias reales, diciéndole que lo aclamaban como rey, habiéndoles ahorrado la mitad del camino, pues iban a buscarlo a su casa.

Como su padre les había contado lo del pájaro, no les sorprendió aquello; así que el mayor aceptó la corona y se puso al frente de la tropa, llevando a su lado al hermano, continuando su camino hasta llegar a la capital de aquel reino, donde fueron recibidos con grandes fiestas.

El hermano menor estuvo allí mientras duraron los festejos; pero, en cuanto dejó a su hermano instalado en su trono, dijo que él iba a continuar sus viajes. El rey le rogó que se quedara, diciéndole que tendría el primer puesto en el reino y podría casarse con una princesa; pero el otro le dijo que no, que él tenía deseos de ver otros países, y que en cuanto a casarse, que como le sobraba dinero, no quería princesas, sino una mujer hermosa que a él le gustase.

Por fin, que se fue mi hombre, y andar, andar, recorrió todo el mundo, y la mujer más guapa que encontró era una huérfana que vivía con una tía suya, pero eran muy pobres. Pidió su mano, y aunque él no demostraba su posición, como quiera que era guapo y veían que no le faltaba que comer, lo admitieron y se casó con la joven.

Así vivieron un poco de tiempo, y como jamás le faltaba dinero, no faltó tampoco quien tratara de averiguar de dónde salía, pues no se le veía trabajar; él decía que sus bienes los tenía en otra parte y de allí le mandaban las rentas. Los extraños no insistieron; pero la tía de la mujer, que era muy codiciosa y no veía llegar nunca a nadie con dinero, andaba que bebía los vientos por saber de dónde lo sacaba y, como no lo conseguía, le encargó a su sobrina que lo averiguase.

La mujer, que por su parte también tenía deseos de saberlo, le preguntó y, aunque él trató de excusarse, tanto insistió ella, que al fin le contó lo que había pasado con el pájaro y por qué todas las mañanas encontraba bajo la almohada un bolsillo lleno de oro, con lo cual no les faltaría nunca lo que necesitasen para vivir; pero que le encargaba que no se lo contase a nadie, porque sería un perjuicio.

La mujer le ofreció hacerlo así; pero, apenas salió el marido, fue a contárselo a su tía, y ésta le dio unos polvos y le dijo que los echara en el vino que bebía su marido, y así sabrían si era verdad todo aquello.

Así fue; cuando vino a comer, echó la mujer los polvos en el vino sin que lo viese él, que se lo bebió sin desconfianza.

Al poco tiempo de haberlo bebido, le dieron fatigas y se fue a acostar; pero, antes de llegar a la cama, se puso a vomitar y echó cuanto tenía en el estómago.

Se acostó después y la vieja fue a mirar donde había estado vomitando, y, hallando el corazón del pájaro, lo lavó y se lo tragó.

Al día siguiente, cuando él se levantó, fue a buscar debajo de la almohada y, no viendo nada, le preguntó a la mujer si había recogido el bolsillo, pero ella le dijo que no y, como los demás días sucedió lo mismo, estaba ya él desconfiado. Riñó con la mujer, y la tía intervino en la cuestión y, poniéndolo como un trapo, lo puso en la calle, porque le dijo que la casa era suya y que él no tenía allí nada.

«¡Ah, tuna! –dijo él para sí–. Cuando tú me echas a la calle, no es que me cogéis el bolsillo, porque entonces no volveríais a coger otro, esto es que mi mujer, que sabe lo del corazón, se lo ha dicho a su tía y ésta ha hecho alguna trampa.»

Le preguntó a la criada, y ésta no pudo decirle más sino que el día que estuvo malo había estado vomitando; la vieja no quiso que nadie lo limpiara, y lo había hecho ella misma. Él comprendió lo que había pasado y se dijo:

«¡Tate!, lo que yo creía; esta mala vieja se ha dado trazas

para que yo arroje el corazón y ella se lo ha tragado, y como está segura de que el bolsillo lo tendrá ella, por eso me echan a la calle. Pues no tengáis cuidado, que no os habéis de quedar riendo».

Se fue mi hombre al campo, sin rumbo fijo, y andar, andar, se sentó a descansar junto a una fuente, donde bebió y, como le dio hambre y no llevaba comida, miró a todos lados a ver si encontraba algo que comer.

Divisó una higuera que tenía unos higos muy hermosos, y se fue derecho a la higuera, cogió un higo y se lo comió; pero, apenas comido, se vio convertido en burro. Cuando se vio así, al pobre le pesó haberse llegado a la higuera, y le dio tanta pena, que se echó en el suelo sin saber qué hacer. Pero, comoquiera que, a pesar de haber variado de forma, el hambre no se le quitaba, se levantó y se puso a comer yerba, y al poco tiempo vio con satisfacción que había recobrado la forma de hombre.

«No hay mal que por bien no venga –se dijo él–. Gracias a estos cambios que tantos sustos me han causado, estos higos van a proporcionarme la venganza».

Cogió entonces tres higos de los más hermosos que tenía la higuera y se fue para el pueblo.

Buscó allí a una persona a propósito y le encargó que fuera a su casa a ver si le compraban aquellos higos. Así que la tía vio aquellos higos tan hermosos, dio por ellos lo que le pidieron y, dándole uno a su sobrina, otro a la criada y quedándose con otro, se los comieron las tres.

Al poco tiempo entró el joven y se las encontró convertidas en burras; las encerró a las tres en la cuadra, teniendo cuidado de que no hubiera allí yerba ninguna, y convidó al boticario para ir al día siguiente de caza. El boticario aceptó, y por la mañana aparejó las burras y, poniéndoles un bozal a cada una para que al salir al campo no comieran yerba, hizo que el boticario se montase en la criada y, echándole toda la carga a la tía, salieron del pueblo.

Como la tía era vieja, y además de la carga iba él montado encima, no podía andar; pero él, que se había preparado una buena vara de acebuche, le dio una de palos, que le crujía el cuerpo; así que la pobre vieja sacó fuerzas de flaqueza y llegaron al sitio de la caza; pero cuando llegaron, iba medio muerta y, como llevaba sed, la acercó a la fuente y se dio tal atracón, que se puso a vomitar y arrojó cuanto tenía en el cuerpo, arrojándose al suelo, porque no podía tenerse en pie.

Él buscó entonces entre lo que había arrojado y vio que estaba el corazón; lo cogió y, lavándolo bien, se lo volvió a tragar, diciendo:

–Ya veremos si vuelven a quitármelo.

Luego, mientras el boticario estaba cazando, les quitó los bozales a las burras para que comiesen yerba y recobrasen su forma primitiva y, tomando el camino, las abandonó, y ésta es la hora que no han vuelto a saber rastro de él. El boticario, cuando volvió de la caza, se encontró sin el vecino y sin las burras, y tuvo que venirse a pie. Cuando llegó al pueblo, se llegó a la casa de su compañero y se encontró con que la vieja se estaba muriendo, y la criada le contó todo lo que había pasado; pero se guardó muy bien de decirle que era ella la burra sobre quien había ido de caza.

En cuanto al hijo del platero, se fue a la corte del hermano y, mandando llamar a su padre, se quedaron allí viviendo todos en amor y compaña y fueron felices toda su vida.

57. *Los tres deseos*

Había un matrimonio anciano, que, aunque pobre, toda su vida la había pasado muy bien trabajando y cuidando de su pequeña hacienda. Una noche de invierno estaban sentados marido y mujer a la lumbre de su tranquilo hogar en amor y compaña; estaban enumerando los bienes de mayor cuantía que lograban otros y deseando gozarlos también.

–¡Si yo en lugar de mi hacendilla –decía el viejo–, que es de mal terruño y no sirve sino para revolcadero de un burro, tuviese el rancho del tío Polainas!

–¡Y si yo –añadía su mujer– en lugar de ésta, que está en pie porque no le han dado un empujón, tuviese la casa de nuestra vecina, que está en primera vida!

–¡Si yo –proseguía el marido– en lugar de burra, que no puede ya ni con unas alforjas llenas de humo, tuviese el mulo del tío Polainas!

–¡Si yo –añadió la mujer– pudiese matar un puerco de doscientas libras como la vecina! Esa gente, para poseer, no tiene sino desearlas. ¡Quién pudiera ver cumplidos sus deseos!

Apenas hubo dicho estas palabras, cuando vieron que bajaba por la chimenea una mujer hermosísima; era tan pequeña, que su altura no llegaba a media vara; traía, como una reina, una corona de oro en la cabeza. La túnica y el velo que le cubrían eran diáfanos y formados de blanco humo, y las chispas que alegres se levantaron con un pequeño estallido como cohetitos de fuego de regocijo se colocaron sobre ellos salpicándolos de relumbrantes lentejuelas. En la mano traía un cetro chiquitito de oro, que remataba en un carbunclo deslumbrador.

Soy el hada Fortunata –les dijo–: pasaba por aquí y he oído vuestras quejas; y ya que tanto ansiáis, porque se cumplan vuestros deseos, vengo a concederos la realización de tres: uno a ti –dijo a la mujer–; otro a ti –dijo al marido–, y el tercero ha de ser mutuo y en él habéis de convenir los dos; este último lo otorgaré en persona mañana a estas horas, que volveré; hasta allá tenéis tiempo de pensar cuál ha de ser.

Dicho que hubo esto, se alzó entre las llamas una bocanada de humo, en la que la bella hechicera desapareció.

Dejo a la consideración de ustedes la alegría del buen matrimonio y la cantidad de deseos que como pretendientes a la puerta de un ministro los asediaron a ellos. Fueron tantos, que, no acertando a cuál atender, determinaron dejar la elección definitiva para la mañana siguiente y toda la noche para consultarlo con la almohada, y se pusieron a hablar de cosas indiferentes.

A poco recayó la conversación sobre sus afortunados vecinos.

–Hoy estuve allí; estaban haciendo morcillas –dijo el marido–, ¡pero qué morcillas! Daba gloria verlas.

–¡Quién tuviera una de ellas aquí –repuso la mujer– para asarla sobre las brasas y cenárnosla!

Apenas lo había dicho, cuando apareció sobre las brasas la morcilla más hermosa que hubo, hay o habrá en el mundo.

La mujer se quedó mirándola con la boca abierta y los ojos asombrados. Pero el marido se levantó desesperado y, dando vueltas por el cuarto, se arrancaba el cabello, diciendo:

–Por ti, que eres más golosa y comilona que la tierra, se ha desperdiciado uno de los deseos. ¡Mire usted, señor, qué mujer ésta! ¡Más tonta que un habar! Es para desesperarse. ¡Reniego de ti y de la morcilla y no quisiese más sino que se te pegase en las narices!

No bien lo hubo dicho, cuando ya estaba la morcilla colgando en el sitio indicado.

Ahora tocó el asombrarse al viejo y desesperarse a la vieja.

–Te luciste, mal hablado –exclamaba ésta haciendo inútiles esfuerzos por arrancarse el apéndice de las narices–; si yo empleé mal mi deseo, al menos fue en perjuicio propio y no perjuicio ajeno: pero en el pecado llevas la penitencia, pues nada deseo, ni nada desearé, sino que se me quite la morcilla de las narices.

–Mujer, por Dios, ¿y el rancho?

–Nada.

–Mujer, por Dios, ¿y la casa?

–Nada.

–Desearemos una mina, hija, y te haré una funda de oro para la morcilla.

–Ni que lo pienses.

–Pues qué, ¿nos vamos a quedar como estábamos?

–Éste es todo mi deseo.

Por más que siguió rogando el marido, nada alcanzó de su mujer que estaba por momentos más desesperada con su doble nariz y apartando a duras penas al perro y al gato que se querían abalanzar a ella.

Cuando a la noche siguiente se apareció el hada y le dijeron cuál era su último deseo, los devolvió a la situación anterior y fueron felices.

58. *El pescador y su mujer*

Allá por los tiempos de Maricastaña vivía un pescador muy pobre con su mujer en una choza. Todos los días salía a pescar al mar, echaba las redes y esperaba a ver lo que cogía para ir a venderlo. Como casi siempre cogía muy poco, pues no salían de la miseria.

Un día pescó un pez muy grande, muy grande, y cuando ya lo tenía fuera, dice el pez:

–Suéltame, Juan, y te daré todo lo que tú quieras.

El hombre se quedó sorprendido y lo dejó escapar sin más. Cuando llegó a su casa y le contó a su mujer lo que le había pasado, ésta se enfadó mucho y empezó a gritar:

–¡Pero mira que eres tonto! ¡Sabiendo que no tenemos ni qué comer! ¡Y dónde vivimos! ¿Es que te gusta vivir en una choza? ¡Si vuelves a coger a ese pez, dile que nos dé mucho dinero!

Juan volvió a pescar al día siguiente y otra vez sacó el mismo pez en sus redes. Éste le preguntó:

–¿Qué quieres, Juan?

Y dice Juan:

–Yo no quiero, que la que quiere es mi mujer.

–¿Y qué quiere tu mujer?

–Pues quiere mucho dinero.

–Está bien. Móntate en mi lomo. No tengas miedo, hombre; móntate.

Se montó Juan en aquel pez de escamas maravillosas, y se perdieron en las profundidades del mar. Nadando, nadando llegaron a un palacio de cristal todo lleno de tesoros.

–Coge lo que quieras y se lo llevas a tu mujer –le dijo el pez.

Juan se llenó un bolsillo de monedas de oro y, cuando llegó a su casa, se las entregó a su mujer. Ésta se puso muy contenta, pero, como tenía tantas ganas de gastarse el dinero, no le duró mucho tiempo y se puso a decirle a su marido:

–Anda, Juan, que se nos ha acabado el dinero. Vete a pescar y le dices a ese pez que queremos vivir en un palacio.

Juan volvió al mar con sus redes y otra vez le salió el pez.

–¿Qué quieres, Juan?

–Yo no quiero, que la que quiere es mi mujer.

–¿Y qué quiere tu mujer?

–Pues ahora quiere un palacio.

–Está bien. Vuélvete a tu casa, que la hallarás convertida en un palacio.

Así lo hizo Juan. Cuando llegó y quiso entrar, unos criados lo pararon en la puerta. Tuvo que porfiar con ellos y decirles que hablaran con la dueña que era su mujer. Por fin salió ella, vestida como una gran señora, y lo dejaron pasar.

A los pocos días, la mujer ya estaba aburrida de vivir en un palacio y dice:

– Mira, Juan, vas a ir y le dices al pez que queremos ser rey y reina.

Juan fue y le contó al pez lo que pasaba.

–¿Qué quieres ahora, Juan?

–Yo no quiero, que la que quiere es mi mujer.

–¿Y qué quiere tu mujer?

–Pues ahora se le ha antojado ser reina, y que yo sea rey.

–Está bien, hombre. Vuélvete y encontrarás a tu mujer sentada en el trono.

Volvió Juan en su barca y, cuando llegó al palacio, vio a su mujer sentada en un trono, rodeada de condes, duques y lacayos. Al poco tiempo de vivir así, dice:

–¡Ay, Juan, corre y dile al pez que queremos que el sol sólo salga para nosotros!

Otra vez fue Juan y le pregunta el pez:

–¿Qué quieres, Juan?

–Yo no quiero, que la que quiere es mi mujer.

–¿Y qué quiere ahora tu mujer?

–Ni más ni menos que el sol sólo salga para nosotros.

–Anda, vuélvete a tu casa –dijo el pez, y desapareció en el mar.

Cuando Juan volvió al pueblo, en vez del palacio estaba otra vez la choza, y en la puerta su mujer llora que llora.

L. La muerte

59. *La muerte madrina*

Érase una vez un pobre jornalero. Su mujer tuvo un hijo, y, como eran tan pobres, no sabían a quién convidar de padrino para bautizar al niño.

Un día salió el jornalero a un camino, dispuesto a convidar al primero que pasara. Pero se cansó de esperar y no pasó nadie. Ya se venía para su casa, muy triste, cuando se le apareció la muerte y le preguntó que qué le pasaba. El jornalero le dijo que tenía un hijo sin bautizar, pues como en su casa eran tan pobres nadie quería ser su padrino. Entonces la muerte le dijo:

–Bueno, no se apure usted, que yo lo sacaré de pila, lo cuidaré y hasta le daré estudios de médico. Ya tengo muchos ahijados, y todos están muy contentos de serlo.

Conque fueron y bautizaron al niño y, cuando ya fue médico, se le presentó la muerte y le entregó una hierba, diciéndole:

–Con esta hierba podrás curar a todo el que tú quieras, por muy enfermo que esté. Nada más con que le toques los labios se pondrá bueno. Pero, ojo, si al visitar a un enfermo me ves a mí a la cabecera, dirás que tiene remedio y podrás curarlo. Pero si me ves a los pies de la cama, dirás que no tiene remedio y no intentarás nada, porque a ése ya le toca.

El muchacho obedeció a su madrina y llegó a coger fama de buen médico, pues eran muchos los que se curaban con él. Un día lo llamaron para que visitara a un rico que se estaba muriendo, diciéndole que si lo curaba le pagarían mucho dinero. Cuando entró en la habitación vio a la muerte a los pies de la cama. Pero, a pesar de eso, dijo que aquel hombre tenía remedio, le pasó la hierba por los labios y lo curó. Cogió su dinero y cuando ya iba para su casa se encontró con su madrina, que le dijo:

–Eres un mal ahijado. Por esta vez te perdono, pero recuerda que no debes curar a nadie si me ves a mí a los pies de la cama.

Pasó el tiempo y otro día volvieron a llamar al muchacho a casa de otro hombre muy rico, más rico todavía que el anterior, diciéndole que le darían el doble de dinero si lo curaba. Cuando el muchacho se presentó en la habitación, vio a la muerte a los pies de la cama, haciéndole señas de que no fuese a repetir la misma faena. Pero él no le hizo caso y dejó de mirarla, por lo que no vio que le amenazaba con su guadaña. Aplicó su medicina, cobró su dinero y se fue. Cuando ya iba para su casa, la muerte le salió otra vez al encuentro y le dijo:

–Ya me lo has hecho dos veces. La próxima, te tocará a ti.

Ocurrió entonces que la hija del rey se puso enferma, y todos los médicos dijeron que no tenía remedio. Pero el rey publicó un bando diciendo que aquel que fuera capaz de curar a la princesa se casaría con ella. Llegó la noticia a oídos del muchacho y se puso en camino, muy preocupado por saber si se encontraría o no a la muerte y si estaría a los pies o a la cabecera de la cama. Se presentó en el palacio temblando cuando entró en la habitación. Y allí estaba la muerte, a los pies de la cama. El rey le suplicó al muchacho que hiciera

todo lo posible por salvar a su hija y le prometió que la boda
sería antes de un año, si la princesa se curaba, y que lo nom-
braría heredero de todos sus reinos. El muchacho miraba de
reojo a la muerte, pero ésta le hacía señas de que no. Y así un
rato. Por fin él se atrevió, sacó su yerba, la pasó por los labios
de la princesa y en seguida ésta se puso buena. El rey y todo
el mundo en el palacio se pusieron muy contentos y empezaron ya los preparativos de la boda.

Pero el muchacho se encontró con la muerte, que le dijo:

–Ésta sí que no te la perdono.

Él entonces se puso a llorar y a suplicarle que por lo menos
le dejara tiempo de casarse con la princesa. Entonces la
muerte lo llevó a una habitación donde había muchas velas
encendidas y de muchos tamaños; unas muy grandes, otras
medianas, otras pequeñas, y otras tan chicas que en seguida
chisporroteaban y se apagaban. La muerte dijo:

–A ver si tienes suerte y averiguas cuál corresponde a tu
vida. Las grandes son las de los niños que nacen, las más pequeñas...

Decía el muchacho, señalando a una de las medianas:

–¿Es ésta?

Y la muerte decía que no con la cabeza. Y otra vez, señalaba él a otra un poco más pequeña:

–¿Es ésta?

Y la muerte volvía a negar, y él señalaba otra más pequeña
y la muerte a decir que no. Así fue llegando a una pequeñita,
pequeñita, que al decir: «¿Es ésta?», con sólo el aliento de su
voz se apagó, y allí se quedó muerto.

60. *El peral de la tía Miseria*

Miseria era una pobre anciana que se dedicaba, para mante-
nerse, a pedir limosna. Tenía un hijo que se llamaba Ambrosio, y andaba también por el mundo pidiendo. Y tenía un pe-

rrito, que se llamaba Tarro, que era el único que le acompañaba en la pequeña choza que tenía.

Así vivió varios años hasta llegar a una edad muy avanzada, viviendo tan sólo de lo que sacaba con las limosnas y el fruto de un peral que tenía próximo a la choza, del cual pocos años cogía fruto, debido a que los chicos le quitaban todas las peras. Como ella no corría, les azuzaba el perro, y los chicos huían; pero, cuando no estaba ella, se las quitaban antes que llegaran a sazonar.

Un día se presentó a la puerta de su choza un pobre, al anochecer. Mas, como estaba nevando, la tía Miseria le dijo que pasara a refugiarse, invitándole a cenar una sopa del poco pan que había recogido durante el día. Después partió la saca donde ella dormía para dar parte al pobre. Y cada uno durmió en su saca de paja. Pero lo extraño del caso es que el perrito Tarro que tenía la tía Miseria era muy malo, y a todos los que se aproximaban a la puerta les ladraba. Y observó la tía Miseria que, al recibir a este pobre en su casa, no sólo no le ladró, sino que se arrimaba a lamerle los pies. Así pasaron la noche durmiendo, y al amanecer observó la tía Miseria que se levantaba el pobre con la intención de marcharse. Mas, como estaba nevando, no consintió en que saliera. Y así salió ella al pueblo inmediato, diciéndole:

–No saldrás de mi casa sin que antes desayunes, que ahora voy a recoger cuatro mendrugos de pan al pueblo. Y cuando venga, almorzarás y te marcharás.

Viendo el pobre la buena intención de Miseria, se conformó con lo que le propuso. Mas luego, cuando volvió y habían desayunado, le dijo el pobre a la tía Miseria:

–En vista de tu bondadoso corazón, voy a hacerte un favor. Pídeme lo que quieras, pues, aunque me ves vestido de pobre, no lo soy. Y quiero pagarte el favor que me has hecho.

Dicha promesa rechazó la tía Miseria, diciendo que no quería nada; pero tanto le insistió el otro, que ella no tuvo más remedio que aceptar y pedir algo. Y pidió que todo aquel que se subiera al peral que tenía, sin su permiso, no pudiera bajarse. Porque, aunque daba buenas peras, no las recogía, porque se las quitaban los chicos. Le contestó el otro:

–Concedido. Con poco te conformas, mujer.

Pronto llegaron a sentirse los efectos de la concesión. Al año siguiente, tan pronto como llegaron las peras a media sazón, los primeros chicos que subieron a cogerlas quedaron allí presos hasta que llegó la tía Miseria. El primer día que quedaron presos los chicos, al verlos la tía Miseria desde lejos, ya les gritó:

–¡Ah, granujas! ¡Bien me las vais a pagar, que ahora no os escapáis de mis uñas.

Y llegando al pie del peral, empezó a golpearlos con el báculo en que se apoyaba, hasta que le dio lástima y los mandó bajar. A todo esto les azuza el perro y, agarrándolos de los pantalones, cuándo al uno, cuándo al otro, iban a sus casas llenos de jirones.

Este mismo año los chicos seguían yendo a comer peras; pero, después que se fueron dando cuenta de lo endiablado que estaba el peral, ninguno se acercaba. Al año siguiente ya pudo disfrutar la tía Miseria, con toda tranquilidad, de las peras de dicho peral. Así pasaron largos años, hasta que un día se acerca a la puerta un hombre alto, seco, con una guadaña al hombro, que llamó a la tía Miseria tres veces, diciéndole:

–Vamos, Miseria, que ya es hora.

La tía Miseria, que se acercaba a la puerta y reconoce que es la Muerte, exclama:

–¡Hombre, ahora tan pronto, al mejor vivir! ¡Ahora que estoy disfrutando del poco tiempo de tranquilidad que he tenido!

Mas, como la Muerte le insistía, la tía Miseria le suplicó un favor. Y la Muerte le dijo:

–Bueno, ¿qué es lo que quieres?

–Pues que, mientras yo me preparo un poco para el viaje, hagas el favor de cogerme esas cuatro peras que quedan en el peral.

Y le contestó la Muerte:

–Bueno, mujer, anda ligera. Prepárate.

A todo esto se dispuso la Muerte a coger las peras del peral. Subió al árbol; mas, como estaban en lo más alto, tuvo que hacer grandes esfuerzos, a pesar de sus largos brazos, para cogerlas. Una vez cogidas quería bajar del peral, y no podía desprenderse de las ramas. Se cansó de hacer esfuerzos por bajar, y no podía conseguirlo. A todo esto la Tía Miseria, que asomada a la puerta la vio, soltó la carcajada, diciendo:

–¡Ja, ja, ja! ¡Bien estás ahí! ¡Déjame a mí, que ahora estoy segura!

Así estuvieron unos cuantos años, haciéndose sentir la falta de la Muerte, pues había ancianos que, a pesar de sus penosas enfermedades, ninguno moría. Llenaban los hospitales y estorbaban y algunos pasaban de doscientos años. Suplicaban a los médicos que les dieran algo para acabar con la vida, que los aterrorizaba ya, y, a pesar de eso, nadie moría. Se daban cuchilladas unos a otros; se tiraban de precipicios; quedaban hechos una lástima; pero ninguno moría, ni siquiera en las guerras, pues la Muerte se hallaba colgada en el peral de la tía Miseria y no podía bajar de allí sin su permiso.

Cuando se llegaron a dar cuenta los pueblos inmediatos, empezaron a dar vueltas por todos los sitios para ver dónde podrían encontrar a la Muerte. Hasta que un día el médico, que era muy amigo de la Muerte, observó que desde lejos le llamaba alguien que decía:

–¡Eh, médico! ¡Ven acá!

Acudió a las voces y pronto observó que la Muerte estaba colgada del peral de la tía Miseria. Avisó a los vecinos, y todos, armados de hachas, se fueron a aquel lugar con el fin de derribar el árbol, que decían estaba endiablado. Pero, por más que daban hachazos a un lado y a otro, las hachas no mellaban el árbol. Se cansaron de hacer por cortarlo. Otros se subían al árbol y, agarrando de las manos a la Muerte, tiraban por ver si la desprendían de allí. Pero no sólo no la pudieron arrancar de allí, sino que todos los que subían quedaban colgados como racimos. La tía Miseria se reía y decía:

–Inútil todo lo que trabajéis, pues nadie bajará sin que yo le dé el permiso.

Viendo esta fuerza tan poderosa de la tía Miseria, acudieron personalidades de distintos pueblos y provincias a suplicar a la tía Miseria que la dejara bajar de allí, porque era una lástima ver el mundo como estaba, que no se moría nadie por ningún sitio a pesar de las horribles calamidades y sufrimientos que muchos padecían. La tía Miseria, en vista de tanta súplica, y dándole ya lástima de la humanidad entera, les propuso una condición.

–¿Cuál es? –le dijeron.

Contestando ella que la condición había de ser que no volviera a llamar la Muerte, ni se acordara de su hijo Ambrosio.

–No te acuerdes nunca de mí ni mi hijo Ambrosio, hasta que yo no te llame tres veces.

A lo cual accedió la Muerte, contestando que concedido lo tenía, siempre que le diera permiso para bajar del peral. Acto seguido bajó la Muerte del peral con todos los que a ella se habían agarrado. Y empuñando el asta de la guadaña, empezó a cortar pescuezos por todos los sitios. Morían a millares, pues todo el que desde aquel momento se ocupaba de buscar la muerte la encontraba de inmediato, y todo el que le llegaba su hora. Menos la anciana y su hijo, que por eso viven todavía la miseria y el hambre.

Índice

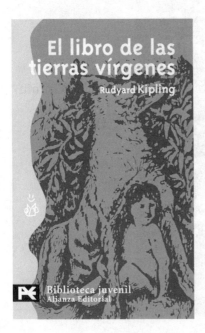

Rudyard Kipling

El libro de las tierras vírgenes

Biblioteca juvenil
Alianza Editorial

BJ 8005

Autor de obras tan famosas como «Kim», «Capitanes intrépidos» y «El hombre que pudo reinar», RUDYARD KIPLING (1865-1936), Premio Nobel de Literatura en 1907, supo siempre hacer del relato breve una estructura literaria perfecta. EL LIBRO DE LAS TIERRAS VÍRGENES es una recopilación de quince relatos entre los cuales figura la serie que protagoniza Mowgli, y en los que se conjugan de manera admirable su conocimiento de la grandeza y diversidad de la India y una sensibilidad hacia la naturaleza precursora de la de los tiempos actuales.

Jacob y
Wilhelm Grimm

Cuentos

Biblioteca juvenil
Alianza Editorial

BJ 8006

La celebridad de los hermanos JACOB LUDWIG
(1785-1863) y WILHELM KARL (1786-1859)
GRIMM se cimenta en la permanente lectura de
que han sido objeto, a través de las generaciones,
sus «Cuentos infantiles y del hogar», recopilación
de relatos populares renacida del interés por el
pasado medieval propio del romanticismo. La presente antología reproduce las ilustraciones de Otto
Ubbelohde y reúne cincuenta CUENTOS entre los
que figuran piezas tan universalmente conocidas
como «Caperucita Roja», «Blancanieves», «Pulgarcito» o «La Cenicienta».

Biblioteca juvenil
Alianza Editorial

BJ 8007

Mark Twain
Las aventuras de Tom Sawyer

Impresor, piloto de un vapor en el Mississippi, soldado confederado, buscador de metales preciosos,
periodista e infatigable conferenciante, MARK
TWAIN (1835-1910) llegó a ser el escritor más
popular de su país y un mordaz observador de sus
contemporáneos. Tejidas en torno a la evocación
de la infancia del autor a orillas del Gran Río, el
Mississippi, LAS AVENTURAS DE TOM SAWYER
es una de las más conseguidas imágenes de ese
mundo de sueños, injusticias, rebeldías e ilusiones
de la edad que precede a la responsabilidad y al
escepticismo.

Mark Twain

Las aventuras de Huckleberry Finn

Biblioteca juvenil
Alianza Editorial

BJ 8008

Concebida en un principio como continuación de «Las aventuras de Tom Sawyer», LAS AVENTURAS DE HUCKLEBERRY FINN es reputada sin discusión como la obra maestra de MARK TWAIN (1835-1910). Cuadro magistral de la animada vida de la "frontera" de unos Estados Unidos en formación, la novela se articula en torno a la huida de Huck y el esclavo Jim río Mississippi abajo en un largo viaje que constituye asimismo un inolvidable periplo moral y personal en busca de la libertad.